団塊の世代の仕事とキャリア

——日本の大企業における大卒エリートのオーラル・ヒストリー——

清水克洋
谷口明丈 編
関口定一

中央大学企業研究所
研究叢書 40

中央大学出版部

はしがき

　1990 年代の後半あたりから，当時 40 歳代半ばから 50 歳代に差し掛かろう
とする大学時代の友人達，つまり，本書に登場する語り手達との飲み会が定期
的になり，また，輪を広げていった．1968 年に京都大学経済学部に入学して
経験した，学園紛争や，70 年安保の昔話にも花が咲いた．しかし，話題の多
くは，日本を代表する大企業の中堅幹部になりつつあった友人達の仕事に向け
られ，日本の企業経営を研究対象とはしない私も，何とか記録に残せないかと
思うようになった．サラリーマンエリートを描いたルポルタージュ，斎藤茂男
の『会社とは　K ゼミ 24 人の軌跡』にも刺戟されていた．

　共同編集者である 2 人の同僚が，この，私のぼんやりした思いを具体化する
ことになる．1 人は，アメリカ大企業における労務・人事管理を研究対象とす
る関口定一であり，同じく，アメリカ大企業についての研究者である谷口明丈
であった．関口は，オーラル・ヒストリーに関心を持ち，2004 年には，企業
研究所において，公開研究会を企画していた．谷口は，アメリカのみならず，
日本のホワイトカラーの誕生と増大，社会における役割を解明する手掛かりを
求めていた．

　2012 年に，企画を始めることになり，まずは方法論ということで，これも
関口の紹介で，旺盛にオーラル・ヒストリーの仕事を進めていた梅崎修氏を招
いて，企業研の公開研究会を持った．それ以降，梅崎氏には企業研究所研究
員，さらにチームの一員として，ヒアリング，シンポジウムに参加してもら
い，助言を受けた．ヒアリングが 2012 年から 2013 年にかけて順調に進んだの
は，呼びかけに快く応じてくれた友人達のおかげである．テープ起こしから，
Working Paper での公表に，時間をかけてしまったが，総括のシンポジウムを
経て，ようやく出版にこぎつけることができた．

　中央大学企業研究所は，研究チームの解散にあたって，研究叢書として研究

成果を公表することを奨励しており，これまでは，チームメンバーの研究論文集の形をとってきた．今回，初めての試みとして，オーラル・ヒストリーというべき本書を，研究叢書の中に入れていただいた．

2018 年 11 月

清 水 克 洋

目　　次

はしがき

序　本書の目的と構成　　　　　　　　　　　谷　口　明　丈

第Ⅰ部　オーラル・ヒストリー
　　　　「日本の大企業における大卒エリートの
　　　　キャリア展開」

第1章　総合電機メーカー 日立製作所における
　　　　仕事とキャリア
　　　　──私の経験から──

　　　　　　　　　　　　　　　　　　報告者：千　代　雄二郎

　1．日立製作所の沿革と事業……………………………………… 8
　2．日立製作所での仕事とキャリア …………………………… 25
　　解　題 ……………………………………… 市　原　博　61

第2章　多角的化学企業　旭化成における仕事とキャリア

報告者：秋　山　　　博

1．旭化成の沿革と事業 ……………………………………… 63

2．旭化成での仕事とキャリア ……………………………… 69

3．「多角的化学企業　旭化成における仕事とキャリア」
をめぐって ………………………………………………… 83

解　題 ……………………………………… 清　水　克　洋　100

第3章　総合商社　伊藤忠商事における
　　　　人事制度とキャリアパス

報告者：富　田　　　博

1．伊藤忠商事での仕事とキャリア ………………………… 103

2．伊藤忠商事における人事制度改革 ……………………… 106

3．「総合商社　伊藤忠商事における人事制度と
キャリアパス」をめぐって ……………………………… 127

解　題 ……………………………………… 梅　崎　　　修　161

第4章　長期信用銀行におけるミドルマネジメントの
　　　　あり方
　　　　──担い手のキャリアパスに注目して──

報告者：清　水　ヒロシ

1．日本長期信用銀行の沿革 ………………………………… 164

2．日本長期信用銀行の人事制度と経歴 …………………… 178

3．「長期信用銀行におけるミドルマネジメントのあり方」
をめぐって ………………………………………………… 183

解　題 ……………………………………… 清　水　克　洋　201

第5章　総合自動車メーカー マツダにおける
　　　仕事とキャリア

報告者：経　広　孝

1．マツダにおける経歴とマツダの経営 ………………………… 204

2．「総合自動車メーカー マツダにおける仕事とキャリア」
　　をめぐって ……………………………………………………… 217

　解　題 ……………………………………… 谷　口　明　丈　237

第 II 部　考察「団塊の世代の仕事とキャリア」

第6章　組織人としての団塊の世代
　　——組織内キャリア形成の分析——

梅　崎　　修

1．はじめに——二つの小説から見る団塊の世代 ……………… 241

2．本オーラル・ヒストリーの特徴 ……………………………… 244

3．組織内キャリアの数量的把握 ………………………………… 244

4．語りの中に表れた行動と心理 ………………………………… 249

5．おわりに——組織人たちの隠された語り …………………… 254

第7章　戦後日本企業の変遷と団塊の世代

大　島　久　幸

1．はじめに ………………………………………………………… 257

2．戦前から戦後への主要企業の変遷と
　　京都大学経済学部卒業生 ……………………………………… 257

3．バブル崩壊後の企業再編と団塊の世代 ……………………… 266

4．お わ り に……………………………………………………… 272

第8章　団塊の世代の仕事とキャリア
──世代論の視点から──

谷　口　明　丈

1．は じ め に……………………………………………………… 275
2．世 代 と は……………………………………………………… 275
3．団塊の世代とは………………………………………………… 276
4．団塊の世代の多様性…………………………………………… 277
5．団塊の世代が生きた時代……………………………………… 278
6．団塊の世代の特徴……………………………………………… 281
7．お わ り に……………………………………………………… 286

第9章　討論　団塊の世代の仕事とキャリア
──5つの事例をめぐって──

1．梅崎，大島，谷口報告を受けて
　　──千代（日立），秋山（旭化成），清水（長銀），経広（マツダ）
　　からのリプライ──………………………………………… 290
2．長時間労働，権利意識，大卒エリートと高卒社員・
　　女性労働者，職業生活の総括的評価………………………… 302

あ と が き

序　本書の目的と構成

　本書は，中央大学企業研究所研究プロジェクト「比較史的アプローチによる企業研究」と「比較研究大企業の時代」の成果をまとめたものである．団塊の世代に属する5人の京都大学経済学部卒業生のオーラル・ヒストリーと，それを受けた3人の研究者による「団塊の世代の仕事とキャリア」論，それに対するディスカッションを主な内容としている．

　本書の第I部に収録した5人のオーラル・ヒストリーが中央大学企業研究所のWorking Paper: Oral History Seriesとして刊行される際に，プロジェクトの目的と概要を示す谷口による次のような前書きが付されていた．

　　団塊の世代が定年を迎えるに至った今日，彼らが担ってきた日本経済は失われた20年の中でもがき苦しみ，その出口を未だ見いだせずにいる．翻ってみると，この世代が社会へと巣立っていった時期は，学歴によって多少異なるが，おおむね高度経済成長が終わりにさしかかり，公害問題やオイルショックなどの困難な問題が噴出していた時期であった．しかし，日本経済はその独特のシステム（日本的経営）によって困難を克服して新たな成長を遂げ，ジャパン・アズ・ナンバーワンといわれる地位にまで上り詰めることになる．そして，バブル崩壊後の状況は上に述べたようである．

　　1970年前後から2010年前後までの約40年間の日本経済の担い手は彼らであった．彼らの証言を集めることによって，この世代とこの時代の特徴と歴史的意義を明らかにしたいという思いがこの研究プロジェクトの出

発点である.

　一口に団塊の世代といってもその存在は多様である．この研究プロジェクトではいわゆる大卒エリート社員に焦点を当てたいと思う．この世代は，大学進学率の高まりの中で大量の大学生がいわゆるマスプロ教育を通じて生み出され，それへの反発もあって大学紛争を引き起こし，その後，大量に企業に就職していわば企業戦士として活躍することになるのである．その中でも有名大学を卒業し，大企業に就職して昇進の階梯を昇っていったエリート社員達は，現実に社会の中枢を担うと同時に，次世代のライフ・モデルにもなっていたのである．この層の解明は，団塊の世代の歴史的意義を明らかにするための不可欠の課題と言える．とはいえ，これ自体がきわめて困難な課題である．このプロジェクトでは，とりあえず研究メンバーの個人的なつながりで，ヒアリングを依頼するという方法をとった．実際には京都大学経済学部の卒業生を対象にヒアリングを行うことにした.

　このプロジェクトは本格的研究のための予備的調査という位置づけで行われている．したがって，厳密なプランに沿ってヒアリングを行うというより，報告者に比較的自由に話をしていただき，研究メンバーが各人の関心から質問を行うという形をとっている．ただ，ヒアリングの前に，ここで述べたような簡単な主旨と，調査の目的として

　　1．大卒エリート社員のキャリアパスを明らかにする
　　2．彼らが日本企業の組織能力の形成に果たした役割を明らかにする
　　3．バブル崩壊後の彼らの位置・役割を明らかにする
　　4．団塊の世代の歴史的意義を明らかにする

の4項目を示し，あらかじめ準備をしていただいた.

（以下省略）

　したがって，本書の目的は，繰り返しになるが，1970年前後から2010年前後までの約40年間の日本経済の担い手であった団塊の世代大卒エリートの証

言を集めることによって，この世代とこの時代の特徴と歴史的意義を明らかすること，ということになる．

第Ⅰ部（オーラル・ヒストリー「日本の大企業における大卒エリートのキャリア展開」）には，日立製作所，旭化成，伊藤忠商事，日本長期信用銀行，マツダという日本の大企業における大卒エリートのオーラル・ヒストリーが収められている．これら5つの証言は個性的で，多数の貴重な事実がちりばめられており，聞き手を強く引きつけるものであった．それらが持つ意味については，オーラル・ヒストリーそれぞれに付された解題によって解明が試みられている．

集められたヒストリー（証言）に基づき，上にあげた4つの調査の目的を果たすことが次の課題となるが，5人のヒストリーから一般的な結論を導き出すことは到底できないので，3人の研究者にそれぞれの視点から報告を得，ヒストリーの提供者もまじえて総括的な議論をシンポジウムというかたちで行った．第6，7，8章はその時の報告をもとにした論文であり，シンポジウムの記録とともに第Ⅱ部（考察「団塊の世代の仕事とキャリア」）を構成している．

第6章（組織人としての団塊の世代──組織内キャリア形成の分析──）は，「キャリア論」，「仕事論」の視点から，5つのオーラル・ヒストリーは，「団塊の世代」は組織人（オーガニゼーションマン）として日本的雇用慣行の下で組織内キャリアを形成したこと，それは厳しい競争とともにあり，さらに，その厳しさは徐々に強まっていたこと，職業人生の後半の20年は，バブル経済の崩壊，経営合理化，成果主義導入などを経験し，苦労したことなどを示しているとしている．

第7章（戦後日本企業の変遷と団塊の世代）は，産業史の視点から，有力大学に身を置いた団塊の世代が高度成長期に青年期を過ごし，就職先として選んだ企業が同時代の中でどのような位置付けを与えられる存在であったのか，ホワイトカラーとして有力企業に採用された幹部候補生のそれまで培ってきたキャリア形成が，1990年代以降の日本企業の構造的な変化に際してどのように評価されたのかについて検討し，5人のヒストリーの理解を深める分析を与えている．

第8章（団塊の世代の仕事とキャリア——世代論の視点から——）は，世代論の視点から，団塊の世代がこれまでどのように評価されてきたかを，団塊の世代とは何か，団塊の世代の多様性，団塊の世代が生きてきた時代，団塊の世代の特徴についてこれまで言われてきたことを整理して検討し，5人のそれぞれのヒストリーはこの世代が生きた時代を見事に反映したものであり，他の世代は決してこのように人生を生きることはないであろうという意味で，この世代に固有のものであった，としている．

第9章（討論　団塊の世代の仕事とキャリア——5つの事例をめぐって——）はシンポジウムの総括的議論の記録である．

本書のユニークさは，同じ大学の同じ学部の同期の5人のオーラル・ヒストリーによって団塊の世代を語るというところにあるであろう．このような試みの当否については読者の判断を仰ぐしかないが，いわば無名の人々のオーラル・ヒストリーを積み重ねることによって時代を描くという作業は，非常な困難をともなうが，いろいろな部面で行われていってもよいのではないかというのが，プロジェクトを一応終えた我々の思いである．本書がそのきっかけとなれば幸いである．

第Ⅰ部

オーラル・ヒストリー

「日本の大企業における
大卒エリートのキャリア展開」

第1章 総合電機メーカー 日立製作所における 仕事とキャリア
──私の経験から──

千 代 雄 二 郎

元 株式会社 日立製作所 社会プロジェクト推進本部次長

本章の元となったヒアリングは，以下の日時，場所，参加者で実施された．

日 時 2012年9月20日（木）14時00分〜17時00分

場 所 中央大学研究所会議室2

参加者

千代雄二郎 （元 株式会社 日立製作所 社会プロジェクト推進本部次長）

清水 克洋 （中央大学企業研究所研究員・商学部教授）

久保 文克 （中央大学企業研究所研究員・商学部教授）

熊倉 広志 （中央大学企業研究所研究員・商学部教授）

市原 博 （中央大学企業研究所客員研究員・
駿河台大学経済学部教授（当時））

梅崎 修 （中央大学企業研究所客員研究員・
法政大学キャリアデザイン学部准教授（当時））

野﨑 俊一 （中央大学企業研究所客員研究員・商学部兼任講師）

谷口 明丈 （中央大学企業研究所研究員・商学部教授）

関口 定一 （中央大学企業研究所研究員・商学部教授）

斎藤 叫 （中央大学企業研究所研究員・商学部教授）

千代です．日立製作所という名前はたぶんご存知でしょうが，会社の内容について少し説明させていただいて，私の携わってきた仕事の内容も少し説明させていただきます．

8　第Ⅰ部　オーラル・ヒストリー「日本の大企業における大卒エリートのキャリア展開」

1．日立製作所の沿革と事業

日立製作所の概要——社長，業績

　お手元に簡単な資料があるかと思います（章末資料2参照）．企業情報というところで，「① 概要」．これは去年の3月時点の概要なんですけれども，社長は中西という社長，現社長です．日立製作所の場合は，社長は大体もう決まっていまして，東大の工学部卒という人が社長になります．これは歴代そうして（2代倉田社長は現東北大，7代庄山社長は東工大），残念ながら文科系の人が社長になるということはたぶんないと思います．茨城県にある日立工場が発祥の地なのですが，そこの工場長をやった人間が社長をやる，というのが，ずっと不文律で来ていました．しかし，この3代飛んで5代目ぐらい前の三田勝茂という社長がおりまして，日立工場出身でない人が初めて社長に就きました．実はその日立工場という創立の工場と，それから少し新興なのですが，大甕工場というコンピューター関連の工場もございまして，三田勝茂という人は，その大甕工場の出身でした．でも，三田さんは，マスコミやなんかにはいろいろ評価がありまして，不毛の10年とか，いろいろ言われた社長だったのですが，日立ではコンピューターの工場長，コンピューター事業を立ち上げたということで，非常に日立製作所を大きくしたとも言われています．当時のお話を少しVしますVと，総合家電メーカーということで，今はだいぶ切り離してしまったのですが，家電品をたくさんつくりました．今でも洗濯機とか，冷蔵庫とか．カラーテレビはもうつくらなくなりましたが．家電が非常に隆盛だった時に，家電で上げた事業収益をコンピューターの最初の初期投資に充てて，コンピューター事業を立ち上げて成功したという歴史になっています．

　それから，その次の社長はやはりまた日立工場出身になりました．それから，その次の次の社長は初めて情報通信系から古川という人が，社長になったのですが，不幸なことにずっと赤字も重ねてしまったのですね．本人は責任を取る格好で，次の川村さんを経て中西さんにバトンタッチしたということになっています．この中西さんという人も，出身はやはり先ほど言った大甕工場と

いうコンピューター出身の工場です．関連会社の社長・役員も含めて，地下脈というか，大甕工場脈というのが今流れているのです．次の社長は誰になるか，よく分かりませんが．設立が創業 1910 年と書いてありますが，久原鉱業の日立市で修理工場として 1910 年にできたというのが創業になっております．1920 年には株式会社として日立製作所として設立されたということで，設立年が 2 つということになっています．資本金は 4091 億です．売上は連結，関連会社，子会社も含めると，今 600 社ぐらいあるようですが，連結で 9 兆超です．製作所単独では 1 兆 8000 億ぐらいの売上になっています．11 年期は純利益が連結で 2388 億，日立製作所単独としては 642 億ということです．純利益は，最近この 2，3 年は持ち直したという格好です．従業員数は連結で 36 万人ぐらい，単独では 3 万 1000 人ということで，私が入った 1972 年は 7 万人おりましたので，半減以下です．ただ，関連会社に出た人もちろんいますし，それから，半導体ですとか，家電ですとか，事業を分割したところもありますので，単純には言えないのですが，私の感覚では 3 割ぐらい減っているかなと思います．

企業業績の推移

　次に純利益の推移ということで，1998 年からしか書いていないのですが，その前に私が入った時からもオイルショックですとか，いろいろな要素があって，そう大きなマイナスになることはなかったのですが，マイナスの時もありました．1998 年が 35 億ということで，かろうじてぎりぎりですね．それから，1999 年が半導体不況で 3400 億ぐらいのマイナスということです．バブルの崩壊は 1995 年ぐらいですから，それとは違うのです．世界的な半導体不況で，この時の半導体の事業は思ったより，やはりまともに影響を受けたのです．それから 2 年ぐらい若干持ち直して，2002 年は同時多発テロと世界不況で 4800 億円のマイナスでした．この時の会社の感覚とすると，前年期から，来期は相当マイナスになるというようなことは管理部門というか，経理部門では予想していましたが，現場ラインでは実際そんなに深刻ではなかったのです．いざ，

決算を受けてみて，ここで初めて（戦後の混乱期を除いて初めて），早期退職の希望を取りました．戦後の混乱期，1947〜1948年ぐらいだと思うのですが，労働争議で5,000人ぐらいの離職者を出したことがあるのです．それ以降は配置転換等々はあったのですが，人には手をつけないということで来たのです．しかし，ここへ来て，背に腹はということで希望退職を募りました．この希望退職の条件がすごく良かったのです．ほとんど60歳まで働いた給料は全部もらえるというぐらいの条件だったのです．ですから，結構56歳前後の人で優秀な人が辞めるという状況もありました．自信のある人は辞めていくというような感じでした．でも固定費が減ることと，それによって新しい新卒の人がある程度増やせるということもあったのでしょう．私は2002年に関連会社に転属しましたので，それ以降，どういうことになっているかというのは，分かりません．例えば，継続雇用はやめてくれとか，そういう格好での働きかけはあるようです．

　2007年も再びマイナス決算が続きまして，2009年はリーマンショックもあって，事業会社としては最大のマイナスで，7873億の赤字を計上しました．先ほど言ったように，古川という社長が就任し，ここもその半導体だとか，家電だとか，いろいろなマイナス要因はあったのですが，固定費が高くなっていて，稼働率が少し落ちるとものすごくマイナスになってしまうこと，それから，半導体のサイクルも赤字が重なったのです．この時には設備の減損評価とかもしたようです．例えば，液晶のラインでの稼働率が悪いから減損するとか，プラズマも悪いから減損するとか，半導体も設備を減損しないといけないというように会計処理すると減損ということです．続いて，翌年は持ち直したと言われたのですが，翌年も1000億強の赤字を出したということです．その前後だったと思うのですが，日本経済新聞の記者が評論というか，診断というか，そういうことをしてくれたのです．以前は日立と日経新聞はあまり関係がよくなくて，ギクシャクするということもあったのです．当時は関係改善し，少しずつは良くなっていたようです．ここで日経記者がいろいろ日立の社内をインタビューしながら，外部から見てどういう方向にやったらいいかなという

ことで，一つには『日経ビジネス』にレポートを書いたのです．その時はやはり，本業回帰しかないのではないかと．半導体だとか，家電とか，いろいろ総合家電としてはあるかもしれないけれども，やはり発電所だとか，交通インフラ，社会インフラ，水だとか，そういう社会インフラを必要としているところが，日本だけではなくてアフリカとか後進国も含めて世界にあるので，そこへ回帰するしかないのではないかと．季節的にすごく収益を上げられる事業は，それはそれで短期的には貢献したりすることもあるが，安定した収益を上げるためには，そこへ回帰しないと駄目かなと思うというレポートが『日経ビジネス』に出ているのです．我々も，中にいる人間も，まあ，そうだろうなと思っていたこともあって，その時点で半導体や，それから家電の分社化をどんどんしていきました．一部，まだ，連結で残っていますので，完全にはマイナスになった時の影響は避けられなかったのですが，原点回帰ということを目指したのです．それからは比較的，電力，交通，水で安定した収益を上げられるようになったのです．

日立の沿革——総合電機メーカーから分社化

次に沿革ということです．1910 年，国産で初めてモーターをつくったのです．1916 年には 1 万馬力の水車をつくり，発電関係の製品をずっと立ち上げてきたということです．1920 年に初めて交通関係の国産の電気機関車を製造し，1932 年には昇降機をつくっていました．それから，研究所関係では 1942 年に中央研究所（国分寺に今もありますけれども）ができました．やがて，基礎研究所という研究所ができますが，それができる前は基礎も含めて，製品に橋渡しをするまでの研究をする部署が中央研究所ということでした．それから，1954 年に圧延機をつくりました（現在では，三菱重工さんと合弁会社となりました）．それから，1959 年に電子計算機を初めてつくりました．日立，三菱，東芝で重電 3 社と言われていますが，東芝さん，三菱さんと違うのが比較的，汎用コンピューターを含めた計算機を立ち上げてきたというところが，製品的には違っているところです．東芝さんは後にダイナブックという，ハードウェア

のパソコンをやられていますし，三菱さんは工場関係のファクトリーオートメーションということで，そういう分野のコンピューターはもちろんやられているのですが，汎用，いわゆる銀行のオンラインですとか，そういうものを含めたシステムというのは，2社とは違うということです．1962年には電子計算機の工場を初めて立ち上げました．神奈川工場という秦野にあります．先ほど申しました三田勝茂は，この神奈川工場の工場長をやって社長になったという経歴です．それから，家電関係で1965年にカラーブラウン管を製作，「ポンパ」とか「キドカラー」という，覚えておられないかもしれませんが．それから，1969年には銀行オンラインシステムを扱いました．この年にソフトウェア工場というソフトを作る専門の工場をつくりました．この辺りから，富士通さんですとか，日本電気さんとかがコンピューターメーカーとしては，ライバルということになります．もちろん日本IBMもそうです．それから原子力発電所です．1974年に国産原子力発電設備ということです．

清水：福島ですか？

千代：これはね，福島じゃないと思いますね．福島は主契約は4号機だったかと思います．

清水：1号機は東芝ですか？

千代：ええ．ただ，震災時の収束に関しては東芝さんと協力していろいろやりました．（資料の）職制のところにありますけれども，福島原子力発電所プロジェクト推進本部というのは，確か機構図の上から2番目，ここが担当です．

総合電機の終焉

それから，半導体のほうは1984年，ここでDRAMというのを量産化をしたのです．ずっと稼ぎ頭という時もあったのですが，何せ設備投資が半端じゃないということと，サイクルがあって，マイナスの時には相当に痛手を負うということで，後に分社化，あるいは他社と合併ということになります．この1985年に初めて基礎研究所ということで，埼玉県の鳩山という所に，本当に基礎の研究をする研究所ができました．ご存知かもしれませんが，フェローの

第1章　総合電機メーカー　日立製作所における仕事とキャリア　13

小泉さんという人がここでずっと頑張っておられました．ここで研究をしたものを先ほど言った中央研究所に出して，この中央研究所から各研究所に渡しているというような格好になっています．1995年には日立家電吸収合併ということで，日立家電販売という会社は別会社だったのですが，製販一体ということで販売と製造を一体化したほうがよいということになりました．どの会社もいわゆる一緒にしたほうがよい，いや親会社から分けたほうがよいという議論が絶え間なく繰り返されていて，日立もそこでいったん販売会社が吸収をしたということです．1999年には事業グループを再編成して実質独立会社として運営するようになります．1998年あたりから，東芝さんも，要するに総合電機というふうに言われる時代はもう終わったと．むしろ，同じ会社にしていると，もたれ合いで収益構造が非常に不明確になるというようなことが警鐘され始めました．1998年ぐらいから日立製作所も絶対そうだということで，経理部門を中心とした，管理部門からもそういう話が出たのです．この議論も古くて新しい議論で，会社全体がうまくいっている時は総合電機メーカーの強みを発揮しているのだという解釈をして，駄目になるともたれ合いだというような議論が出るところもあります．前に説明したように，家電の事業収益を，新しいコンピューターという事業に注ぎ込んで成功したというような事例ももちろんあるのです．この頃になると，少し儲けると，正直言って，どこかが儲けるだろうという気持ちも多少あったようで，少し甘えも出てきたということで，収益構造をはっきりするために分社化をしようということになり，実質，独立会社として今後はするということになりました．とは言っても，同じ会社の中の独立会社なので，査定とか，ボーナスとかはどうするのという話になります．事業部長クラスより上の役員は，マイナスになると，基本的に賞与がありませんから，ラインとして，例えば事業部長を兼務していますと，ラインの月給をもらえるのですが，一番かわいそうなのは無任所の役員です．取締役になっている人は，会社全体としてマイナスになった時には，ラインとしての給料はもともともらっていないので，非常に悲惨なことになります．ですから，この時は文句があるなら役員にするぞというのが冗談として，はやったのです．

それから 2002 年には，株式会社日立産機という会社に分社化して，ディスプレー会社も分社化をしました．それから，2003 年に IBM が当時パソコンとハードディスク事業を撤退しようという話になっていたので，パソコンはレノボに譲って，ハードディスク事業は日立が買ったということになっています．ハードディスク事業はこの前まで結構日立の中でも収益を上げていて，これは有能な資源だというように位置付けられています．ところが，IBM が手放したには手放しただけの理由が実はあったようで，これは難物だったようです．IBM の設計者がそのまま来たので，日本の文化には染まってくれなかったようで，このハードディスク事業はずっと赤字だったのです．このハードディスク事業を買ったのも庄山という古川の前の社長で，そのハード事業を買ってずっとそのままにしておいたので，いろいろなことを評価としては言われました．今の中西社長は，このハードディスク事業の会社に行きまして，半年ぐらいで赤字を解消してしまいました．相当な荒療治をしたと思いますけれども．そこで結構認められたというか，そういう評判です．それから 2003 年に委員会設置会社ということで，この頃，他でもはやりだした執行役と取締役を分離しようということで，そういう会社に組織変更になっています．当社は取締役と執行役の兼務が多かったのです．ほとんど兼務で，兼務ではない人も，例えば関連会社の社長が取締役を兼務するということで，社外取締役というのはなかったのです．最近では半分近くが社外の取締役になってきました．2007 年には原子力事業で，これは GE と合弁の会社をつくりました．2009 年には，ここで 7800 億の赤字を出して，カンパニーを再編しました．それから 2012 年には最終的にテレビの自社生産も中止をした．ソニーさんとか，シャープさんがあれだけ液晶 TV に苦労しているのを見れば，判断としてはよかったのでしょう．これは，人の関係でなかなかやれるとか，やれないとかという話が必ずつきまといますので．庄山さんとしては，家電をずっと見ていたので，なかなか思い切った対策はできないと言われたこともあります．

日立の組織

それから，会社機構図（資料参照）を見ると，社長がいて，その左側がいわゆる本社部門と言ったらいいのですかね．普通の会社でいうと本社部門，いわゆる経理，人事・勤労，財務，社長室とか，監査室だとか，そういう部門の位置付けですね．それから右側が事業グループです．電力システムグループということで，これは原子力，火力，水力等の原子力の設備．それから，インフラグループということで，交通，水，都市開発．エレベーター，エスカレーター，空調機です．それから，その下にちょっとつけ足しのように，ディフェンスシステム（防衛庁にものを納めています）．日立はずっと創業社長から武器はつくらないということを社規にしようと言われていて，社規には書いていないのですが，もちろんつくらないということになっています．戦車やそういうものはつくっていません．コンピューター，シミュレーションのシステムですとか，ロケットの中に入れる半導体ですとか，そういうものに限ってです．それから，情報・通信グループといって，お客さんでいうと公共・金融，それから一般の産業・流通ですとかのコンピューターもやっています．それから，半導体業務本部．半導体の事業そのものを完全に分社して，三菱と一緒になったり，NEC と一緒になったり，東芝と一緒になったりしていますが，まだ持ち株があって，その辺りのコントロールもやっています．コンシューマ業務本部も完全に家電に関しては製造も含めて分社化で，それのコントロール．オートモティブシステム事業統括本部というのは，自動車です．自動車というのは半導体の固まりとマイコンの固まりで，そういうものとかカーナビなど，これも分社化しています．クラリオンの株式も取得しました．それから，その下が各支社で，北海道から九州まで支社があります．上から4番目の横浜支社は，一番最近できた支社です．横浜を除いて，各支社の場所を見ると明らかに分かるのですが，電力会社の本社のあるところに支社がある．つまり，電力会社には足を向けられないということです．神奈川県だけは電力会社がないので，横浜市内に支社を置いたのです．各支社が東京を除いては営業が固まっている部署です．

日立の営業の特徴──営業と事業部

補足して申し上げますと，昔は営業というのはかなり独立した部隊の位置付けで，お客さまが決まっていたのです．私の場合は国鉄というお客さまでしたが，売るものは何を売ってもよかったのです．極端に言えば，家電品を売っても，それから機関車を売ろうが，コンピューターを売ろうが，日立製作所の関連の会社のつくったものであれば，窓口営業として何でも売っていいということだったのです．しかし，2002年にいろいろ赤字が出てから組織の見直しをした時に，どうもやっぱり営業が良くないと．各営業が各工場とか事業部門がつくった製品を真剣に売ってくれないのではないか，何でも選択肢があるから，これが売れなければ，こっちを売ればいいというようになっているのでは，ということです．営業の責任は，受注予算です．例えばこのグループだと，月に3億の受注を取りなさいと．窓口は決まっていますので，例えば国鉄の範囲であなたのグループは毎月3億の受注を取ってきなさいと，そういうのがおおよそ唯一のハードルです．営業はそれを守っていれば，そんなに文句は言われないのです．だから，何を売っても，売れる額だけ確保すればいいのです．非常に不思議なことなのですが，収益は営業は責任を持たなくてもいいということだったのです．私達も，まあいいや，そのほうが楽だからと思ってきたのです．収益は自分の工場，自分で収益を上げるから，営業は受注だけ取ってくださいという．あなたたち，どうせ収益構造も知らないし，収益計算もできないでしょうという，裏腹な関係にありました．その後何をするかというと，業務を見直した．やはりくくりつけの営業というのも持っていたいということです．あなたはコンピューターだけ売って，あなたはエレベーターだけ売ってくださいと．ほかのものは売らなくてもいいです，あなたの評価はそれで決まるというようになって来ました．東京は営業も結構いるので，ある程度専門の営業になっています．例えば，エレベーターだけ売る営業さんとか．しかし，地方に行くとそうもいかないので，1人が何製品か兼務するということになります．ある営業マンが例えば1000万ぐらいの給料があったとすると，あなたの人件費は，例えば電力が半分，それからコンピューターが半分負担す

る．だから，個人の受注予算が1億円だったら5000万はコンピューターに，5000万は電力ということになって，給料の出先もそこの事業が出す．500万は電力部門が出して，500万はコンピューターの会社が出すというように，営業はくくりつけになってきました．それまでは支社長というのが結構権限があったのですが，それからは支社長はあまり権限がなくて，事業会社の社長が営業も全部コントロールするようになりました．査定もです．だから支社長が営業を査定するのではなく，事業部が査定をするというようになって，それがずっと続いています．

熊倉：その場合客先は決まっているのでしょうか．それとも，客先はフリーでしょうか？

千代：客先は決まっています．窓口営業です．

熊倉：そこは変わらないのですか？

千代：強いて言うと，メインの製品が決まっていて，あと，窓口がありまして，お客さんから，自分が担当する事業部以外の製品が当然あるので，それは自分でこなすこともありますし，それの専門部隊につないで渡すというようなこともあります．ただ，営業マンはやはりお客さんが大切ですから，実質はたぶん自分でこなしていますよ．ただ，評価にはならない．

熊倉：売り上げを出す時に，値引きとか最後の責任は営業ですか，事業部ですか？

事業部の権限

千代：営業に権限はありません．営業に権限はなくて，事業部の中に見積部署があって，最終的にはそこに権限があるのです．額によって事業部長決済ですとか，部長決裁ですとか，決まってますので．何と言いますか，営業には決済の権限はないのですが，いろいろごまかすことがあります．営業もやはり取らざるをえないということもあるし，お客さんとのこれまでの関係もあるので，断れないこともありますから．そこは見積もり部署と交渉になっています．

熊倉：決定権は事業部が持っているということですね．

千代：事業部が持っています．

谷口：ちょっとよろしいですか．組織機構図の中ですけれども，本社のところに営業統括本部とありますよね．これは基本的には営業の責任部署になるのですか？

千代：これはものすごく分かりづらいんですが，営業は事業部に吸収されているのです．では，営業統括本部は，ここは何をやるのかということになるのですが，代表的な仕事は例えば，営業全体に関わる教育を立案するとか，それから営業の中の人員のローテーションを，例えば分社化後にどうしようかとか，あるいは特約店がいるので，特約店をどういうふうに育てていこうかとか．直接，お客さんには関係のないスタッフ的な部分がここです．

谷口：なるほど．振り分けられる以前も同じですか？

千代：以前は営業統括本部というのがなかったのです．必要がなかったので．ただ，営業統括本部の機能を果たすところは東京の営業の中にそういう営業全体を見る組織はありました．その後事業本部が各縦割りになってしまったので，全体を見るところが必要だということでつくられたのです．

谷口：ということは，今，この組織機構図（資料3）で見ると，例えば電力の場合には，電力システムを売ろうと思うと，その営業は，その電力システムグループの電力統括営業本部というところとつながっているということですか？

千代：はい．電力統括営業本部というところが東京にはあり，何百人といるんですね．この配下で各支社の電力の担当がいると，そういう感じになっているのです．

市原：確認したいのですけれど，日立の場合，日立の事業部というのは営業が中心で，実際ものをつくるという工場は各事業部に属していなかったということを聞いたことがあるのです．おっしゃっている営業というのは事業部の中に所属するのですか？

千代：今はそうですね，はい．

市原：そうしますと，例えば東京電力相手に窓口営業が出るといったときに，火力事業部，ボイラーと原子力，それぞれの事業部に分かれていますが，それ

第1章　総合電機メーカー　日立製作所における仕事とキャリア　19

はどういう関係になるのですか？

千代：たぶん，東京電力の窓口の営業の人が仮に30人いるとすると，10人が火力の担当であり，10人が水力の担当であり，10人が原子力の担当であるというふうに，担当に分かれています．ですから，お互いに東京電力さんの行くところが違ってくるんですね．

市原：そういう，何人もいる営業が，所属する部署としては火力とか水力，原子力とか，事業部に所属していて，それらが集まって東京電力関連の連携を取るということですか？．

千代：むしろ逆のような感じですね．電力事業本部という大きなくくりがあって，その中で火力事業部とか原子力事業部，水力事業部と分かれている．例えば東京電力の水力の担当は，その水力の事業部に属するということです．背番号ですね．原子力は原子力事業部に属するというふうな背番号になっている．窓口としては東京電力営業本部のようなかたちで営業が集まっていると．その営業の中でおのおの原子力ですとか，水力とか分かれているということです．

市原：もう1つ，工場というのはこの組織でいうと，どこに属するのですか．

千代：工場は事業部に所属します．ただし，例えば日立工場全体が，全部電力事業本部の中に入っているかというと，必ずしもそういうふうにきれいには分かれないのです．ですから，日立工場でいうと，原子力の設計とかということは原子力事業部がするし，発電機とかモーターをつくっている部隊は，電力に属している部門もあるし，社会インフラに属している部門もあるというように，結構，そういう意味ではマトリックスです，現実としては．

市原：結局，1つの工場がいろいろな部品をつくっていますから，1つの事業部に所属できないので，そういう意味で分かれた．でも，必ずしも事業部に所属していなくて，工場長の権限も非常に強い．

千代：そうですね．

市原：では，今もあまり変わらないのでしょうか？

千代：前は工場長がそのまま事業部長に上がってくるというかたちだったのです．おっしゃるとおり，プロフィットセンターは工場だったので，もう工場長

が絶対だったんですよ．工場長がうんと言わないと，何事もできないというのが実態だったのです．そうは言っても，会社って事業部制だから，事業部長が一番，本当はえらくなきゃいけないでしょうというのもあって．工場長の経験者を事業部長にして，現場の工場長を多少見られるようにということで，先輩としてものが言えるような人を事業部長にすると，そんな感じですね．今は事業部長が責任者ですから，事業部長さんは前より結構細かく見ていると思います．

谷口：ここで，例えば日立事業所と書いてありますよね，これは？

千代：これは日立工場のことです．

谷口：日立工場が電力システムグループの中に一応入っているということですか？

千代：先ほど言ったように，マトリックスの部分もあるんですが，おおまかに所属させていますね．

谷口：では，水戸がここで，他はここでと．

千代：そうです．

企業戦略──企業理念としての総合電機メーカー

久保：グループ戦略会議というのは，社長の下にありますね．それがそれぞれの3つのグループ内の戦略会議ですか？

千代：これは今の組織で私がいた頃の組織ではないので，推測でしか言えないので間違っているかもしれないんですが．こういうふうに電力だとか，インフラとかの各社に分けたのは，1つは収益構造をはっきりさせるということもあるのですが，関連会社が何百社もあるんですが，わりと日立はアナーキーに何でもつくらせたんですね．関連会社でつくりたいものをつくるので，同じものを別の関連会社でつくることも結構あったんですよ．例えば，太陽光パネルを5社も6社もがつくったり．そのうち強いところが淘汰すればいいんじゃないのという，かなり乱暴な発想もあったんです．しかしその後，さすがにこの時代で，そんなことしていていいわけはないだろうということで，この事業グル

ープの下にメイン製品で系列の関連会社が全部くっついてきたのですね．だから，この事業グループの下の同じような事業をやっている関連会社がくっついていて，それが対等の立場というようになっているので，それらを含めたグループをどうやっていくかということを，たぶんここで考えているのだと思います．

久保：日立グループ全体のリソースの重複を整理して有効的にしようということですか？

千代：はい，たぶんそうだと思います，名前から考えると．少し間違っているかもしれません．

久保：今お話を聞いていて，私が一番興味深かったのは，総合家電メーカーとしての応対ですけれども，やはりプラスマイナスということが常にあり苦しまれているなということです．先ほどのように景気がよい時は抽象的に総合家電と言っておきながら，景気が悪くなった途端に問題が出てくるとおっしゃって，非常に興味深いなと思います．まず，常に総合家電というのはオール日立的なものをどう効率的に運営していくのかということで，もがいていらっしゃるのですよね．これは同じ家電の松下なんかでも常に松下の歴史は会社組織の変革の歴史だと言われるぐらい，どううまくサポートするかというところで，昔の資料はたくさんあると思いますけれど．巨大な組織でもそういうプランが必然的なものとして，それは常に決まっていたんでしょうか．そもそも「オール日立」とかいう言葉は社内にあったのでしょうか？

千代：総合家電メーカーというか，総合電機メーカーという意識はありましたし，そういう意識はやっぱりありました．私も入って，10年とか12年とか営業をやっていますと，この会社は総合電機メーカーでよかったなという意識はありました．ただ，東芝さんも三菱さんも家電をつくっていますし，日立もまだ，もちろん国内でつくっているものはあるんですが，会社的には分社，日立本体と日立コンシューマに分社しました．例えば今でいう半導体ですとか，それとは少し位置付けが違うような気がするのです．家電というのは，本当にコンシューマが相手なので，歴史的にもそういうところを吸収合併してきたとい

22　第Ⅰ部　オーラル・ヒストリー「日本の大企業における大卒エリートのキャリア展開」

う経緯があります．当時の，うまく言えないのですが，発想がどういう発想だったかは知らないんですが，やはり総合電機メーカーとしてコンシューマから選ばれるという意識があったのでしょうね．こういう品ぞろえをしていこうとか．企業イメージが家電によって築かれてきた時代が今でもあると思うのですが，それがあって，こういう時にやめられないという意識がたぶんあったのだと思います．だから，そういう時には分社化するとか，組織で対応をしていく．また，良くなったら今度また来てくださいとか，そういうことがあったのです．だから，家電はやめたくてもやめられないというのが本当のところだったんじゃないでしょうか．どんどん高機能になっていくものに絞っていこうということで，今の洗濯機でも1台20万円の洗濯機とかやったのでしょうが．あまりに設備投資が要るのでどこかで区切りをつけなければいけないという判断になったのかな．総合家電メーカーでよかったのですが，今，分社化してどうなのというと，家電に関しては分社でいいと思うんですよね．日立ブランドが残っていればいいと思うんですが，半導体とかディスプレーを分社化するのは良いか悪いか，私は判断できません．経営サイドとすると，やはり，あまり博打はできないということだと思いましたね．儲かる時は，ものすごく儲かって，ひどい時になると悲惨ですからね．

久保：2009年に日立の本業回帰とあります．経営史をやっている人がここに多いのですが，経営史的に言うと，景気が悪くなって事業が傾いてきて，本業回帰ということになって，大体，創業者理念に戻って，そもそもの我が社のあり方というところから，もう一度見直して再建に行くというのが一つのパターンとしてあるのですが，この本業回帰というのは，その前のところの，社内が赤字になった時期，そういう時に社内で叫ばれた人はいなかったのですか？

千代：叫ぶ人はいたと思いますけど，何と言いますか，誤解を恐れず言うと，あまり真剣に，深刻に考えていなかったんだと思いますね．要するに，何とかなると．来年になれば，また何とかなる，経営も多少は良くなるんじゃないのというような感じだったのではないですか．社内の私達はあまり危機意識なかったですから．正直言って，今期1000億円の赤字になるとか，そう言われて，

どうするのって．営業は予算守ってるからいいじゃないとか，現場はそんな感じです．だから，ものすごくリストラされるという危機意識は現場ではなかったですね．

久保：もちろん，それは本当にしっかりやっていらっしゃるので．今の意見よく分かりました．最後に1点，1985年に基礎研究所をつくりましたよね．それまでは中央研究所としてあったのを，あえてその時意図的に基礎研究所として独立させたということが，事業展開との関連はどんなものがあったのですか？

千代：1985年，業績が良かったのだと思います．ずっとコンピューターも好調で，業績が良かったので，基礎研究も大切だということになったのだと思います．だけど赤字になると，目の前の製品をつくる研究をしてくれということになるのです．金が余ったとは言いませんけど．この時期はたぶん業績が良かったので，基礎研究所をつくろうということなんでしょう．

久保：総合電機メーカー全体としてのシナジー的な総合力みたいなものを培っていくためには，やはり基礎研究力が大事だみたいな，日立の基本方針ではなかったのですか？

千代：どうですかね．総合電機メーカーの強みを生かすというよりは，むしろ業績の良い時に，20年，30年先の何かをやっておきたいということだったと思いますね．

久保：分かりました．

事業部という組織

市原：1つ教えてください．事業部と本社との関係なんですが，この事業部でどの製品をやるか，いくつかの工場とか事業部で重複しそうな製品をやる事例があると思います．その場合，当然こういう具合にやりたいということを工場とか事業部で考えて，それをやっていいという決断は本社の取締役，社長以下が決めるのですか？

千代：いや，実態はもう勝手じゃないですか．やりたいと決めたら，事業部長まで上げるかどうかもちょっと分からないと思いますね．例えば，工場や生産

部門でこういう新しいものをつくるという計画を立てますよね．設備投資が要るものに関しては，当然，事業部長に話がいきますけど，設備投資が要らないものに関しては，そういう話も行かないと思います．

市原：でもその場合，予算とかを組む時に，その製品の計画を実行するには予算を確保する必要がありますよね．

千代：はい，ありますね．

市原：こういった事業部の予算は誰が決定権を持っているのですか？

千代：事業部長ですね．

市原：本社の許可とかは要らないわけですか？

千代：本社は足りなければ数字はあるよ，みたいなかたちですね，極端に言えば．この事業にあと収益50というように，足りなければありがたく受け取れという感じですね．

市原：本社事業部から一定の金を吸い上げて，それを割り振ってというようにしているのですか？

千代：吸い上げるというか，基本的には事業部のお金です．事業部のお金ですから，事業部で決済するのですが，そうは言っても，設備投資だけは金かかりますので，決済基準があると思うのですが，例えば10億になったら，事業部長決済，100億だったら常務会で決済するとか，1000億以上は社長決裁とか，設備投資に関してはそういう決済の仕方です．だから，商品開発に関しては，もちろん話は幹部へ行くと思いますが，研究自体はかなり勝手にやってると思います．研究所で言うと中央研究所とか基礎研究所とは別に，日立研究所というかなり製品に密接した研究をする研究所もありまして，そこの研究者というのが事業部の工場に張りついているんですよね．そして，製品化できる段階になると，次に，設計にも出す．製品としての予算というのは，それを事業部で予算化するというような流れになっています．

2．日立製作所での仕事とキャリア

経歴——日立の人事管理

清水：よろしいですか．ここまでこの資料に沿ってお話しいただいたのですが，全体の構造はつかめていると思うのですが千代さん自身が入社されて以降の，要はキャリアのお話をお聞きしてから，本題に入っていただきたいと思います．

千代：では，私自身の経歴を申し上げます．1972 年に入社して，営業が志望だったので営業部に配属されました．東京の営業で国鉄の窓口営業をずっとやっておりました．先ほど申し上げたように，支社は全部電力会社の所在地にありました．当時東京電力と電電公社と国鉄というのが，日立製作所の法人としての御三家でした．それから，1996 年に都市開発に転勤，その前に一応，課長職になりましたので，ここでは課長職で都市開発の籍に入りました．この時期は，お台場ですとか，MM21 とか，かなり都市開発も活発に行われた時期ですね．当時，やはり金融関係の銀行とか生損保がお金を出しているんですが．そういう経歴もあって 2001 年から，社会インフラ設備の営業をやっています．これはつくばエクスプレスとか，羽田の整備の営業で，半分は官庁省関係の仕事です．ここの主な仕事は，ラインの営業ではあまりうれしくないことで，つくばも羽田もそうなんですが，必ず注文を取るために出資しなくてはいけない．日立は 3 億円出してくれるなら，東芝は 3 億円出すというというように，必ず出資しなくてはならなくて，その取りまとめとか，そういうことをやっていましたね．

次に日立キャピタルという，これは日立グループの中では唯一の金融サービス会社なのですが，そこへ行きました．そこではお金を貸すのではなくて，ものを貸そうということで，情報機器とかのレンタルの営業をずっとやって 60 で退職をしたという経緯です．1 人のサラリーマンとして，中の中ぐらいですよね．同期では今，副社長と専務と常務がいますが，文科系は社長にはなれなくて，出世頭は副社長ですね．

国鉄・JR の窓口営業

清水：すみません．24年間ですか．JR向けに営業されていたということですが，当時から営業部という名称ですか？

千代：名前は当初国鉄部と言いました．途中でJRになったので，交通部という名前に変わりましたけれど．私達の時は国鉄部．完全に窓口営業です．

清水：それは何人ぐらいですか？

千代：国鉄部全体で40人ぐらいですかね．

谷口：それは東京支店ですか？

千代：当時は東京営業所という名称でした．

清水：東京営業所の国鉄部．それで，課長になってから都市開発設備に替わられたんですね．

千代：そうです．

清水：それ以前に係長になられましたか？

千代：主任という役職があります．

日立のキャリアパターン

千代：標準的なパターンを申し上げますと，大学卒で入ったとしましょうね．だから，21とか22歳．主任になるとすると，やはり30歳前後ですね．ほかの会社だと係長さんですかね．

清水：大体それぐらいでなられたのですか？

千代：私ですか．私はもう少し早かったです．28歳か，それぐらい．

清水：28歳ですか．その次がもう課長に？

千代：その次はね，普通で言えば部長代理という職制ですが，要するに課長ですね．

清水：部長代理という名前になるわけですね．

千代：部長代理という名称は，なぜ課長という名称がないかというと，課長という名称をつくると，課をつくらなければなりませんよね．だから，何人か部下を付けないといけない．部長代理だったら部下は要らない，ということで，

部長代理という職制にしてあったのです．

清水：まず，この40人の中でですけれども，40人の中で部長が1人いて部長代理は1人？

千代：部長代理が4人ぐらいいるのです．

清水：部長代理が4人？　なるほど．その代わり，そうするとラインが1本なので，課長というのはないと．そういうような発想であるということでよろしいですね？

千代：確かに都合よく言えば，部下を付けなくてもいいということもありますし，もう少し前向きな姿勢で言うと，部長代理というシステムは誰を使ってもいいという柔軟性もあるのです．ただし，これ営業だけなんです．工場などは普通の課があって課長，主任技師という名称になりますが，営業では，実態は課があって課長なんですが名称は部長代理の職となるのです．

市原：日立の部長代理は，いわゆる専門職と聞いたことがあるのですが，この場合，課長だと部下がいて，指揮命令権がありますが，部長代理の場合には，直接，下の営業マンに対する公式の指揮命令権がないのですか？

千代：業務の命令権と人事査定権だけはあるんですよ，全部あります．

市原：そうしたら．

千代：いや，課長という名前にすればいいと思うのですが．

谷口：そうすると，40人の中の何人かは，○○部長代理の下にいるというように考えられますね．

千代：はい．例えば，40人いて，部長代理が4人いると，課がないので一つは車両グループという名称になっていて，そこに部長代理がいて，グループ員が8人．それから，変電グループがあって，部長代理がいて，そこにラインの部下が何人，となっています．

清水：それはそうなんでしょう．例えば流動的だからというわけじゃないんですよね？

千代：ですから，名称がどうして部長代理ですかと言われたら，そういうふうに説明しているだけなんです．

清水：そういうことなんですね．課長（部長代理）にはお幾つで？

千代：これは41歳です．

清水：41歳．平均的ですか？

千代：平均より，少し遅いです．ここはですね，課長のポストがなかったのです．だから，グループに申し訳なかったんですが無理につくって頂いたような．いろいろなことがありますよね．話がずれますが，人事とか査定の話になるんですが，身分職ってありますよね．例えば，役所だと副参事とか，参事とかよくありますよね．身分職と職制というのが緩やかにリンクしているというような．例えば副参事だったら，部長代理職に相当するなと，参事なら部長職ぐらいに相当するなという．副参事になっていても，部長代理のポストがないとできないのです．だから例えば，東京営業所とかのくくりで考えると，この部署で部長代理の椅子が1つ空きそうだとか，空いてるとかいうと，全然関係なくても，そこで課長にして，それで2年でまた元の部署に戻すとか，そんなやり取りもあります．

谷口：参与とか，これは基本的には年功ですか？

千代：ここは査定です．だから，例えば，副参事から参事になったり，参事から参与になったりするのは完全に査定です．給料ですから．

清水：それは柔軟にしたいという発想だということになるんですね，先ほどのお話のように．

千代：そうです．人が多くなり始めて，ポストがない時代になってくると，先ほど言ったように，無理に担当部長とか，担当副部長とかいう職制をつくり始めてきたのです．

谷口：では，査定1本なんですか．年齢，年功というか，勤続年数何年ぐらいだと，大体ここで参与になるとかでなく，それは結構ばらつきがあるのですか？

千代：課長まではあまりばらつきはないのですが，普通で言うと大体2年ぐらいですかね，ばらつきがあっても．ただ，走る人は走ります．それは決めてしまうんですよ．35歳ぐらいになったら．同じグループで，こいつは将来事業

部長にしようとか，営業部門でもこいつはもう営業本部長にしようというのがある程度何人か決められて，その４〜５人にはどんどん給料付けるというやり方をするんです．

谷口：それは誰が決めるのですか？

千代：それは例えば営業であれば営業部長が決めますし，事業部の人は事業本部長が決めます．

社長候補——「特急組」の存在

谷口：特急組をつくるということですか？

千代：そういうことです．一番露骨なのは，先ほど言ったように，日立工場など歴代の社長を出している所などは，もう入って５年ぐらいで，こいつは工場長にしようという人を何人かもう決めてしまって，それにもう全点数を付ける．そうすると，ほかの工場の同期と明らかに差が出てくるのです．そしてそのままずっと走っていくというようなやり方です．

梅崎：それってめずらしいですね．特定の人を早くから選んで，この人を特急にというのは，組織にとってのメリットというのは，他の組織に対して非常に有利なと言うかその，なんて言うか．

千代：それは，そうだと思います．サラリーマンというか，会社にとって有利になるようにという思惑もあるのです．

梅崎：と言うか，日立工場，日立事業所とかが，４，５人を，ランク上の人を特急組にすることによって，日立事業所が社長昇進に関して，他の事業所に対して，優位に立てるというか，変な言い方ですけれども，そういう組織的なバックグラウンドがあるのですか？

千代：そこはもう競争になってますね，完全に．日立工場が社長を出そうとすると，先ほど言ったように，大甕工場も社長を出そうということで，むしろ競争になっていますから．だから，大甕工場では，日立工場の例えば同じぐらいの査定でトップの人を見ているし，逆も見ていて，あっちがこうやったら，こうしようとか，そういう目では見ています．

関口：特定の人が特急組になったということは，周りの人も分かるわけですか？

千代：それは，昇進しますから分かります．

関口：そういう前提で，もう特急組が指定されてしまうと，ほかの人の意欲が落ちるとか，そういうことはないですか？

千代：特急組と言っても，部長ぐらいまではそんなに給料にめちゃくちゃ差があるわけではないですから．例えば参事から参与になり，理事になるということくらいです．理事というのは一旦退職してから就任することになるんですが．だから，社員としても一番給料が高いのは参与という身分職になるんですが，やる気がなくなるというのはないですね．たまに，とんでもない人が走っちゃうと，そういうことにもなるのかもしれないですが，まあまあの人なら，まあ，いいんじゃないのということではないですかね．

営業一筋

清水：先ほど40人ぐらいの部でいくつかのグループ，4つぐらいあると言われましたけど．千代さんは，いわゆる何グループですか？

千代：私は最初，変電グループというグループに所属．そこに入って，私がその時やったのは，新幹線の建設に伴う電気設備の営業をやっていました．姫路まで新幹線が伸びた時があったんですが，そこまでやりました．それから，東北新幹線までやって，新しいコンピューターグループがそこでできたんですね．そこに今で言うと，国鉄部の中で配属になりました．そのコンピューターグループができた背景というのは，ご存知だと思うのですが，みどりの窓口にMARSという座席予約システムを日立がやっていたのです．かなり偉い人がいて，その人を中心に，これからコンピューターの時代だから，グループをつくりましょうということで，それまでもコンピューターをやっていた人と，新しい人が集まって5人ぐらいで新しくつくったのです．それから，都市開発に移るまではコンピューター関係の営業をやっていました．私はこちらのみどりの窓口システムではなくて，あまり聴きなれない言葉ですが，COMTRACと

いう新幹線を制御しているシステムがあるのですが，その担当の営業ということをやっていました．

清水：そうすると，例えば車両部にいた人が，20年経っても替わらないこともあったのですか？

千代：これはね，日立の営業だけではなく，私が付き合った東芝さんの営業もそうだったのですが，ほとんど替わらないのです．

清水：それはたまたまコンピューターグループができたから替わったという，そういうことですか？

千代：部内で溝があったわけではないのですが，車両と電気というふうになんとなく分かれるんです，感覚が．だから，車両の人が電気に来たり，電気の人が車両に行くことはあまりないのですが，電気の中で強電をやったり，通信をやったり，コンピューターをやったりする人はわりといるんですね．車両の人がこちらへ来るっていうのは，課長になってくるのかな．逆にこちらが課長になって行くという，その時点での異動はあります．

清水：それで課長になられて．

関口：その異動の話が出たついでですが，例えば，先ほどの国鉄とか，電電とか，公共とかの間の人の異動というのは，ほぼないのですか？

千代：ほぼゼロですね．電力は，電力からよそへ行くというケースはほぼゼロですね．電力で部長になって，その次のステップとして，例えば支社の副支社長に出るとか，そういうケースはありますが，電力の営業の担当と他の営業がローテーションするかというと，ほぼゼロです．それは日立の場合はほとんどないです．なぜ，ないかというと，窓口営業と言って相手のお客さまをつかまえてくるというのが使命なので，動かせないんです．あなたの使命は国鉄のあの人をマークすることですよ，あなたの使命は東電のあの人が出世するから，あの人をつかまえなさいと，そういうことなんですよ．

経理の畑，人事の畑……そして事業部

関口：それはもちろん，営業と管理部門の人の動きというか，異動はないんで

すか？

千代：ほとんどないですね.

関口：そうすると，経理とか人事とかというのは，そこに入れたら，それっきりという感じですか？

千代：経理とか人事とか総務というのは，全く違う畑なんです．例えば，関連会社も含んだ経理の畑というのがあって，そこはそういうふうに異動する．経理の人は経理のボスがずっと見てるんですね．だから，3年間どこかに行かせて，また戻そうかとか．総務は総務のボスが見ている．だから，総務とか経理とか人事・勤労というのは，会社の中では事業部門とは違う動きをしているんです．アンタッチャブルではないのでしょうか，自然にそうなっていますね.

市原：どうでしょう，事業部には盛衰というものがありますから，当然，事業の変化に伴い事業部の組織編成を変えるとか，新しいものをつくったりという，いわゆる組織そのものが変わっていく中で，やっていた仕事がやむをえず，ほかに移されるとか，そういうケースがあると思います．そういうケースですと，本人が今までやっていた仕事がなくなるということになりますと，それはその人のキャリアについてはマイナスになるということになるのではないですか？

千代：人それぞれの受け止め方なのではないですかね．それは例えば，この仕事をやりたいと思っていれば，仕事についていかざるをえないので．自分としては多少キャリアに不満が残るかもしれないけれども，やむをえないという気持ちになると思いますね.

市原：先ほどもおっしゃっていたような昇進とか資格の上昇．それらに対して，マイナスになるというというわけでは必ずしもないということですか？

千代：そうですね．マイナスになることもあるし，マイナスにならないこともあります．行った部署に，たまたま上がいなければ，その人に付けられるとか，一応ラッキーなこともあるんですよね．行かされた部署が製品として，あまり成熟していて，これから先がないということになれば，それなりということになってしまうでしょうし．それがやはり，サラリーマンとしての決断です

かね.

梅崎：その事業部を移られた場合に，一からその商品の知識を新たに習わなくてはいけませんが，担当製品を変えて，専門知識の一からの勉強というのは，どのくらいでできるものなのでしょうか？

千代：営業は簡単だと思います．ペアで組む事業部の技術屋さんがいますので．ところが，設計者は全然違う設計に行けと言われたら，とまどうのではないですかね．原子力の設計，日立工場もやっぱり1,000人ぐらいいるのですが，原子力は10年に一度とか，15年に一度とかしか注文が取れないんですね．建設に10年とかかかる場合のことですから．そうすると，設計者には端境期がどうしても出てしまうのです．では，遊ばせるかというと，そうはならないのです．端境期に配置転換ということが入ってきますね．比較的，今までやっていた設計と同じ性格のところへは行かせようとするのですけれども，そうではないケースというのも出てくるのでしょう．そこはなんとか説得するしかない．納得はしないかもしれませんが，説得していくのです．管理職になれば，ある程度，やらざるをえない，従わざるをえないでしょうから．

梅崎：銀行など大企業においては，ルールで5年でまわすというところもあります．同じ部署にずっといると，人のマンネリ化みたいなものも出てきてしまって，あまり会社においても良くないので，必ずまわしてしているのが一般的ですが，日立の場合，どっぷりずっと付き合うのですか？

千代：そうです．

梅崎：それに関するメリット・デメリットみたいなことはないですか？

千代：周期的にはやりますね．突然誰かがローテーションが重要だとか言い始めると，検討しようというような話になるのです．

　業種によってですが，例えば金融関連ですと，必ずローテーションしますね．不祥事が起きてはいけないというので，何年かに1回はローテーションをするのです．窓口営業の場合は，デメリットとなることが大きいです．お客から見てもデメリットは結構ありますし，お客から人事を言われることも結構ある．極端な場合はお客から誰それを部長にしろとか，そういう話もありますか

ら．だから，窓口営業としたら，やっぱりべったりの方がいいということなのです．ローテーションは管理職になるタイミングで，どうしてもこれは課長にしなきゃいけないけれども，ポストがないから，いったんこっちに置こうとかいう時ですね．

それから将来，例えば支社長にしたいので，少しほかの営業も経験させたいからということで，１年ずつやるとかというローテーションもありますが．先ほどおっしゃったように，会社として５年で決まっているとかいうことはないように思います．

重電社間の競争と営業

谷口：そうすると，話を少しずらしますけれども，例えば，顧客との関係で，日立さんの場合，国鉄なら国鉄で長い付き合いがありますよね．もちろん三菱などもありますよね．そうすると，この重電３社か４社というのは，何で競争しているということになるのでしょうか．国鉄に対しては．

千代：私が入った1970年頃は，シェアは何で決まるかと言うと，例えば電機設備で言うと，例えば信越本線というのは保守区１カ所だから，同じメーカーにしたほうがいいということで，当局から，ここは例えば富士電機にしましょうとか．常磐線というのは日立があるから，日立にしましょうとか．そのように大体方針が当局からも出ていて，それに沿って決まります．では，営業も要らないじゃないかということなんですが，従来の電気製品以外に，例えば先ほど言った新システムを国鉄が立ち上げそうだとか，新しい電力管理をしそうだとかというのを，キャッチすることが重要なのです．従来のシェアはそれでいいのです．ただ，そこでもどんでん返ししたことも，どんでん返しされたことも結構あるんですよ．違うところを取りに行ったりすることもありますが，やはり一番大きいのは新しいシステムをどこが取るかということですよね．

谷口：そうすると，どうなんですか．我々の感覚でいくと，もちろん営業という，営業活動もあるだろうけれども，製品の品質，性能とか，そこに優位性というのはあまりないのですか？

千代：国鉄の時代はあまりなかったですね．

谷口：ない？

千代：というのは，国鉄の時代は JRS という，Japan Railway Standard という基準があったのです．電気設備はメーカーが違っても仕様に関してはほぼ同じでないと困るということで，その仕様が事細かく決まっていて，それによってつくるというのが主力だったんですよ．だから，富士電機がつくったトランスも，日立のつくったトランスも，そんなに性能ももちろん変わらないのです．細かい提案，この図面はこんなふうにしたほうがいいとかという，そういう提案はすることはあるのですが．だから，ほぼ，受注生産ですね．これをつくれと，スタンダード製品をつくれということです．

谷口：そうすると，営業には技術屋さんはあまり必要ないのですか？　説明に行く時に連れていくとか，そういうこともないんですね．それとも技術屋さんもいるんですか？

営業相手のパートナーをつかまえる

千代：一応，ペアの技術屋さんもいるんですよ．仕様の打ち合わせなどはやはり双方の技術屋さんがいて，やるのです．だから，営業の仕事というのは，日々の営業の実務もあるんですが，先ほど言ったように，顧客のパートナーをつかまえるということです．

谷口：お付き合いということですか？

千代：お付き合い．あの人をつかまえよという仕事と，新しい注文のネタを発掘して提案をするというようなことです．

谷口：そのペアの技術屋さんというのは，営業所の組織にいるわけではないのですか？

千代：フロアは違っても同じ場所にいます．

谷口：そうですか．それは職制上というか．

千代：事業部に属していました．

谷口：事業部に属していて，支社にいるわけですね．

千代：物理的な話で言えば，事業部は東京に集中しているので，東京の営業マンはくくりつけで行くことができるんです．同じ場所にほとんどいますから．支社にはオールマイティーな技術屋が2人ぐらいしかいないんです．そのオールマイティーな技術屋で，できない時には東京事業部から技術屋が行くという形態になっているのです．だから東京にいる営業マンは，技術屋の時間が空いていればすぐに現場へ一緒に行けるのです．例えば，東北で国鉄から引き合いがあって，向こうの技術屋さんが対応できればいいのですが，そうでない時には，東京の例えば電力関係の国鉄を専門にやっている技術屋も行きます．

関口：そうすると，そういう形で，技術の人も営業活動をするわけですが，先ほど身分職，参与，参事というのは査定で決まるということでしたが，査定の基準というのは，こういう技術屋さんと営業の人の場合では違う基準ができているのですか？

千代：違うと思いますよ，たぶん．明らかになっているわけではないのですが，共通の部分もあるのでしょうけれど，違う観点もあると思います．一番共通しているのは人を見るということですよね，査定の根本．それはたぶん営業も事業部も．もちろん事業部は技術的なスキルというのがあった上での話だと思うのですが．1つ大きな基準は，部下を任せられるかどうかというのが判断基準ですよね．業績というのは，たまたま担当したお客さんが傾けば傾いてしまうし，逆に，何も営業しなくても注文が来るという側面はもちろんあるので，当たり外れがありますよね．それで査定するということよりも，たまたま当たったお客さんもあるんだけれど，彼はよく部下の面倒も見られるし，常識もあるし，彼なら任せられるんじゃないかということなど，ある程度営業成績とは関係なく査定を付けているところもあります．

成果主義だけど成果主義じゃない

関口：それにプラスしてお聞きしたいのですが，1990年代の終わりくらいから2000年代の前半くらいに，いわゆる成果主義というのがいろいろな企業で流行って，その時も成果主義の結果に近いところだけで判断すると，今言った

ように，例えば自分でコントロールできないことが入るから問題があったというような疑問もあったのですが，そうすると今のような人を見るという形で，部下の価値がどうかというような基準は，そういう世の中の企業がみんな成果主義だと走った時も日立の場合ほとんどブレないでやれたということでしょうか？

千代：いや，大きく変化しました．

関口：ブレました？

千代：大きくブレました．成果主義になりましたよ．2001年から2年ぐらい，やはり大幅な赤字になった時，全体的に組織見直しだということになった時に，これからは時価評価だと．過去に何があったかは関係ない，というようになったのです．

谷口：その間，成果は何だったのですか？

千代：成果主義なのですが，実質は成果主義ではなかったと思います．成果主義って，何が成果なのと．例えば，営業は数字ですから，数字が出れば成果が上がったのだから，どんどん，どんどん給料上げてくださいという，少なくとも成果主義とはそういうことですよね．成果主義の時にも，例えば30％というのを，これは定性的資質だから，成果と関係なしで資質で付けましょう，残り70％は成果でいいという，実質はそういう運用をしていたのです．そのうち，やはり世の中で成果主義って本当にいいのという話になった時に，今度，目標管理という言葉が出てきて，目標を立てて，それに対しての成果主義じゃないと査定できない，ということになったのです．ですから，今は目標管理というのは，全体的にそうなっていますね．では，目標はどうやって立てさせるのという，今度はまた違う問題になりますね．レベルによって目標の難易度は全然違う．そこも今かなり難しくなってきているでしょうね．だから，どうしても人間関係ですとか，人を見るという要素は入っていますよ．名目としてはそうなっていても，今は定性面はもっと大きくなっていると思います．50％以上が定性面．要するに役職としてふさわしい行動をしているかとか，定性的な項目が半分あるいは半分以上になっていて，残り定量的な面を出すというよう

になっているでしょう．

関口：日立の場合わりと早い段階で人員を選抜するということでしたが，千代さんからご覧になって，できる人，選抜される人というのはどういうところが選抜されるゆえんというか，早めの選抜となるのですか？

千代：営業部門は極端な選抜選手っていうのはあまりないんです．工場の設計とかというのは，将来の社長職が掛かっていますから，結構激しくやっているんですよ．だから，どういう目で見てるのかというのはよく分からないのですが，社長のところでは，やはり東京大学ですよね，東大工学部というのがあるでしょうね．例えば日立工場の東大工学部の大学院卒と，それに対抗する人がいる場合，かなり激烈な争いになったでしょうね．

市原：技術系でも，文系の場合でもそうですけど，査定自体は相対評価ですよね．その場合に，いわゆる査定の持ち点というかポイント，これが文系と技術系，研究開発と営業とかで差が付けられることはありませんか．何かこれを同じように，査定において技術系が優遇されるとか，そういうようなことはなかったですか？　やはり技術系のほうがポイントの割り当てが多いとか，あるいは同じか．

千代：もちろん，全く同じです．

市原：それは全く同じ？

千代：はい，査定では．例えば，当事業部門に学卒の組合員が30人いたとして，その30人の身分職が，先ほど言ったように，副参事が何人で，参事が何人，その下に幾つかランクがあるんですけど，そのランクによって持ち点が違っているんですね．例えば，仮にA1の人っていうのは持ち点が3点だったり，A2の人は持ち点が2点とか，そういう点数を決めてるのは人事なんですね．人事とか勤労で点数を決めて，その持ち点がその部署に一律来るんですよ．あなたの部署は，こういうクラスの人は何人だから何点ですよと．これをあなたのところで自由に査定してくださいと．だから，技術屋さんと事務職が差があるというのは持ち点に関してはないです．事務職の場合あまり極端に差が付けられないという部の方針が結構あるのです．技術系というのは，こいつはやれ

るとなると，どんどん上げるというようなやり方をしているところもあります．

事 業 計 画

野崎：資料 3 の会社機構図のところでお伺いしたいのですが，左手のところに戦略企画本部というのがございまして．右手のほうに電力グループシステムに経営戦略統括本部，次にインフラシステムのところに経営戦略室，同じく下のグループのところにもあるんですが，本部の戦略企画本部と，それぞれの 3 つの役割というのはどういう関係になっているのですか？

千代：これも詳しくは分からないのですが，グループ会社の中の戦略統括本部というのは，電力グループ，システムグループの CEO スタッフですね．各戦略本部というのは，各グループ会社の社長室，企画室にあたると思います．だから，ここが数字をまとめたり，予算をまとめたり，CEO がこういうことをやりたいと言ったら，用意して資料をつくったり，そういうような部署です．もちろん，これから電力事業（受注）をどういうふうに考えようかというのを全体として，各 CEO はもちろん考えますが，実務としてはそういうことをやっています．それで，本社の中の戦略企画本部というのは，下にグループ会社がくっついていますから，先ほど言ったグループ戦略会議と同じようなことを考えているかもしれないですね．

野崎：そうしますと，実質 3 つのグループのそれぞれの中核は，あくまでもグループの中でそれぞれ目標設定なりをされてやっているというような感じですか？

千代：はい，そうです．

野崎：会社全体としては，逆にそれを切断した形になるのか，それともそれを調整する機能が会社全体の中にはあるのでしょうか？

千代：会社全体としては中期計画とか長期計画を立てるんですね．分社化していますが，日立製作所として，例えば向こう 3 年で利益目標を立てたりしているのが，本社の方の戦略企画本部だったりします．各事業部門で長・中期の計

画を立てているので，それで足りなければ，また付加して達成してくださいという調整機能は本社の戦略企画本部にあると思います．

野崎： そのあたりのところは両方が行き来するような形で，本社側にそういう指揮権と言いましょうか，命令系で逆に発するという場合もある．各グループが決める状態まで待つという場合もある．それでまた，先ほどのお話のように依頼がどんとくるような流れがあったりするのですか？

千代： ある意味，事業グループのほうが強いと思いますね．だから先ほど言ったように，数値が本当に足りないという場合には社長通達が来ますね．社長通達でその事業部には，社長から直接いくらか積みなさいということになります．たぶん，この企画本部が言っても，「あ，そうですか」という程度なのかなと思います．

野崎： あくまでも現場ということですか？

千代： 要はその人にあるので．では，分社化したものをどう査定するかというと，やはり利益の上がったところにAからDのランクを付けて，そこにボーナスの配分は全部任せるというようなことをやっています．だから，予実算管理ですから，そこのせめぎ合いがたぶんあったと思います．だから，先ほど言ったように，最後は通達になって，問答無用でおまえのところがやれということになってしまうのだと思います．

採用と査定

関口： 人の採用というのは，どのようなレベルで行っているのですか？　全事業部，それとも各事業グループで独自に対応してしまう形になっているのでしょうか？

千代： 今はどうなってますかね．各事業グループが，来年，何人新卒を採りたいという希望を出して，それを本社が見て，例えば去年は700人でしたが，今年はとりあえず800人になったと．それを全体として100人増やす方向だからそれで行きましょうというのか，去年なみで行きましょうとかの決定は本社です．減らすのは各現場が例えば10パーセント減らしてくれとそういうやりと

りをしていると思います．本社人事部門と各事業部門との調整になっていると思います．

清水：それだと，先ほどの話では，人事というのは形式的に通常の統制はやるのでしょうが，それだけですか？　それから昇進においても，A2何人，A3何人とか相対評価の基準は人事が作るけれども実質の評価は全部その事業部で評価がなされて，人事部は全くそれに関与しないということなんですね？

査定は現場で

千代：それはそうです．では，人事部って何のためにあるのかと言うと，査定の基準をつくったり，一応横並びを見ますから，極端な場合は何か言いますけれど，実質は，査定はやはり基礎単位は部，それから事業部です．それからグループ会社．ですから，例えば，この電力システム会社に人が足りないので，人を採りたいという場合も，人事を介することはあまりないです．全社から集めたいという場合は，人事に頼んでアナウンスしてくれということはありますが．例えば，事業部長がほかの事業部の人間で，「あの人，欲しいな」とか，またどこか減りそうな部署があるなと思うと，そこに行って「1人，くれませんか」と，事業部長同士が話をして，そのレベルで決まるということも多いです．

清水：なるほど．そうすると，例えば新卒採用は人事がやっているわけですよね．とにかく本社人事が一括採用でやってるわけですよね．工場の人事は別かもしれないけれども．ところで，先ほどのお話で，早期退職をやっていますよね．あれも人事が担当するのですか？

千代：人事と経理ですね．人事と経理が目標を立てました．

清水：あ，目標ですか．

千代：目標です．実施するのは我々です．

清水：人事が直接対応は全然していないのですか？

千代：全然していない．しないのは良くないんですが，できないんですよ．

清水：できないというのは？

千代：10 パーセントお願いしますというのは，人事がお願いしますけど，やるのはやはり事業部がやるのです．

新卒採用の実態
清水：また入社時の話をしてしまいますが，40 人の部でしたよね，全部で．

千代：はい．

清水：新卒では何人入りましたか？

千代：私の年代は 1 人です．

清水：1 人ですか．

千代：私の時は全部で 700 人学卒が入ったんですが，うち 200 人が文化系，理工系が 500 人という割合です．

清水：東京営業所の国鉄部では新卒で入られたのは 1 人？．

千代：1 人ですね．東京営業本部には 8 人でした．

清水：大体，毎年 1 人ずつぐらいの募集ということでやられているのですか？

千代：部長が 1 人，部長代理が 4 人いたから，その下が 9 人とかいれば，41 人になります．そこへ 2 年に一度ぐらい，1 人ずつ入ってくる．隔年で高卒も 1 人入ってきますから．だから，毎年 1 人ずつぐらい入ってくるという感じですね，営業に．

梅崎：一般的な会社，多くの会社では団塊の世代が，多いと言えば多いと思うのですが，日立さんのような古い会社だと，もう少し前のほうに，結構ヴォリューム層があるということがあったようなケースが多いかなという感じがするのですが，いかがでしょうか？　年齢構成の中で，一番のヴォリューム層はどの世代かというのは．

千代：やはり昭和 47 年，48 年は少なかったですかね．あと昭和 44 年，45 年は少なかった．とにかく，業績が悪いと全部減らしてしまうのですよ，関係なく．昭和 47 年が 700 名で，昭和 48 年は少なかったです，500 人だけ．

梅崎：先輩世代はどういう感じですか？

千代：先輩世代というと，例えば入社で言うと昭和 40 年とか，そんな感じで

すか？

梅崎：そうですね，昭和40年ぐらいに入社してきた方達ですね．

千代：学年の年次とすると，私達よりも少し少ない感じですよね．昭和44年は500人ぐらいでしたから．昭和40年とか，42年の人は，もう少し少なかったかもしれないです．団塊の世代を通り越して，また多くなったのは，昭和60年とか以降で，ソフト面に大量に採用しないといけなかったんですよ，何千人と．情報系会社で1,000人雇いたいとか，1,500人雇いたいという時期があったんですね，3年ぐらいですかね．それは好景気と重なって，本体では全員は採れないし．関連会社なども含めてとにかく採りました．ただ結局，10年とか20年たった時に，処遇の問題が出てきました．

配　　属

市原：採用は本社が一括して，対象の学部を決めて行う．その後，日立工場などで初任者研修をして，そのあとも事業部で研修して各企業グループへの配属が決まるという．その場合の大卒の人を決めるというのは，人事部が決めるのでしょうか？　それとも，そこにも事業部とかの発言というのがあるものなのでしょうか？

千代：一応，毎年希望を出すんですよね，各部署から．希望を出して，そのとおり採用できれば大体，人数はそのとおり配属になりますね．

市原：どの人を採るかというのは？

千代：それは微妙にあります．というのは，就職活動する時から，ある程度くくりつけするケースもあって，本人の希望もありますし．どうしてもという人は，例えば，部長さんなりが人事に言って，この人はこちらによこしてくださいというような話をするというケースもありますね．個別の折衝も結構あります．

市原：職務への配属は本人の希望を聞くのですか？

千代：一応聞きます．

市原：聞くそうですけど，ただ，適性とか，それは人事では分からないんじゃ

ないかなと思うのです．半年間の研修期間を見て，本人の希望と，それから適性を判断して配属を決めると言いますけれど．適性の判断はどういうふうに行うのですか？

千代：今は半年間待たないで，配属は入社する時にもう決まっています．だから，それから事業部で教育します．本社も教育は少しやっているようですけれど，もうほとんど分社に任せているという感じです．昔は確かに半年の研修はありました．でも，私達の時も，4月に入って，4月の20日ぐらいには，もう配属が決まっていましたから．

谷口：理系の場合には，その専門学科は利いてくるんですか？

千代：利いてきます．

谷口：文系の場合は決まっていないんですか？

千代：文系は希望があれば．希望と合致すれば，ほとんど決まるという感じですね．

谷口：理系は紐ができやすいですかね？

千代：大体，研究所につながりますよね．ただ，研究所は今は修士しか採らなくなりました．

清水：大卒の理工学部でどのくらいありますか？

千代：修士を含めて500人ぐらい．

清水：では当時は普通の学卒もかなり採っていたということですかね．修士の方が多いんですか？

千代：2割ぐらいが修士じゃないですかね．

清水：500人のうちの2割．と言うと，100人くらい．400人は学卒という感じですね．先ほども言われたように，例えば東大工学部の電子工学科，電気工学科とか，京大の電気とか電子とか，そういうところから，どんどん採っていくわけですよね？

千代：今はどうでしょう．昔はそうだったと思います．

清水：それは，研究室と言うか，企業と研究室が結び付いていて，毎年，東大の電子工学科から，一応5人とか10人とか，そういう形で来たのですか？

千代：そうだと思います．それはもう日立だけではなくて，東芝とか三菱もそうだと思います．

清水：文系は自由な競争というか，それほどの拘束はなかったですか？

千代：全くなかったです．

特急組——社長の資質とは

谷口：それで，日立の場合，東大工学部卒が社長になるとして，社長の資質と技術屋の資質とは違いますよね．

千代：社長の資質と技術屋の資質は，重なる部分もあるでしょうけれど，違う部分もあるでしょうね．

谷口：ですから，最初，その特急組に乗せる時に，この人は技術屋として優れているから特急組だというのではなくて，もう少し違うところを見ているのだと思いますが，理系で入ってきた人でも経営者としての素質みたいなものというのはどのようにして見ているんですかね．理系の人達の最初の5年間の仕事は，やはり技術屋さんとしての仕事ですよね？

千代：はい．

谷口：そこからどのようにしてつなぐのか．この人は特急組に行けるというのは．

千代：例えば，30歳ぐらいで5人ぐらい選択しますよね．課長で3人ぐらいにして，設計部長になった時に2人ぐらいにして，どちらかを次の工場長にしましょうと．いつも見ているのは工場長になった時に，業績が上げられるかどうかというのを見ているんです．そこでの評価が経営者へ行けるかどうかでしょうね．経営者としての資質というものを，ものすごく矮小化してみると，要するに利益を上げられたかどうかということです．工場としてちゃんとやっているのかどうかということです．あたりはずれはやはりあると思いますよ．ですから，外れた場合結構悲惨ですよ．

谷口：かなりリスキーなという気もしますが……．高度成長期，まあ1970年代ぐらいまでは，周りがきちんとやってくれるからなんとかやっていけるとい

うことでしょうか．それも，21世紀になると難しいかなと……．

清水：東大工学部の電子か電気を出たら，日立に行けば社長をやれるかもしれないと，彼らは最初から思ってるわけですよね，日立に入る時に．

千代：いるかもしれないですね，そういう人が．

清水：それほどじゃないですか？

千代：そういう人もいます，知っている人で，結局関連会社の社長でしたが，俺は日立の社長になるというふうに入ってきた人もいました．

学歴とキャリアの上限

清水：少し前の話に戻りますが，先ほど40人に1人ということを言われましたね．

千代：はい．

清水：そうすると，大体その課長までは行くと見ていいんですかね？

千代：学卒の人は，学卒と高卒の人がいますよね．やはり歴然として差はあるんですよ．高卒でも日立に入ってくる人は，かなり優秀な人が入ってくるのですが，学卒よりはやはり冷遇されていると感じますよね，実態として．

清水：それは40人の営業の中にもいらっしゃったということですか？

千代：います．高卒の人は私が入った時に，10人ぐらいいました．

清水：ああ，そうなんですか．

市原：高卒の人でも，一般に出世して課長クラスになられますか？

千代：いや，営業でも部長とかいますよ．

市原：そうですか．高卒で課長になる人はどのくらいの割合ですか？　部長になる人はすごく少数でしょうけれど．

千代：高卒で課長になる人は半分ぐらいですね．

市原：そんなになるのですか．

千代：ええ，なります．営業しか分からないのですが．半分ぐらいです．部長になる人はやはりちょっと少ないでしょうね．1割とか，2割とかでしょう．

市原：昇進のスピードはいかがですか？　同じタイプの課長の場合で，課長に

なる時の年齢の差というのは？

千代：遅いです．遅いというか，学卒が40歳前で例えば課長になるとすると，やはり40歳とか43歳とか．それぐらいの差ですけどね．

市原：やっている仕事の内容は，学卒の人と高卒の人がいて，同じ職場に赴任しますね．担当している仕事の内容に差がつくとか，そういうことはありませんでしたか？

千代：あまりないです．業務としてはないと思います．

市原：高卒の人も，学卒の人とほとんど同じ仕事をやって，営業でも同じような仕事を担当して，責任をもってお客さまと接触したりということ，そういう理解でよろしいわけですか？

千代：はい，基本的にはそうです．基本的にはそうなんですが，完全に同じではない．やはり営業をやっていると，お客さま対応のこともあるので，そういうこともあって，少し差がつくということも現実にはあります．それから，先ほど言ったように，当時は持ち点がやはり違っているんですよ．高卒の人の持ち点が例えば3点だとすると，学卒の人は5点とか．もともとの査定をする時に持ち点が違っているので，そこがちょっと不利になっているのです．

谷口：今は日立ですと営業でそんなに高卒はいないでしょう？

千代：ほとんどいないです．15年ぐらい前までは，ぽつぽつといましたね．

清水：15年前までというと，つい最近までという気がしますが．

千代：ああ，20年以上ですね．私の知っている人は，今，40歳だから，22年前です．そんな感じです．

清水：それは，どういう高校から来るのですか．

千代：高校の方はくくりつけは決まっています．例えば，何々県の何々工業だとか，新潟工業だとか．

清水：工業高校と決まってるのですか？

千代：工業，商工というところもあるけれど，工業高校が多いです．一般高校の募集はしないです．

谷口：営業でもですか？

千代：ですから，そういう人が入って，営業に入るというケースはあります．

関口：学卒の場合はよほど問題がない限り，最低でも課長までは行きますか？

千代：例えば10人入ったとすると課長になれないのは1人．そんな感じです．

関口：ほとんどの人が課長にはなれるという感じですか？　大体，この人はもう課長になれないと仮に分かってくるのはどのあたりですか？

千代：やはり，30歳過ぎて，30歳か32歳ぐらいですかね．何て言うんですかね，ネガティブな人がたまに10人に1人ぐらいいるので，そういう人は仕方がないかなという感じですね．あとは言い方は悪いですけど，何とか少し遅れても空いているポジションを見つけて押し込めて課長にする．後はもう自分の責任でやってということですね．

給与・資格・社内ランキング

関口：例えば，同期で入って，40歳半ばぐらいで一番給料が高い人と低い人の差はどれぐらいありますか？

千代：基本給と賞与というのがあるのですが．賞与は水ものですから，基本給だけを比べると，40歳半ばぐらいだと，最低と最高ということですと．200万とかぐらいじゃないですかね，本給だけです．

関口：本給だけで200万．

千代：ええ，そのくらい違うと思います．もっと違うかな，300万ぐらい違うかな．

関口：では，賞与だともっと大きくなるんですね．

千代：賞与だとそうですね，倍ぐらいかもしれないですね．昔は，私が入った頃は，高卒の人が増えたこともあって，昇進を付けるタイプと，それから，そうは言っても年収であまり差がつかないようにボーナスで付けようという，その2つの考え方があったんですよ，ずっと．ですから，昇級が遅れても年収とするとそんなに差がつかないようにしようという，暗黙の了解というか，そういう付け方をしていた時期があったのです．しかし，先ほどの時価評価の時から，それはおかしいでしょと．できる人はボーナスも付けるのが当たり前とい

う話になっていってもっと差が開いたのです．

谷口：昔はやさしかったのですね．

千代：やさしかったですよね．

市原：資格ですよね．参事とか参与とかの資格，あれは，基本給ですか？

千代：基本給です．昔で言うと，基本給によって違うと思うのですが，日立の場合はもともと手当がないですから．基本給と職務給というのがあって，基本給が4割ぐらいで，職務給が6割ぐらいです．基本給を査定するのですが，それに伴って職務給が上がっていくような感じです．退職金のもとになるのはやはり基本給ですから，そこを査定するのです．

市原：基本給もセットになるんですね．給料がいくらかが社内のランキングを決めるっていうことになるのですか？

千代：逆です．社内のランキングが給与を決めるということです．

市原：社内のランキングが給与を決める？

千代：はい．

市原：査定をして昇級していって，一定額のところになると，資格が上がってくるというのがありますよね．給与が上がっていくと，一定の基準をクリアした段階でまた資格が上がっていくと．

千代：例えば，身分職で言うと，仮に数字で言うと，副参事の基本給というのは30万ですよ，参事の基本給というのは31万から40万ですよと，そういう決め方があるのです．例えば，29万の人がいて，1万付けて，その人を副参事にしましょうということで，30万で副参事になった．その後ずっと付けなければ，そのままずっと副参事．毎年，例えば2万付くと5年後に40万になるので，そうしたら例えば参事になるとか，そういうことを毎年，毎年，やってきたのです．

市原：資格のほうには定員とか，割合とかはないのですか？

千代：緩やかにはあります．

市原：逆に本当はその査定で給料を上げてあげたいんだけれど，資格も上がってしまうので，資格の枠がないというようなこともあるのではないですか？

千代：留め置きとかですね，そういうケースもあります．ですから，本当にこの人の給料を上げたいという場合には，ほかの事業部のほかのポストに移すとか．まれにですよ．例えば，もう少し生活を何とかしたいということで，給料を上げたいんだという時，そういう方策というのもあります．とにかく他で参事にするので，そこへ行けと．そこは例えば持ち点が比較的潤沢だったとすれば，まれにそういうことはありますが，普通は1年待ってねということになります．

組合組織とキャリア

関口：全く違う話ですが，日本の企業の場合は，組合の役職を経験すると，比較的出世が早くなるとか．

千代：はい，それはあると思いますよ．

関口：日立の場合はそういうのは，キャリアの中でも，組合員の役職をやっているというのは，どういう扱いですか？

千代：例えば，営業職ですと，組合の委員長経験者はそれなりのポストがありますね．今の役員，文科系の役員などは，結構やはりそういう人が多いですよね．

関口：役員の中に，組合の役職経験者が多い．

千代：事業部長クラスで，いっぱいいますね．それから例えば，先ほど言った高卒の人でも組合の委員長を経験すると，やはり部長職とか，そういうのにはなれます．そういう人はもう，キャリアパスになっています．今はどうか分かりませんが，少なくとも20年ぐらい前まではそういう傾向がありました．

梅崎：エンジニアとしてやってきて，工場長としてのプラスアルファのマネジメント能力のようなものを求められると思うのですが，それはエンジニアの第一線を引退して，その代わりマネジメントをやるんだという，そのタイミングがあると思うんですが，そこは何歳ぐらいですか？

千代：一般的に言うと，工場の主任技師，課長職ですね．この人達は設計はしていません．していないというか，できない，もうできなくなったというのが

正しいかもしれません．彼らがやっているのはお金だけです．言いすぎかもしれませんが，お金の管理をやっているだけです．ですから，課長職の人も現場の設計を離れ，実質マネジメントをしているということなんです．

清水：それは40歳ぐらいということなんですか．

千代：40歳ぐらい．

梅崎：その40歳の時に彼がエンジニアとしての能力プラスアルファを持っているという場合，オン・ザ・ジョブ・トレーニングはどうなっているのか，資質もあると思うのですが，例えば，組合の役員を管理職になる前にやっていると，職員の使い方とか，技能者の使い方とか，人を選んだりとかを通じて，人間関係を取りやすくなったとか，そういうことが上手くなることがあるのかなと思ったのですけれども．

千代：工場と事務部門の場合で違います．工場の場合は，日立の場合は，本社支部とか，日立支部とか，支部に分かれているんです．過去は工場の支部というのは戦闘的だったんです．だから，工場の組合の支部長が工場長になるというケースはないと思います．むしろ，工場の組合の支部長というのは現場の人だったり，製造部門の人だったり．本社部門はほとんど御用組合と全く同じですから，ですから，そこの委員長はキャリアパスになるんですね．

関口：工場の支部と本社支部では，だいぶ違うのですか？

千代：違うと思いますね．私の入った年も最後まで1つの工場がタイムレコーダーは絶対廃止しない．それはあえてすると，残業がうやむやになってしまうから，タイムレコーダーは絶対廃止しないという工場がしばらくありました．そこの支部だけ反対していましたね．あとは大体レコーダーは廃止してしまったので，勤労管理がもう，やりたい放題になってしまったところもあります．

営業の実態

谷口：千代さんのキャリアの話になりますけれど．40歳で部長代理になられた時，部長代理の仕事は？

千代：部長代理の管理業務は数字ですね．予算を立てて，受注予算ですね．そ

の時は収益予算はないですから，受注予算を持っていて，そのとおり毎年，毎期受注予算を達成するというのが，最大の仕事でしたね．

谷口：ということは，それに基づいて部下にハッパを掛けるというか受注予算を割り振るのですか？

千代：一応，割り振りもあります．もちろんお客さんによって違いますから，一律に割り振るということではないです．

谷口：基本的に窓口営業というのはグループではなくて，１対１となるんですか？　チームを組んで営業に行くというのではなくて，基本的には，あなたはこの人とお付き合いくださいというように，大体仕事の範囲は決まっているんですか？

千代：主任さんがいて，部下が１人いるというケースが大体多いんですよ．ですから，主任さんと部下というのは，わりとチームで動きます．

谷口：主任さんというのは部下を持っているんですか？

千代：部下を持っているケースと，持ってないケースがあるんですが，一番理想的な形が，主任さんに対して１人なり，２人なり部下を付けるというのがあります．それがチームになります．

市原：主任さんというのは，係長クラスですか？

千代：そうですね．

市原：それで，工場のほうでは，係長の下に主任というような印象がありますけれど，それは間違いでしょうか？　作業主任とかですね．

千代：設計部門と製造部門で違うと思いました，職制が．

市原：そうですね．

千代：製造部門は作業主任が多いんですよ．設計部門はたぶん２年ぐらいで企画職として待遇して，それになった後は，次はもう主任ですね．その次は課長職だったと思います．現場の主任さんとは違う，そんな感じです．

日立工業専修学校と高等工業専門学校

市原：実は現場の主任さんの話を聞く機会がありました．日立工業専修学校

（日専校）の同窓会で講演をした時のお付き合いで，そういうお話を伺う機会がありまして．学卒の方から見て，日専校の同窓生を評価する場合，どのような評価になるのでしょうか？

千代：高校で入ってきた人と，日専校を，日専校とはそういう研修をやる学校があって，そこを出ると，一応，専門学校卒の扱いになるのです．高校卒業したトップに比べ優秀かどうかということでいうと，優秀な人が多いです．

清水：それは，ほかの国立高専とかそういうのと同じ扱いということですか？

千代：そうです．

清水：国立高専とかからもたくさん入っているのですか？

千代：専門学校はそんなことはありません．

清水：日立にすれば，それは何という資格なんですか？

千代：世にいう専門学校ではないです．だけど，社内では専門学校卒として扱います．結構勉強しないと入れないですね．

市原：今はもう高卒の方を入れて，さらに大卒の人も最初，日専校で研修をさせるとか行われていますよね．

千代：大卒はないです．

谷口：専門学校に入るのは，中卒で入るんですか？

千代：高卒です．

清水：就職してから，そちらに入るのですか？

千代：ええ，就職してからです，もちろん．会社に入ってから2年ぐらい一生懸命勉強します．ですから，社内に専任の講師がいるんですね．例えば，技術部署に入ってきて，これは日専校へ行かせたいと．あまり仕事はいいから，2年間ぐらい一生懸命勉強してということです．

清水：給料をもらいながら，勉強しているということですか？

千代：もちろん，給料を支給します．それは高卒の人はキャリアパスになりますね．

課長，部長代理，次長，部長——組織のフラット化

谷口：課長をやって，部長代理をやって，次は次長ですよね．次長というのは，この場合は部署が変わっているのですか？

千代：そうですね．

谷口：次長の職というのは，どのくらいの部下を持つものなんですか．2009年ですよね．ちょうどその時ですか？

千代：はい，そうですね．ちょうど50歳くらい．ここはですね，頭でっかちの組織で，部長職が6人ぐらいいるんです．それで，部長代理の人が2人いて，部下が3人ぐらい．そういう組織で，職制はそこそこあるんですけれど，もう仕事はほとんど1人でやってくださいと．部下がいますから，ラインでももちろん動くこともあるのですが，もう十分サラリーマンやったでしょ，1人でもできるんだから，1人でやってというような組織ですね．

谷口：次長というのは人事管理だから……．

千代：ここでは人事管理をする人間も，あまり対象も少ないですから，ほとんどプレイヤーですね．要するに営業職と同様です．

谷口：自分も？

千代：自分も．

清水：部長自身も？

千代：そうです．かなりもう前から，部長代理とか部長も営業の場合は，ほとんどプレイングマネージャーで，課長の場合，ほとんど自分のお客さんを見ていると思いますし，部長になると全体がお客さんです．ですから，もちろんお客さんのところへ行って，注文取ろうと先頭に立って行かないといけませんから．人事とか勤労も含めての管理というのは，仕事が100とすると10ぐらいですかね，あと9割は対お客です．

梅崎：それは年齢構成がどんどん上になってしまったので，年功的な処遇から役職者が増えたという側面と，もう一つは組織が非常にフラット化してそういうポストが中抜きになってしまったという側面が一般的にあると思うんですが，当時としては，インパクトはどちらが大きかったのでしょうか？

千代：フラット化です．フラット化全盛で，とにかく，フラット化の効率がいいということです．しかし，これまでの処遇があるから，名前は残そう，だけど，もう，1対nでやってくださいという風潮でしたね．

清水：逆フラットというか，つまり管理職をなくしてフラット化になった．名前だけは管理職にして．そういう中に，本当に偉い人がいて，その人が本当の部長とか，そういう話でもないんですか？

千代：私の場合は次長，その上に部長がいるんですが，部長は本部長兼務なんで，本部長が1人いて，その下に部長がいたり，次長がいたり，部長代理がいたり多様なんですが，1対nで，おのおのがお客さんを持ってやろうよという組織だったんです，ここはね．

清水：本部長がいるわけですね．これだと完全にマネジメントに特化しているのですね．

千代：特化している．

清水：そういう意味ではなるほどと思います．

フラット化と管理業務

梅崎：こういう言い方は良くないかもしれませんが，そんな簡単にフラット化ってできるのでしょうか？　例えば，コンピューターが入ってうまくいったとか，そういうようなことなら分かりやすいですけれども．そんなに入ってないですよね，まだ．入ってるのかな？

千代：管理業務，あと庶務の業務もありますよね．例えば，旅費計算するだとか，日勤管理をするだとか．というのは，全部，おのおのの人が端末でやるようになっていたのです．ですから，その業務がなくなってしまったんですね．だから，庶務の業務がなくなったんで，そういう意味で言うと多少，従来やっていた監督する立場というのが減ったというのがあります．それより，やはり1対nのほうがより力が発揮できるんじゃないかというのがあったのです．ただ，私の年代は1対nでいいと思いますが，若い人30代40代の人，40歳手前の人も1対nでいいのか．私は日立キャピタルという会社へ行って，こ

こもそうしたんですよ．職制は付けるけれど，1人1人でと．それは確かに効率はいいかもしれないのですが，やはり職制として訓練しないと，課長にした時に，今度その人が不幸になってしまうのです．自分も含めた各管理が慣れていないのでできないのです．だから，1対nよりも効率化という点では悪いかもしれないけれども，多少，私はやはり課長がいる，主任がいる，担当もいるというラインの仕事の訓練はさせたい．その人を課長にした時にその人が不幸になってしまうので，そうならないために，そういう訓練もさせておいたほうがよいと思います．

関口：日立キャピタルに転出されてからですが，日立の場合は役職定年というのは，定年制があったのですか？

千代：当時はあったのですが，今はもうないかもしれません．私が現役の時に，55歳で役職定年で，資料の経歴書をちょっと間違えていますが，私は，53歳で日立から転属しました．当時55歳で役職を外して，しかも給料を1年ずつ減らすという制度ができたのです．だから，そのままいくと60歳までに7割ぐらいの給与になるということです．この制度はすぐまた，なくなったのですが．ですから，55歳以前に出た人がほとんどですね．

清水：それはちょっと重要なことですね．具体的にどういうふうに？

千代：言葉が悪いですけれど，要するに昔の関連会社は，コロニーだったんです．ところが私達が出る時には，もう相手から選ぶという時代だったんですよ．まあ，来てくれなくてもいいですよ，と．というのは，もう関連会社のプロパーが，どんどん育ってきていて，幹部候補なんか，もう掃いて捨てるほどいるんですよ．わざわざ給料高い人に来てもらわなくてもいいということです．今，転属しようとすると，ものすごく大変です．

清水：ぎりぎりぐらいだったのですね？

千代：そう，そう，ぎりぎりですね．

谷口：逃げ切ったという感じですか？

千代：うーん．私の場合は比較的，社長を知っていたので，たまたま転属しましたが，そうでもないと動けない．そういうのもあって，55歳から給料減ら

すのはやめましょうという話になったのだと思います．55歳で役職定年っていうのはたぶんなくなったと思います．その代わり，担当本部長という職制をものすごくつくりました．それはラインは持っていないけれど56歳になった時にそれなりの収入で処遇しようというものです．

清水：まだまだお話を伺いたいのですが時間になりました．貴重なお話をありがとうございました．

58　第Ⅰ部　オーラル・ヒストリー「日本の大企業における大卒エリートのキャリア展開」

資料1　報告者職歴

1972 年	日立製作所入社
1972 ～ 1995 年	国鉄，JR 向け電気設備，情報システムの営業　対象顧客　国鉄，JR，関連会社
1996 ～ 2000 年	都市開発設備，昇降機，空調設備などの営業　対象顧客　銀行，生損保，設計会社，ゼネコンなど
2001 ～ 2004 年	社会インフラ設備の営業（つくばエクスプレス，羽田空港整備他）　対象顧客　自治体，官庁他
2005 年	日立キャピタル転属
2005 ～ 2009 年	情報機器他レンタル営業　対象顧客　一般法人

資料2　日立製作所企業情報

① 概要（2011 年 3 月）

代表者	執行役社長　中西宏明
設立	大正 9 年（1920 年）創業明治 43 年（1910 年）
資本金	4091 億 3100 万円
売り上げ	連結： 9 兆 3158 億円 単独： 1 兆 7953 億円
純利益	連結：2388 億円 単独：642 億円
従業員数	連結：359,746 名 単独：31,065 名

② 純利益の推移（連結）

1998 年 3 月期	35 億円
1999 年	− 3388 億円（半導体不況）
2000 年	169 億円
2001 年	1044 億円
2002 年	− 4838 億円（テロ，世界不況）
2003 年	278 億円
2004 年	159 億円
2005 年	515 億円
2006 年	373 億円
2007 年	− 328 億円

2008 年	− 581 億円
2009 年	− 7873 億円（リーマンショック）
2010 年	− 1069 億円
2011 年	2388 億円
2012 年	3471 億円

③ 沿革

1910 年	創業　5 馬力モーター，久原鉱業所修理工場
1916 年	1 万馬力水車，扇風機
1920 年	（株）日立製作所として独立
1924 年	国産電気機関車
1932 年	エレベーター
1942 年	中央研究所
1951 年	水車交流発電機
1954 年	大型ストリップミル
1959 年	トランジスタ電子計算機
1962 年	電子計算機工場
1965 年	カラーブラウン管
1969 年	銀行オンラインシステム ソフトウェア工場
1974 年	47 万 KW 国産原子力発電設備
1979 年	M シリーズ大型計算機
1984 年	256K ビット DRAM 量産化
1985 年	基礎研究所
1995 年	日立家電吸収合併
1999 年	事業 G を再編成し，実質独立会社として運営
2002 年	産業機器 G，家電 G，ディスプレイ G を分社
2003 年	米 IBM から HDD 事業を買収，分社 委員会等設置会社に移行
2007 年	原子力事業を分割，GE と合併会社
2009 年	カンパニー制を導入，6 カンパニー
2012 年	テレビ自社生産中止

資料3　会社機構図（2012.8.1現在）

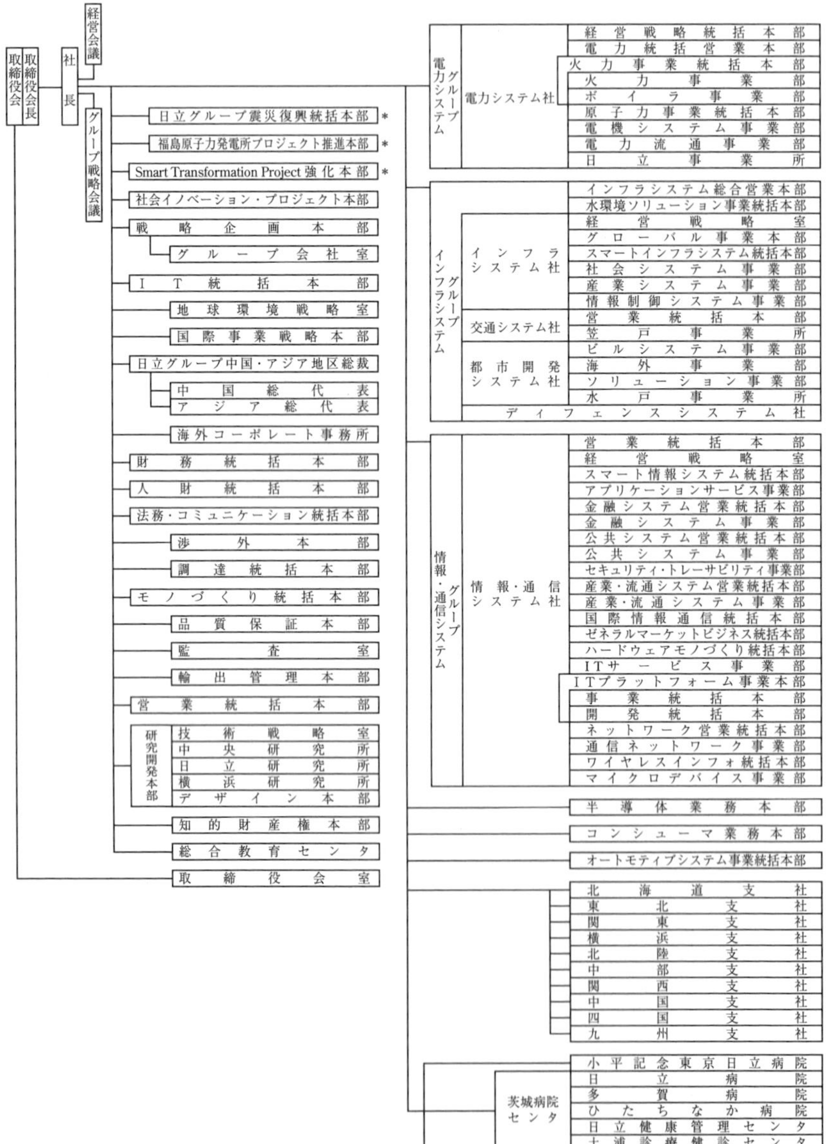

（左側の組織系統）

- 取締役会
- 取締役会長
- 社長
  - 経営会議
  - グループ戦略会議
    - 日立グループ震災復興統括本部 ＊
    - 福島原子力発電所プロジェクト推進本部 ＊
    - Smart Transformation Project強化本部 ＊
    - 社会イノベーション・プロジェクト本部
    - 戦略企画本部
      - グループ会社室
    - ＩＴ統括本部
    - 地球環境戦略室
    - 国際事業戦略本部
    - 日立グループ中国・アジア地区総裁
      - 中国総代表
      - アジア総代表
    - 海外コーポレート事務所
    - 財務統括本部
    - 人財統括本部
    - 法務・コミュニケーション統括本部
    - 渉外本部
    - 調達統括本部
    - モノづくり統括本部
    - 品質保証本部
    - 監査室
    - 輸出管理本部
    - 営業統括本部
    - 研究開発本部
      - 技術戦略室
      - 中央研究所
      - 日立研究所
      - 横浜研究所
      - デザイン本部
    - 知的財産権本部
    - 総合教育センタ
    - 取締役会室

（右側の組織系統）

グループ電力システム
- 電力システム社
  - 経営戦略統括本部
  - 電力統括営業本部
  - 火力事業統括本部
  - 火力事業部
  - ボイラ事業部
  - 原子力事業統括本部
  - 電機システム事業部
  - 電力流通事業部
  - 日立事業所

グループインフラシステム
- インフラシステム社
  - インフラシステム総合営業本部
  - 水環境ソリューション事業統括本部
  - 経営戦略室
  - グローバル事業本部
  - スマートインフラシステム統括本部
  - 社会システム事業部
  - 産業システム事業部
  - 情報制御システム事業部
- 交通システム社
  - 営業統括本部
  - 笠戸事業所
  - ビルシステム事業部
- 都市開発システム社
  - 海外事業部
  - ソリューション事業部
  - 水戸事業所
- ディフェンスシステム社

グループ情報・通信システム
- 情報・通信システム社
  - 営業統括本部
  - 経営戦略室
  - スマート情報システム統括本部
  - アプリケーションサービス事業部
  - 金融システム営業統括本部
  - 金融システム事業部
  - 公共システム営業統括本部
  - 公共システム事業部
  - セキュリティ・トレーサビリティ事業部
  - 産業・流通システム営業統括本部
  - 産業・流通システム事業部
  - 国際情報通信統括本部
  - ゼネラルマーケットビジネス統括本部
  - ハードウェアモノづくり統括本部
  - ITサービス事業部
  - ITプラットフォーム事業部
  - 事業統括本部
  - 開発統括本部
  - ネットワーク営業統括本部
  - 通信ネットワーク事業部
  - ワイヤレスインフォ事業部
  - マイクロデバイス事業部
- 半導体業務本部
- コンシューマ業務本部
- オートモティブシステム事業統括本部

（支社）
- 北海道支社
- 東北支社
- 関東支社
- 横浜支社
- 北陸支社
- 中部支社
- 関西支社
- 中国支社
- 四国支社
- 九州支社

茨城病院センタ
- 小平記念東京日立病院
- 日立病院
- 多賀病院
- ひたちなか病院
- 日立健康管理センタ
- 土浦診療健診センタ
- 日立横浜病院

※　＊は有期職制

解　題

市　原　　博

　千代雄二郎氏は，1972 年に京都大学経済学部を卒業して日立製作所に入社し，国鉄（当時，現 JR）を主要顧客とする営業に配属され，以後，重電・産業機械・社会インフラ系の営業を一貫して担当してこられた．周知のように，日立製作所は重電企業として創業され，戦後に電力開発や重工業の興隆に乗って重電・産業機械部門が拡大し，そこから得られた利益を家電部門に投入して家電ブームに乗り，1960 年代後半から 70 年には家電部門が最大の収益部門となった．1980 年代に入ると，急速に進行した ME 革命・情報化に対応した事業構造転換に取り組み，半導体やコンピューターといった部門が拡大した．重電部門も情報技術の発展に影響を受け，自動化や FA 化が進行するなど，大きな変化を遂げた．こうした激変する経営動向の中で，千代氏は一貫して同社の本流と位置づけられてきた重電・産業機械部門の営業に従事してきたということができる．

　日立製作所の経営の大きな特徴は，工場プロフィットセンター制に求められることが多い．営業部門に収益責任が負わされた松下電器（現，パナソニック）とは対照的に，同社では，工場長に収益の責任が負わされ，それに伴う大きな権限が与えられた．その責任をきちんと果たしえたかどうかにより，工場長がトップマネジメントへ進めるかどうかを決められたという．その中で，創業社長の小平浪平を初めとする重役陣が公職追放になった敗戦直後に社長に就任した倉田主税を除き，歴代の社長が東京大学工学部出身者で，1980 年代に至るまで日立工場長経験者など重電部門出身者だったことはあまりにも有名である．情報化への事業構造転換に伴うその変化の過程が内部からどう見えたかを千代氏は語っている．

　千代氏の語る重電・産業機械の営業の特徴は，製品別ではなく，顧客別に営業が組織された窓口営業だったことにある．同社の社史によると，営業部門が電機・機械・車両等の製品機種別から顧客別に改編されたのは，戦後間もない 1949 年であった．この営業組織の下で，営業職員は特定の顧客担当に固定的に配属されたという事実が語られている．これは，日本の会社員はゼネラリストという俗説がいまだに信じられている向きも多いので，貴重な証言である．ただ，営業職員のキャリアは営業の範囲にとどまるが，営業職能の中で担当製品分野・顧客の幅は広いという有力な知見とのかかわりには注意が必要であろう．

　上記の事業構造転換の中で，成熟部門である重電部門が成長部門への人材供給源となったのは，総合電機メーカーに共通して見られた傾向であった．千代氏によれば，その移動は，技術系の職員に多く，重電系の窓口営業の職員にはあまり見られなかったとされるが，管理職昇進年齢に到達した職員に管理職ポストを与えるため，また上級管理職

に必要な経験を積ませるためというキャリア管理上の必要性から営業職員の異動が行われたと指摘されている点も興味深い.

　日立製作所の人事制度は,戦前期に存在した職員・工員の身分制度が敗戦後に廃止された後,担当職能の差異を基準とした職群制度を基軸とするものに再編された.5つ設定された職群は,係長以上の職務および企画立案を職務とする企画職,机上業務を担当する執務職,製造の直接作業に従事する直接現業職,運搬・荷造・運転等の間接作業に従事する間接現業職,警備・医務等を担当する特務職からなり,大卒者と高卒者は執務職として採用され,それぞれ,2年,10年で企画職への昇任が可能とされた.これに伴い,戦前期には存在した工員から職員への登用はなくなり,企画職への登用の道が閉ざされた現業職の不満が高まった.これに対して,1967年に現業職を技能職に改称し,翌1968年には,それまで執務職に組み込まれていた現場監督者層を位置付ける監督指導職が新設され,同時に企画職に限定されていた課長任用の道が監督指導職にも開かれた.この職群制度が,1990年代後半以降に実施された成果主義人事制度への改編まで継続された.千代氏によれば,営業では大卒者と高卒者の間で職務上の差異はなく,高卒者でも半分前後が課長に昇進し,一部には部長まで到達した人もいたという.ホワイトカラー職に採用された高卒者には,管理職への昇進の道が開かれていたこと,そしてそれに関連した人事考課の上の問題点が語られているのも興味深い.

　このほかにも様々な論点に係る語りがなされている.ご関心に沿って読み取っていただければ幸いである.

第2章　多角的化学企業 旭化成における
仕事とキャリア

秋　山　　博

元 旭化成株式会社　酒類事業部企画管理部長

本章の元となったヒアリングは，以下の日時，場所，参加者で実施された．

日　時　　2012 年 11 月 8 日（木）15 時 00 分〜 17 時 20 分

場　所　　中央大学研究所会議室 3

参加者

秋山　　博　（元 旭化成株式会社　酒類事業部企画管理部長）

清水　克洋　（中央大学企業研究所研究員・商学部教授）

谷口　明丈　（中央大学企業研究所研究員・商学部教授）

関口　定一　（中央大学企業研究所研究員・商学部教授）

旭化成での会社生活 40 年近くについて，自分なりの総括も含めて順次話をしていきたいと思っています．

1．旭化成の沿革と事業

旭化成の沿革

まず自分がどういう職歴・経歴であったかということですが，旭化成にずっと勤めていましたから，旭化成とはなんぞやということを 5 分，10 分でまずお話ししたいと思います．あまりこと細かくは言わないつもりですが，旭化成は創立何年かというのは 2 つ説があります．旭絹織が設立された 1922 年ということで，ここからですと 90 年．それと 1931 年に旭化成のアンモニア（延岡

アンモニア絹絲）ができたということで，公式的には1931年5月21日が創立日になっています．ベンベルグ，レーヨンなど，戦前はそのようなものが主体でした．東レというのは，昔は東洋レーヨンでした．帝人も帝国人絹糸だと，クラレも倉敷レーヨンというかたちで，大体同じような業態になっているのです．戦争前は，ここには書いていないけれども朝鮮などに出て，当時は日窒グループと言われていました．結構，軍需産業などに関わっていました．水俣の有名な日本チッソ，積水化学などは兄弟会社にあたるのです．戦後1946年に名前を旭化成工業株式会社としたのです．後で旭化成の宮崎会長の話をしますが，当時，戦争直後，労働争議が日本中にあった時期です．GHQがストをやめろということが出ていた時代です．あの時代は延岡も大争議があって，共産党の書記長が乗り込んできて，1カ月間ストライキ，大争議を打ったけれども，それを治めたのが当時の勤労課長の宮崎さんです．一方で組合はかなり過激だった，それで第2組合ができてしまったということがありました．それで宮崎さんが，若くして社長になって以降，もう40年近くもナンバーワンの座を占めたことになっています．

　事業的にはダウ・ケミカルと旭ダウ株式会社を川崎につくって，ここでプラスチックやポリエチレンなどケミカル関係にかなり入っていったということです．一般消費者に有名なのはサランラップを1960年につくったことです．それから1967年，軽量気泡コンクリート，商品名「ヘーベル」と言いますが，この建材は軽くて耐熱性もあって頑丈だとヘーベルの板ができました．これが建設資材になって後々はヘーベルハウスとなり，今かなり利益頭になっているのです．1970年前後から水島地区に大コンビナートが今でもあるのですが，そこの一画に入ってケミカルを大々的にやろうということで，ちょうど私が入社した時期がまさしくケミカルの水島で主に三菱化学と共同でエチレンセンターをつくって，ケミカル部門の礎がばっちりできたということです．それと併せ，ヘーベルハウスを本格的に1972年に売り出したのです．たまたま，私の入社時期がエチレンセンターを開始した時で，ヘーベルハウスを売り込んだと．それからちょうど私の入社研修式が4月から5月にありましたが，当時，

第 2 章　多角的化学企業 旭化成における仕事とキャリア　65

沖縄返還という形で糸を売って縄を買ったという話があるのです．売られたのは糸，繊維．その時の宮崎社長が時の政権にたてついて激昂したのです．後々，消費税導入の時にも大げんかするのですが，かなり気骨のあるお人でした．この辺りで旭化成の礎ができまして，あとは多角化ということでエレクトロニクス関係，医療関係，医薬関係に入っていったのです．

　私の肩書きは酒類事業部企画管理部長をしていたと出ていますが，その関係で言うと 1992 年に東洋醸造株式会社と合併．東洋醸造は当時の旭化成が筆頭株主だったのです．医薬関係と「ハイリキ」「富久娘」といったお酒をつくっていたのですが，旭化成は医薬部門を強化しようということで東洋醸造を約 420 億円で，銀行が持っていた株をどんどん買う形で吸収合併したのです．同じ発酵という分野で，お酒は付録でと言ってはいけませんが，旭化成としてお酒は，はっきり言って異分野ということでやれる能力はなかったのです．お酒が付いていたということでお酒も面倒を見るという形です．その 420 億の時に，日本長期信用銀行，東海銀行，第一勧業銀行にそれぞれ百何十億の小切手を 3 ～ 4 枚持っていって，株券と小切手の交換をしたのが私です．生まれて初めて 100 億以上の高額な小切手を持っていきました．そして 2001 年に旭化成工業から旭化成株式会社に社名変更．これは主に総務部の広報的な観点からやったのです．英語にすると Asahi Kasei Corporation になって，以前は，Asahi Chemical Industry Co., Ltd だったので社名でこの会社は何をしているか分かりやすかったのですが，Asahi Kasei Corporation になると，不動産でもやっている会社なのかという声があって，当時，反対意見も結構あったのですが，総務部は基本的には山口会長が当時，管轄していたのでそれが通ったのです．

　せっかく東洋醸造と合併して酒類事業に進出をしましたが，案の定，2002 年にお酒の部門はアサヒビールに売ってしまいました．清酒部門もオエノンホールディングスに売ってしまい，酒類事業は消滅しました．せっかくある程度「ハイリキ」などで儲かっていた酒類事業，私はそこの企画管理部長でしたから，売るなという気持ちが強かったのですが，旭化成がアサヒビールの筆頭株主で 10％ぐらいあって，役員として山口旭化成会長が行っていたのです．む

しろ，そっちの要請で売るというような形になって，そこから私はいわゆる旭化成社内の出世コースから外れたということになりました．当時，なぜアサヒビールの筆頭株主になったのかというと，1981年か82年に旭化成が初めて大規模な海外進出をしてアイルランドに大紡績工場を，当時のアイルランド政府のグラント（支援金）も含めて，アイルランドのへんぴなところにセーターなどのアクリルの繊維をつくる工場をつくったのです．ところがそれから2〜3年で，うまく立ち行かずに2百数十億の大赤字を出したのです．その大赤字を埋めるために当時，福利施設のテニスコートを売り，住友銀行の株を売り，それでプラスマイナスを相殺したのです．その時，住友銀行の株を売ったら，お金が現金としては出てきたわけです．当時，アサヒビールはちょっと怪しげな団体が筆頭株主でした．住友銀行がメインの銀行だったこともあり，その株を旭化成が買ってくれということになり，それで，アサヒビールの筆頭株主になったのです．そういう関係でアサヒビールの株を持って，山口会長がアサヒビールの役員も兼ねるということになって，お酒の関係が出てきたのです．そういう裏話もあるのです．

　そして，2001年あたりから，従来，旭化成の事業部と言っていたのがそれぞれ一つの独立事業会社，旭化成ケミカル，旭化成エレクトロニクスのような分社制度になっていったのです．いろいろな企業風土，職階，社員処遇など，かなり社名変更あるいは分社化によって思想的にも，従来の旭化成とは大きく変わるような感じになりました．宮崎さんの場合は「ダボハゼ経営」，多角化経営という形でどんどん広げていったのですが，その時点から「選択と集中」という声があって，旭化成は初めて子会社や事業部を従業員付きで売ってしまうということが立て続けに出ました．それだけではなくて，希望退職はなんと当時，月収の60カ月分．ですから，人によったら3千万，3千何百万円ぐらいがプラスアルファされて，優待加算特別退職という形で2,000人ぐらい当時辞めてしまったのです．宮崎さんだったら，恐らくやらなかったような政策が一気に進められてしまったのが2002〜2003年あたりで，それからずっと続いています．基本的には旭化成はどんどん多角化していったのが章末の資料1の

第2章　多角的化学企業 旭化成における仕事とキャリア　67

下側にありますが，技術的な関係でどんどん新しく事業を展開していったということです．初めは多角化と高度化による成長の歴史でしたが，繊維関係が少し落ち目になっていった時に，繊維技術を応用したような形で合成繊維や石油化学に出ていって，そこからいろいろ派生していき，技術的な連関から，どんどん新しいものにいったのです．だから，ある意味では住宅もやるのか，半導体もやるのかというのが宮崎さんの時代で，「なんや，ダボハゼ経営や」とずいぶん言われたのですけれども，結果的には後々これが結構旭化成を支えるようになっていったのです．

多角化と躍進

　売上推移については，私が入社した時の1972〜73年は売上が2918億，1兆を超えたのが1995年です．直近で今年の上期の実績と下期の予想は1兆6850億です．入社した時は2900億のうち，繊維が1870億の売上でした．当時，私達の採用試験の時も，大体売上の3分の2は繊維ですよと言われていました．繊維の部門が一番華やかな時代があったのです．その後繊維がどんどん少なくなってきて，今や1000億あるかないかぐらいになっています．東証のグループも繊維のグループではなくて，旭化成はケミカル，化学の分野に分類されています．ですから，ライバルは東レや帝人ではなくて，三菱化学や住友化学，三井化学という辺りが現在ではライバルという認識でやっています．化繊・樹脂です．このケミカルという部分，これも当時はまだまだ合成繊維的なものがエチレンセンターをつくったという形でしたが，今や7000億ぐらいになってきたのです．建材・住宅は私が入社した当時ははっきり言って，建材の板しかなかったのです．それから，どんどん「ヘーベルハウス」が入っていって，これがかなり市場競争力があって，今，5400億ぐらいになっています．売上もそうだけれども，利益的にもここが一番儲かっているのです．ここのねらいは，この住宅業界で単価は恐らく一番高いのです．高いけれども，売っている層が上場企業の部課長クラス以上しかターゲットにしていないのです．値引きも一切しないということで，今やヘーベルハウスを買うことが上場企業の

偉い人のステータスになりつつあるということですから，利益率は非常に良い
です．ただし，営業マンがものすごく営業しています．朝昼晩，それから土曜
日，日曜日という形でやっているのです．

　それから，どんどん多角化になり，昔，食品では旭味という，味の素と間違
えますが，旭味というグルタミン酸ソーダなどをつくっていたのです．結局，
これも2000年頃にJTフーズに食品事業で丸ごと従業員付きで売ってしまい
ました．3〜4年前，中国の毒ギョーザ事件があって，テレビで謝っていたの
は，皆，旭化成から行った人らしいですね．発酵化学ですね．食品と技術的に
は関連するところがあるのですが．食品はそういう形で2000年頃に全部やめ
てしまって，むしろ医療・医薬に集中しようということで，これが今増えてき
ています．半導体についても，ある半導体で光をパッと当てて感光する時の，
感光樹脂というものを旭化成は昔から持っていたのです．その技術を使うとい
う形で半導体の部門に出ていきました．汎用性ではなく，どこに入っているか
というと，こういう携帯の小さな素子があって，それが独占状況に今なってき
ていまして，これが儲け頭になっているのです．ですから，40年ぐらい前と
事業部門に栄枯盛衰があって違っているけれども，売上トータルとしたら
3000億ぐらいが1兆7000億ぐらいになっているのです．三菱化学，住友化学
をライバルとしているということですが，1兆円になった時は三菱や住友に売
上で瞬間勝っていたのです．三菱化学などはいろいろなところを吸収合併し，
あるいは買収し，M&Aを仕掛けたという形でどんどん大きくなったのです．
旭化成はそういう戦略は極めて下手というか，やる気がなかったということで
す．前にアイルランドの事業で失敗したことがあって，あれに懲りてなかなか
海外に踏み切らなかったようです．当時，国際財務担当はヨーロッパで資金調
達をしたのですが，失敗した後，査問委員会的なものができて，まだヨーロッ
パで頑張って資金集めはできませんと言えばよかったのに，なまじ無理して集
めたからと，変な発想で大変怒られました．当分それ以降，海外にはヘジテイ
トした時期がずっと続いています．この辺りが大体，旭化成の概略，歴史と事
業内容です．

2．旭化成での仕事とキャリア

大学入学までと旭化成入社

　私の職歴を説明させていただきます．生まれたのは昭和24年3月15日．団塊の世代，狭義の意味でいったら，私が最後の団塊の世代の一番しっぽだとも言えます．広義では昭和25〜26年までだという人もいますが，一応，団塊の世代です．生まれ育ったのは尼崎市で，就職するまでずっとおりました．当時は活力があって，ある意味ではガラの悪い町で生まれ育ちました．あれから何十年もたつのですが，あまり変わっていないような気がします．家業は地域の米屋さんだったのですが，父親は本来，戦時中は戦闘機の設計技師．今で言うと新明和，昔は川西航空機と言って西宮や宝塚に工場を持っていたのです．地下で図面を描いていて，ある時上に上がると工場が全部なくなっていたとかいうこともききました．最後まで戦争には行かず図面を引いていたそうです．戦争で負けてしまったから，もうこんな会社は立ち上げられなかったということで，母方のやっていたお米屋さんをそのまま引き継いだのです．私も米屋になるんじゃないかなと，小さい時は思っていました．当時，私の記憶では中学校は1学年14クラスで，1学級55人ぐらいでした．ですから，1学年だけで700人以上で，中学1, 2, 3年合わせると2,000人超えていたような時期です．小学校の時など，確か瞬間的に二部制とかになって，まさしく非常に人数の多かった時代です．

　そして，どうしたわけか京都大学の経済学部を受けたら通ってしまったのです．一応，家業があったので，父に言われたのは「家業を手伝え」ということです．ということは，下宿はさせない．それから，学費は自分で稼げと．だから，自分で主に家庭教師などをやっていたのです．入学して，さあ，勉強しようかなと思ったら，大学紛争が突然荒れた時期でした．卒業する直前までまるで授業がなかったなという感じで，あまり勉強しなかった記憶はあるけれども，幸か不幸か勉強に対する渇望があり，勉強せないかんと思って，卒業した後，むしろ会社に入ってから一生懸命勉強したという感じがあります．そして

旭化成に入社したのですが，なぜ旭化成に決めたかというと，当時の就活は売り手市場というか，特に京大生などは就職には苦労しなかったけれども，私は一言で言うとメーカー勤務，生産点で働いている人と現場を共にしたいという意向で，主にメーカーをいろいろ受けたのです．日立とか幾つか通ったけれども，最後は健康診断で落ちるわけです．私は生まれつき肝機能がかなり悪くて，見る人が見たら，色が黒かったり，目が黄色がかっていたのです．おしっこはかなり黄色くて黄疸があります．せっかく受かったけれども，形式ですよと言われていた健診で落ちて，どういうわけか，旭化成の健診でもそういうのも調べたと思うのですが，そのまま入れました．メーカーには固執したけれども，必ずしも旭化成に固執したわけではありません．

　入社は1972年の4月でしたが，入社式が4月18日という中途半端な時期でした．京都大学を卒業するかしないかというのは大学のストで3月まで分からないような状況になっていました．4月18日に大阪駅から夜行寝台車「銀河」というのに乗って，次の朝8時になると大分辺りで目が覚めて，それから日豊線に入って延岡の駅に着いたわけです．生まれて初めて延岡に着いて，タクシーをつかまえて「旭化成」と言ったら，「お客さん，旭化成のどこですか．レーヨン工場ですか．ベンベルグ工場ですか」と言われて，タクシーの運転手が気が付いて「アッ，大卒の入社式ですね」と勝手に入社式のところまでずーっとタクシーが運んでくれるという，全くの旭化成城下町．ですから，バス停も「レーヨン工場前」とか，「ベンベルグ工場前」とか，「××工場前」とか．地名も旭町3丁目とか，2丁目とか全部そうなっていまして．今はもっと減っていますが，当時，旭化成の工場の人は1万人近く従業員がいたのです．

新入社員研修──労務部の仕事

　比較的小さな飲み屋が多くて，飲み屋の横に付いたお姉さんが，「私は10年前，あの工場にいました」という人ばかりでしたし，その辺りでどんちゃか騒ぎしたら，次の朝には勤労課長にあそこで飲みつぶれていたという情報が，ただちに入るような小さな町というか，そういう連絡網がしっかりしているよう

なところでした．当時，技術屋も入れて170人ぐらい大卒入社がいて，うち70人ぐらいが事務屋だったと思います．入社して1カ月近く幹部の講話だとか，会社の歴史，ビジネス文書づくりだとか，あるテーマを与えて班別で問題解決をするだとか，あるいは工場の三交代の勤務もやっていたのです．昔，女子の寄宿寮だったところに二十数人単位で班別で部屋割して雑魚寝して，そこで行動を共にするのですが，朝一番に何をするかというと，1時間ぐらい走らされるのです．一番最後は班別対抗マラソンということで，私も4キロぐらい走りましたが，こんな会社かとちょっとびっくりしました．また，朝飯に納豆とヒジキとみそ汁ぐらいしか出ないのです．私達大阪の人間は「納豆なんて食うか」という感じで，ヒジキのみで何も食うものがないなと，夜に栄養を吸収していたような感じでした．工場に入ると人がウンカのごとくいました．私も工場の三交代につき，繊維の束が棒に引っ掛かってパラパラと落ちてきて，これを次の列に移すだけの作業を6時間以上続けるのです．今は違います．今は完全な機械化ですが，こういうことが当時のレーヨン工場です．ベンベルグはわりと高速で糸がザーッと流れてくるのです．その流れてくるどこかのタイミングでちょっとすくい上げて，隣の列へパッと切り替えるというのが，私なんかタイミングが分からなかったから，タイミングが悪いとブチブチと切れて，大卒の新入社員が三交代の研修に入ったら，収率が10%以上悪くなると言われていました．職長さんが私にべたっとへばりついて，私がグチャグチャと失敗したのを彼が結局直してくれた．申し訳ないと思ったのですが，「いやいや，将来，幹部になる人だから，我々の働く現場をよく見てください．あなたたちが頑張らなくては，この会社は」という感じの人ばかりで，そういう意味では感動したのです．労働集約的な感じのところでした．それが4月18日から5月の1カ月間です．その間に沖縄返還の日が5月15日にあったことを今でも覚えています．研修最終日の前日，配属の話があって，当時の人事部長と最終面談がありました．「きみは尼崎出身だったよね，あの公害の汚い」と言われ，失礼なやつだと思いました．「汚いとこだ，じゃあ，川崎でもいいよね」という感じで川崎の工場の勤労課のほうに行ったのです．当時，川崎もいろいろ公

害問題がありましたから．研修が終わった時に，逆の夜行寝台車に乗って，止まるたびに大分工場でぽろっと何人か降りて，それから水島工場でも何人か降りて，大阪でぽろっと何人か降りて，名古屋でぽろっと降りてという感じで，それが結構面白かったというか，その度に，あいつらここで降りたなという感じでずっと行きました．

清水：何人，川崎に降りられたのですか．

秋山：川崎にはね，技術屋は覚えてないけど，事務屋は3人だったと思います．もともと宮崎さんの発想なんだけど，半分以上は工場の現場で何年か鍛えるということでした．それと，もともとこいつは営業だという人だけはごく少数，大阪本社と東京本社に行くけれども，ほとんどはまず初期の研修みたいな工場勤務です．7割近くはどこかの工場に降ろされていくという感じです．

　川崎では何をしたかというと，要するに本社の労務部の施策を各工場で実施することが1つ．それから，川崎労組，もちろん会社全体の労組もあるけれども，川崎単組もありますから．単組の窓口としての勤労の役割だとか，あるいは工場の福利．場合によっては運動会のセッティングから，若い寮の人のガス抜きみたいなことをやるとか．それから一部は，川崎の工場で三交代の人を採用する現地採用にあたっていて，これも大変だったのです．この横浜の近くの工業高校などの高校をタクシーで1軒1軒まわって．当時はなかなか来てくれなかったのです．例えば合成ゴム工場なんて臭いはきついわ，仕事もきついわということで，入れても結構辞めてしまうのです．そこへどんどん補充，補充という感じです．当時は給与も現金支給で，万円札や千円札を並べて，勤労とか関係者を総動員でバーッと袋に入れて，袋詰めして．最後に12円余ったというので，もう1回全部やり直せとなったり．そのようなことをやっていた時期がありました．当時，最初に私がもらった初任給は今でも覚えていますが，6万6000円でした．そこに4年近くおりました．会社としたら，少し旭化成の風土に慣れておけ，工場に慣れておけとかいう意味もあったかもしれません．特にここで業績を上げるということではなくて，その辺りの労務的なセンスがあったのか，どうして私が選ばれたのか分かりません．新人の3年か4年

辺りで支社に配置されて，今度は本社の労務部，全社の労務企画，全社の組合
対応というところ，それが本当の適性を見た配属らしいのです．私は当時，川
崎工場で当時の上司に，自ら「組合をやりたい！」と手を挙げたら，「きみは
過激だから駄目だ」と言われて，それで逆に組合の対応をする労務部にまわさ
れました．当時，同期生で川崎工場の勤労課に来て，慶應を出た大金持ちのお
坊ちゃんと私が思っていた人が組合に引っ張られて，その人はゆくゆく20年
ぐらいたってから，旭化成全体の組合長になったのです．

　川崎工場の勤労を卒業して，なんと労務部労務企画課，これは泣く子も黙る
エリート軍団と一般的に言われていて，私は肩書きもなかったけれども，工場
の部課長などは秋山が行くと言ったら，みんなビリビリして，非常にきちんと
した応対してくれたのです．当時，三宅さんが労務部長でした．この人は昔，
東大の社研活動をしていたと聞いています．

　こちらの会社に来て，「俺は民間企業に来たけど，全国で一番立派な福利制
度をつくる」と燃えていました．立て続けにいろいろな福利政策を考えられ，
当時，確かに全国大会社の中で一番の福利制度をつくったのです．この人使い
の荒い人に仕えて鍛えられて，泣くこともありました．当時は毎月100時間以
上の残業，しかもただ働き残業は当たり前でした．そういうのが1年以上続い
て，私の同僚も皆バタバタと1カ月，2カ月と入院しました．そういう時代が
ありました．

　当時，労務部は人事部とは別にあり，むしろ労務部のほうが一等上に見られ
ていました．宮崎会長は労務上がりで労務部にそういう人間をよく置いていた
のです．だから，労務部とはマスの対応，人事部はこの人をどこにはめると
か，この人についてどうしようという個の展開があるのですが，私達は主に労
務企画だとか，組合との対応という感じでした．

過労入院　花形財務部へ異動──国際財務担当

　労務部にいた時に私は結婚しました．もう，よれよれの状況で結婚して，当
時，仲人をやっていただいたのは部長だったのです．この頃，もともと肝臓が

悪かったのですが，100 時間以上働いたことでひっくり返って入院したのです．どこまで会社に伝わったのか知りませんが，当時の医者から一種の脅しですけれども，「あなた，このままだったら長く生きられない．出世はあきらめなさい」と言われたのです．それは摂生しろという意味だと思います．そんなことも言われ，そういうことも踏まえて，三宅さんも自分が仲人した奥さんを泣かすようなことになってはいけないと思って，今度は新しい国際財務担当に移りました．普通，財務部は昔からの組織ですが，国際財務というのは当時では財務部では新しい課だったのです．新しく海外資金調達を考えようと，従来の住友や第一勧銀など銀行から借りるだけではなくて，もっと海外を見て調達しようと新たにつくったのです．当時，私はここに転勤になったのですが，同じ事務所の 8 階だったので，転勤したという気はなかったのですが，労務部から財務部に移った時は，こう言われました．奴隷船からクイーンエリザベスに乗り移ったようだろうと．奴隷船でひたすら櫓漕ぎする人間が，クイーンエリザベスみたいに「海外出張や」という感じで行きました．当時は旭化成の各事業部も海外の展開はすべて商社任せだったのです．彼らにとってはほとんど国内取引と同じようなものです．商社に丸投げではまずいということで，海外にも事業展開しなければいけないし，営業部隊も海外のセールスをつくったのです．各事業部が海外に展開するにあたってお金が必要だから，海外でのお金をかき集めるような方策を考えなさいということで，国際財務担当というのができたのです．ここもある意味ではエリートがかなり集まりました．英語はもちろんのこと，交渉事ができそうな人が集まったのです．そして，先ほど少し言いましたが，さあ，やるぞといった時にアイルランド事業でずっこけて，それで海外担当はみんな萎縮してしまって，全社で査問委員会的組織をつくられて，どうして失敗したのかと．あの場所を選んだのが良かったのかどうか，ああいう事業をあそこに持っていくことは良かったかどうか，国際財務が頑張って金を集めたからというような変な非難まであった時代がありました．それ以来 10 年以上，旭化成の国際展開は遅れて，今なお，どちらかというとドメスティックな企業になってしまっているのです．

第2章　多角的化学企業 旭化成における仕事とキャリア　75

　個人的には面白い国際的なトピックスとして，マグネシア・クリンカーといって溶鉱炉の内側に貼る耐火煉瓦があるのです．これをちょうど政変が起こりそうなポーランドに売る時があって，最後は制度金融，輸銀から，バンクローンを引き出すということで，輸銀との交渉を私がやりました．現地ポーランドへ行った人は英語がペラペラの人で，工場とは常時国際電話でやりとりしていたのです．ポーランドが軍事政権になるかならないかの時に，現地の英語ペラペラの人の判断で，まさしく土壇場でとにかく物を出したのです．こちらは銀行からローンを引き出して，旭化成としては万歳です．それから1カ月も経つと政変が起こってしまって，日本の銀行は，輸銀は回収しきれなかったかもしれない．あるいはオランダの某社へプラントを出すということで，そこもいろいろ貿易金融をやりました．ダッチギルダーと言って，オランダは当時特殊な通貨だったのです．どういうリスクヘッジをするかということについても，いろいろやりました．香港のペーパーカンパニーをかませてやったりして面白かったです．輸出をする時に輸出許可証が当時は通産省がなかなか出してくれなかったわけです．事業部の担当が当時の中曽根通産大臣の息子の中曽根弘文さん，その人を連れて一緒に行って，通産省の大臣の息子がこの事業に関わっていますというような話をしたら，向こうは急に態度が変わって，許可をもらったとか，そんなこともあって，結構面白い時期がありました．

　国際金融を展開するべきと，私はニューヨークの駐在が1982年から1986年までの4年ほど，エンパイヤステートビルの72階におりました．一応，旭化成アメリカという現地法人になっているのですが，実態は各事業部の駐在員が集まって，旭化成アメリカが指示しているのではなくて，本社の各事業部長がいろいろ指示して動いているのです．管理部門から出たのは私だけだったから，トレジャリー・アンド・セクレタリーという言い方が面白かったけれども，日本で言うと金庫番兼雑務みたいなことをそこで4年間近くやりました．そこでは国際金融だとか，確かに外国人といろいろお話はしましたけれども，特にそこで財務部のために何か実績を上げたということではなくて，雑務担当，出納担当，旭化成からの要人のアテンドが多かったです．それはそれで，

あとあと人脈的に役立ったけれども，当時はなぜこんなことを自分がしなければいけないのかという思いがよくありました．

　ニューヨークではこんなこともありました．私が事務所の留守番をしていたら，ドアをたたく人がいて，GE の代理人弁護士だったのです．留守番だから開けて聞いたら，旭化成の商品名「ザイロン」というテレビの外枠のようなプラスチックの製法が GE の特許を侵害しているということで，旭化成の出先である旭化成アメリカに来て，この訴状を渡すということなのです．自分は赴任して 1 週間しかたたないのに，そんな知財の法律なんてほとんど知らないのに，しかし，何か怒りまくっているということは理解できました．一応本社につないで，当時，旭化成のプラスチックをソニーのテレビに使っていて，ソニーも旭化成と一緒に訴えられたので，ソニーアメリカと行ったり来たりして，どうしようという話をしました．そういうアメリカでかなり本格的な知財等の裁判がありました．裁判そのものはお世話しなかったのですが，いろいろ来る人の食事などのお世話をよくやっていました．このまま続けていったら，弁護士費用が膨らむだけだから，金で解決しようということで，旭化成は金を払ったのです．いろいろありましたが，ニューヨークはニューヨークなりに面白かったです．

　日本に戻ってメインバンク対策

　ニューヨークから戻ってきて，今度は財務部の財務担当で従来のメインバンクを中心とした銀行借入，それからメインバンクのお付き合いなどの実務的中心者になったのです．当時面白かったのは，例えば住友銀行で 100 億借りたら，DKB（第一勧業銀行）からも 100 億借りる．その半分が三菱銀行と富士銀行．またその半分が東海銀行ということで，この黄金比率をばっちりつくって，そのようにがちがちの借入構造を銀行さんと我々がつくっていたのです．仮に 1000 億要ることになったら，その比率で協調融資という銀行融資をやっていたのです．なかんずく，住友と DKB 彼らにとっては不本意ですが，我々は両方とうまく付き合って，両方がメインバンクという形で，決してどこかに

牛耳られないような制度をやっていたのです．時折，決算説明会と称して，旭化成の社長と当時だったら住友の頭取の磯田さんに決算説明して，その後大宴会をやるということで，私は吉兆，金田中等料亭のセッティングをしていたという時代がありました．もう1つは旭ファイナンスという社内銀行をつくって，資金があるとか，足りないとか，事業部は一切金のことを考えなくていい，全部旭ファイナンスが面倒を見るというシステムも財務部の知恵者がつくり上げたのです．

清水：それは会社内部ですね？

秋山：別会社をつくったのです．それは単なるペーパーカンパニーで，実態は財務部が仕切っているのです．1990年の少し前から，いわゆるバブルになってきたわけです．その時は銀行から必死になって金を借りなくてもいい，むしろ金が余ってきたような状況になってきたのです．旭ファイナンスは運用も一部やりだしたのですけれども，旭ファイナンスの場合は手堅い運用ばかりやっていて，これが当時バブルで変な株式投資をやっているところが多かったので，一時，逆の意味で非難を受けたこともあります．結果としては変なことをやらなくて良かったという感じになりましたが，そういうことも一応やってきたのです．私が面白かったのは，1990年前後に韓国がアクリル繊維，セーターなどの材料になるものですが，ダンピングで日本に輸出して，北陸などの産元，機織りが困ってしまっているということで，国際的な司法に訴えようという話になりました．その時の繊維産業連盟の会長である宮崎さんが音頭を取って，旭化成の管理部門から20人ぐらいの人を1カ月ぐらい出して，北陸の産元に行って，1戸1戸産元をまわって被害を受けているという立証をしてこいということで，私も1カ月ぐらいは新潟の産元地域をまわって調査しました．ところが，おじいちゃんとか，おばあちゃんとか家族経営が多くて，決算書を出すことも難しく，被害に遭っていることを立証するのはなかなか難しかったのです．私達の資料をうまく全体集計して，被害を受けているとうまくまとめた人は，それから2年ほどしたら役員になられました．それはそれでいろいろ北陸地方の家族経営の機織りなどの状況もわかって面白かったのです．また，

宮崎さんが事業展開しようと，医薬にもっと広げていこうということで，東洋醸造を吸収しようとされていましたが，当時のそこの大株主は旭化成から小川さんという人が行って社長・会長になられていたのです．何のことはない，昔，旭化成の社長の座をその小川さんと宮崎さんと若い時に争ったのです．旭ダウのときも同じように，昔，社長とライバル同士だった人が旭ダウに行ったのです．

宮崎会長急死──酒類事業部へ異動

　1990年ぐらいまでは宮崎さん，宮崎さんと言っていたのですが，1991年，宮崎さんが急に亡くなられたわけです．もう30年以上ナンバーワンの座を占めていたのですが，この時に築地本願寺だったかな，大葬儀があって，政財界の人が何百ではない，何千人と来られました．その裏方の事務をやりました．正式な場所に出てこられないような人達が来る仮通夜があって，そこの門番を私がしていたわけです．その時に旭化成の経営会議の幹部の人達が来て，正式な取締役会ではなくて，そのお寺で次に誰がナンバーワンになるか，どうするのかという話があったようです．当時，自他ともに次は俺だ，俺がナンバーワンだと思っていた人がいたわけです．ところが2位，3位連合が結成されて，1位の人が負けてしまったのです．次の弓倉社長は3年で病気になり，自動的に3番目の山口さんがナンバーワンになって，山口さんがそれ以降20年近く旭化成を牛耳っていたという形です．取締役会でいろいろ議論したりすることではなく，結局そういうところで決まってしまうということです．1991年に宮崎さんが亡くなって，財務部自体が宮崎さんの金庫番だと言われていましたが，あっという間に財務部が凋落したというか，人が追い出されたのです．山口さんの息のかかった総務系の人が財務部長になり，当時いた財務部の結構元気のいい者はほとんどどこか外に出されて，私はお酒の事業部に行ったのです．ですから，初めて事業部に出たけれども，旭化成は東洋醸造の医薬を買ったつもりが，おまけでお酒がついていたところの企画管理部長という形で行くことになったのです．

第2章 多角的化学企業 旭化成における仕事とキャリア　79

　お酒は旭化成の営業や管理部門はやったことがないので，東洋醸造の人が酒屋さんや卸しへの営業を一生懸命やって，とてもじゃないが我々は急に落下傘で入ってもやれないのです．東洋醸造を買収したけれども，実態は東洋醸造の人達がにぎっていたということです．普通，買収したら給料とか賞与は下がるのですが，彼ら東洋醸造は旭化成の給与水準に上がったのです．それで自分達も思うようにできたから，東洋醸造の人はよかったと思うのです．「ハイリキ」というお化け商品があって，金額は忘れましたが，1本100円で売ったら60円か70円ぐらいは儲けになる．それで儲かっていて，東洋醸造の職員はそれで頑張っていたのです．本来，旭化成がやるべき事業かどうかについてはずっと異論があったのです．山口会長はアサヒビールの筆頭株主で役員をやっていて，アサヒビールと酎ハイの「ハイリキ」は同じフィールドだということで売ったのです．東洋醸造を買う手続きをしたのは私ですが，売ってしまう構想にまさか巻き込まれるとは思いませんでした．私はせっかく酒類事業部の中期計画とか，予算をつくって，さあやろうと音頭をつけたにもかかわらず，当時の私の上司だった役員がはずされて，完全に山口さんの子飼いが，お酒の事業を管轄する役員になって，私とは考え方以前に肌が合わなくて，酒類事業部企画管理部長も追われるような形になりました．向こうは山口さんの意を汲んで売るということが既存方針だったらしくて，「おまえ，出ていけ」ということで出たのです．ちょうどその頃社名が変わり，風土が変わったという時期になっていまして，食品事業部をJTに出すとか，塩の事業部も会社ごと売ったとか，希望退職を2,000人ぐらいやったのです．それぐらいやると大体復調するのです．その時点で私は資料に書いてあるように2000年10月，人事部兼旭化成アミダスに出されました．

　旭化成アミダス出向

　旭化成人事部だけれども，むしろ仕事は旭化成アミダスといって労働者の派遣事業，紹介事業などを主に旭化成グループのためにやっていた旭化成アミダスの中にほうり込まれました．主に旭化成から切り捨てられた事業部の技術屋

を，クビにはできないのですが，事業が撤退したから余ったとか，技術そのものが陳腐化して結構優秀なドクターなどがいるけれども，「引き受けて，彼らをうまく使って事業をつくれ」というのがありました．私達の言葉でテクノリサーチ事業部だとか，マネジメントシステムとか言いましたが，テクノリサーチ事業部は何をしたかというと，JST（日本科学技術振興機構）が科学技術の文献の抄録をつくっているのです．主に英語の論文です．この最新の英語論文を100字か200字ぐらいの日本語で要旨をまとめる仕事をJSTから取ってきたのです．あるいは工場の現場の技術者はマネジメントシステムで，ISOの更新のための審査員をさせるというものもありました．結構年配の50を超えた優秀な人達だから，年収1000万円以上の人をそのまま，ただ働きさせているのももったいないから，その人達に仕事をつくり，それで500万ほど儲ければ，旭化成としたら負担が減るだろうという発想で，そういうことを企画したのです．技術者自身もそうですが，私自身も「おまえもそういうところで頑張っていけ」というのは，全体の技術者で切り捨てられた人達の部署でもあるし，私自身もなんとなく切り捨てられて，そういったところにやられたのです．

　ところが，結構いろいろ苦労しましたが，その事業が黒字になったのです．上は，まさか黒字にするとは考えていなかったのでしょう．アミダス全体の役員として，アミダス全体の事業の面倒を見ろという話になりまして，人材派遣ではなくて，就職させる紹介事業部長も兼ねることをやりました．取締役で紹介事業部長，テクノリサーチ事業部長，マネジメント事業部長をやって，ちょうど2009年3月に60歳定年になりました．その1年前から旭化成は再雇用制度ができまして，1年更新で年金をもらう年までは雇用してあげると．ただし，どういう職場に行くか保証はできないというのがあって，私の場合は1年間再雇用で収入が4割に減ったのですが，引き続きアミダスで残任の取締役業務と，後任の引き継ぎにあたって1年やりました．あともう2年3年やってもいいと言われたのですが，もうサラリーマンはいいですという形で自ら手を挙げまして，1年で終えました．退職後半年ぐらいはぶらぶらしましたが，調停委員に応募しまして，今，家庭裁判所で調停委員を2年ちょっとやっていま

す．それが大きな経歴です．

旭化成の業績評価制度

　一番最後に付けました資料１に旭化成の業績評価・給与制度があります．本当はこれだけではないでしょうが，段々忘れてきて，大体こんな感じだと思います．私が入社した時の旭化成の職級・職階制度というのは，1965年の10月の制度がかなり長く続いていました．群・類制度と言って，基本的には学歴区分です．１類，２類は工場とか事務課．私達は初任の配置は技事群C-1に位置付けられて，それで大体給料も決まっていくのです．学卒の場合はE-1ぐらいまで，ほぼ自動的に年次がたてばどんどん勝手にいくのです．Fというのは課長職ですが，EからFになる時，若干の選抜があるのですが，あくまで学卒の場合は例外者排除．極めて悪い者だけ排除するという感じで，基本的には９割ぐらいはF職階にいってしまいます．何年かF-1，F-2という位置付けです．F-1，F-2が課長になれる職階になります．G職階は部長職なのですが，FからGに乗り移る時に厳格な査定や昇進面談など，いろいろやります．G職階になったら部長になります．Gからさらに厳選・選抜されてH職階，H-1，H-2になっていく時はあるのですが，どちらかというと将来の役員候補グループはこのHグループの位置付けという形です．私はお酒の事業から出される直前にH-1になりました．当時から，例えば55歳だったら一切昇給しないだとか，場合によっては減らされることもあったのですが，H-1になると同じ部長職であっても減らすことはない，そういう職階に位置付けられました．

　職階制度ではないのですが，三宅労務部長が従業員行動指針たる『社員に期待する』という，旭化成の精神的バックボーンの小冊子をつくりました．当時は，大学の紛争があって過激な思想が蔓延していたでしょう．これに対抗する会社のバックボーンの基本精神，全社の労務部的な人が集まって，三宅さんが音頭を取ってこういうのをつくって，つくるだけではいけないから，とくに工場のできそうな若い人を旭の青年大学へ行かせることで，きっちりとした学習

コースの課程を取らせて，その中でも優秀な人は海外で研修させたりしました．わざとモスクワや共産主義国にほうり込んで，やはり資本主義の今の日本がいいなという感じを分からせるようなことをしたのです．ですから，工場の若い人はこの影響があって，その人達は将来幹部補佐クラスになると，工場の風土が決まっていったかなということです．

それから1971年2月に従来年功序列的な査定制度だったのですが，「PRS（Performance Review Systeme）制度」ということで，あくまで目標管理に対する業績管理をしようということになりました．今ほど厳格ではなくて，最初は若い工場の人も対象でしたが，1984年5月からE職階やF職階あたりがポイントだということで，職責者教育は結構，整備しました．毎年いろいろやりました．それから，職責者側はとくに今度は部長職にもやろうということで，「AGフォーラム（新任部長研修）」で旭化成役員幹部がつきっきりで3泊か4泊ほど新任部長に対してやりました．1996年にWHATという新人事考課制度ができ，全く業績能力評価で，年功序列だとか，何年勤務しているだとか関係ないという形のものを入れ込みました．業績評価，ボーナス査定は7割は業績だけで評価しますとか，能力のある人は昇進させますという制度が結構長く続いて，私も部長だった時に部下に面接したのですが，なかなか大変でした．もともと目標が甘かった，辛かったとかいうこともありますし，この人は遂行度が5割なのか8割なのかというのは，どうしても査定する上司のさじかげんが中心になって，その査定する上司の研修会もやりましたが，それが非常に大変でした．やはり，「うい奴」の評価がどうしても高くなってしまうような感じで，どういう制度をつくっても，やはり難しいかなと思ったのです．

その後，社名が変わったとか風土が変わった，あるいは優待退職加算60カ月というその辺りの時代で，部課長の職階制度も主事（F1），副参事（F2），参事（G），参与（H1），理事（H2）という制度もガラッと変わりました．AP，LP，EPという形になって，かなり年功要素を排して，その職階を転換するのも厳正化したのです．部長といっても業績給一本だという話で，こういうのが10年近く続いていって，ほぼ私が定年になる直前あたりに職階も排して，事

業部長だったら幾ら，部下を持つ部長だったら幾らとなりました．職階や能力に関係なく，どんなポジションについているかで決めましょうという制度になりましたが，これは恐らく破綻すると思います．これだと，人事異動ができないのです．たまたま，儲け頭の事業に入っていたら，いろいろ事業部を展開できるけれども，どんどん衰退していったら，事業部自体が部とか課も縮小整理になってしまいます．これはおかしいのではないかなと思う頃に，私はちょうど定年になってしまいました．

3．「多角的化学企業 旭化成における仕事とキャリア」をめぐって

昇進・昇格制度——選抜の速度と割合

清水：どうもありがとうございました．聞いているだけで非常に興味深いお話が多かったと思います．これだけの人数でもありますし，ざっくばらんに質問等していただければと思います．まず，課長職に大体90％はなるというお話ですが，大体何歳ぐらいでなることになりますか？　40歳ぐらいですか？

秋山：例えば私の場合は37歳でした．第一次選抜でいく人は，40歳前，38歳から39歳で．

清水：F1というのが，38歳から39歳．

秋山：それで最終的に9割いきますが，第一次選抜は3割，3分の1ぐらいですね．何年かかるけれども，ほぼ全員が3，4年で必ず，学卒なら，1年2年の遅れはあったとしても，基本的には9割ぐらいがF1になれます．

清水：2，3年ぐらいの幅で90％ということですか．課長から部長というのは大体どれくらいですか？

秋山：それは年々で言うと総枠が決まっているのです，人事部としては．だから，F1に第一選抜でいった人は，基本的にはここでF1・3年，F2・3年と，F職階で6年ぐらいお勤めしたら，G職階には最低3割ぐらいいきます．

関口：遅れていくのですか．

秋山：課長職に第一選抜でいった人は，そのうちのまた6〜7割ぐらいかな，3分の2ぐらいはほぼ年齢が来たら，そのままG職階へ．遅れてきた人，第

二選抜や第三選抜で来た人達が部長にいくのは，かなり面接だとかいろいろ厳しかった人が多かったですね．なれない人はずっとなれない人もありましたから．GからH職となるのは，その所属事業部の上司，役員がどれだけ力を持っているかで決まるのです．本人の責任ではないという話です．

谷口：F1というのは主事ですよね．

秋山：そう，そう．主事がF1，副参事がF2に相当します．

谷口：F1で主事で，主事になれば課長になれるということですね．秋山さんは結構早いのですね．

秋山：そう，私はもう一番．旭化成アメリカの時は主任．1986年9月が主事ですね．財務部財務担当の後半が副参事．前半はまだ主事だったということです．

関口：1982年に主任になったのですね．

谷口：主任というと係長になったのですか．

秋山：係長ですが，部下もいない係長，スタッフですけどね．

清水：1986年に財務部財務担当の課長になっておられますよね．その時，もちろん財務部長というのが当然いるわけですね．財務部長は何をしているのですか？　財務部長と一緒に銀行まわりとかの仕事をしているという感じですか？

秋山：国内財務担当，国際財務担当，出納担当，その上の真ん中に部長がいて，視ているということです．案件によっては秋山だけが行くこともあるし，案件によっては向こうの住友の営業部長を出すのだったら，部長と秋山も一緒に行くということもあるから，それはケース・バイ・ケースです．

谷口：私が気になったのは，1類，2類というのは？

秋山：工場の現場の人が1類，ワーカー，中卒や高卒です．2類が一部現場でも少しいい高校から来たとか，本社で事務職として採ったという人です．技術群はほとんど学卒となっています．だから，職階のD1，C1といくのも，それでお金に反映されるのもあるけれども，分類を移動することもできるわけです．現場でたたき上げるとか，これはなかなか難しいけれども，どういうこと

かというと，1類から2類へ行く時には，いわゆる高校の数Iなどの問題を出すわけです．工場の人は一生懸命仕事はできるけれども，数Iなんか急に出されても分からないでしょう．だから，半年や1年，私が残業して特訓して，「去年の問題はこういうのだから，解け」とか，一生懸命そういうことをやっていました．

関口：そういうのは結構多いですね．新日鉄に合併する前の富士製鉄の場合も，昇進昇格の時にやはり，数学とか物理とか，いわゆる勉強，大学の勉強のような試験が出ているので，それで身分が違ってくるようです．

谷口：ごめんなさい．類というのはどれが類なのですか，ABCDE？

秋山：ちょっと抜けました．実務作業群の1類，2類と，もう一つ別のカテゴリーに，技事群，専門群というのがあるのです．この辺りは少し微妙なのです．中卒などで来た人は実務作業群の1類へ，高卒の指定校から来た人は，例えば技事群へ入れるとか，始まる時に，そういうのがあるのです．基本的にそういうのをつくっているのですが，必ず学歴要素が入っているのです．技事群から，専門群へ行く試験問題もあるのですが，その作成を手伝った時期もあったのですが何十年も前の話だし，中途で全部これらの制度がなくなって新しい制度になったものだから，私自身がぼけているところがあります．

関口：1999年の職階制度改革，これも多角化していくプロセスというのに関わりがあるのですか？

秋山：当時はそう思わなかったのですが，結果的には社名が変更したり，企業が分社化したとか，あるいは事業部ごと子会社ごと売り払ってしまうというように，ほぼ時期的にオーバーラップしています．ただ，そんなことは人事部は言えないから，当時は職階転換を厳正化して，抜擢人事を図りますというような言い方をしていました．どちらかと言うと，大卒などはいろいろこういうのがあるというけれども，なんとなく年功が来たら，大体いけるような雰囲気があったわけです．例外的な者だけを各段階で切っていくというようなストーリーだったのです．しかし今度は完全に抜擢だという話になってきたのです．

清水：それは課長職辺りのところでの抜擢が厳しくなったということですね？

秋山：そうです．少子高齢化もそうですが，年次で自動的に上がったら，むしろ半分近く課長資格となってくるわけです．ほとんど現場の労働者は大きな機械化になって人が減っていって，一方では学卒があって，従来どおりの順送りではとてもじゃないが，会社がもたないということです．

谷口：今のお話で，最初に入られた時の印象だと労働集約的ということですが，2000 年前後といったら，もう．

秋山：そう，いないですよね．昔なんて 1 個の工場で例えば 1,000 人近くいて，2000 年頃に行ったら，誰も人がいない．監視板パネルで 10 人ぐらいがやっているだけです．ですから，当時 1 万人近くいた延岡の工場だって，今は 2,000 人いないのではないですかね．そんな感じになっていると思います．

谷口：ここ 30 年ぐらいで完全に開発の意味が違うものになっているという印象があって，それで昔のやり方では，とてもじゃないけどやっていけなくなってしまう．

秋山：世界に冠たる福利政策をつくったと言っていたのに 2000 年頃になったら，誰がこんな派手なものをつくったのかということで，社宅などをなくすとか，運動会はなくなるわ，住宅ローンの補助金もなくなったとか，どんどん，どんどん，せっかく私達がつくったものが，ほとんどもう何もないというのが現状です．

関口：三宅さんもおっしゃっていましたね．2001 年にここに来ていただいてお話を伺ったのですが．

清水：もう 10 年前ですね．

職階廃止と人事の頭打ち

関口：資料 1 の 2009 年の職階廃止で，職位給というのは人の異動もしにくいでしょうが，全部定員付ということになってしまったら，頭打ちの人がいっぱい出てきますね．

秋山：そう．これを成立させるのは，新規事業を展開するしかないわけです．

関口：そうですよね．

秋山：どんどん事業部をつくる．ところが，それがむしろできていない状況だと，破綻してしまうのですが．

関口：そうですよね．異動もできない，上も詰まっているという状況ですね．

秋山：事業部を超えた異動なんて，私は給料下がるじゃないのということになったら，人を出すこともできなくなってしまいますから．

関口：やはり，かなり窮屈な制度だと思いますが．でも，こういう成果主義みたいなことをやって，あまりうまくいかなかった後に，こういう形で役割給とか職位給とかにしているのが結構多いのですよね．その問題から，やはりキャリアの後半で平社員になってしまっている人がいて，しかも元管理職だったりいろいろあるから，周りとの関係が難しい人がたくさん出てきてしまって，きっとどこも困っているんですよね．

秋山：そう．だから，どんどん年を取れば取るほど，部下が増えていくという時でしたが，私の場合はまだ23〜24歳の時に部下が5〜6人いて，財務部になると自らスタッフになって，スタッフが1人みたいな感じになってきて，課長になっても4，5人程度とか．昔，私が会社へ入った時は，課長といったら，いつもドーンと踏ん反り返って，新聞を読んで，暇そうでね．私もああいうイメージが課長だったのですが，年を取れば取るほど，「コピー，そんなのは自分でやってくださいよ」とか，完璧にそんな感じになりましたよね．バブルのときはひどかったです．会社の業務に関係なく，どんどん飲み食いしたのを会社の経費で無尽蔵にやって，誰かチェックしているかなと思ったら，誰もチェックしていない．夜の1時になったらタクシーで，私など遠方なので1万5000〜6000円もかかってしまうのです．でも，そういう時代がバブルの時代で，3年か4年近くあったのです．ところが今や後輩に聞いたら「交際費なんてありません」という話です．部内の懇親会でも会議室だという話です．

人事部と労務部

関口：先ほど出てきた人事部と労務部との関係で，製造業の場合はそういう二部の体制が結構多いのですが，会社の中で人事部と労務部の関係というのはど

ういうふうになるのでしょうか？　もちろん時期によって違うのでしょうが，それぞれの役割があって，その上で，お互いに連携して何かをするという形にはなっていないのですか？

秋山：私が当時，労務部にいた時に隣に人事部があって，部長そのものは営業あがりの人が多かったです．私達は労務部では組合がどうだというけれども，個別のA君が今何をしていて，どういうキャリアを持っているかという個別データはあまりないわけです．しかし，彼らは持っている．どういう人間が具体的に欲しいとか需要が来たら，そこでマッチングできるけれども，私達はできませんでした．大きなマスとしての制度をつくったけれども．私達はじっくり労務部なら労務部のエキスパートを育てていくのですが，人事部は出入りが激しかったですね．

関口：そうすると，人事部，労務部で人の交流はないのですか．

秋山：当時はないですね．

清水：今は労務部はどうなっているのですか．

秋山：ないです．

清水：なくなったのですか，いつ？

秋山：いや，今は労務の機能をしているところはあるけれども，合体して，今は「人財・労務部」ということになったのです．

　本社の人事部はね．現場はやっぱり分からなかったです．旭化成の全社の上級課長か部長は400〜500人いたけれども，当時，パソコンもまだなかった．500人ぐらいの個人の経歴を頭に入れていて，この人は，どこの大学を何年卒，何年目にここで異動など，全部暗記している人が2人いました．それで人事部長がよく呼びつけるわけです．

清水：コンピューター人間．

谷口：「あいつはどうだったかな」とか．

秋山：そうです．人事の担当をやっているスペシャリストで2人合わせて500人，パーッと出てくるわけです．人事部長が「こいつは年収，どうだったかな」と聞くわけです．じゃあ，動かそうとか，そういうことをやっていた時代

が結構ありましたね.

谷口：なんとなく人事部は一定以上の幹部を扱うということでしょうか？

秋山：そう，そう，そうですね.

谷口：それが一緒になったということは，やはり，ブルーがなくなってしまったことが大きいですよね.

秋山：だって，どんどん現場で現業員が危機感を感じてしまって．昔は大卒は幹部要員ということで考えられていたけれど，大卒も毎年新人が来る．今は大体，現場がいなくなってきましたから.

関口：現場がいなくなると組合も弱くなってくる．組合が強力だと，労務部の発言は大きくなりますね.

秋山：旭化成の労働組合はすごくて．前の連合の会長の高木剛は旭化成．それから最後の民社党の党首，米沢隆，これも旭化成出身ということです．そういう人たちがゼンセン同盟を，今は UA ゼンセンと言って，今，連合の中で一番，自治労より大きい組織となっています.

清水：当時の状況と労務の関係というか，そういうことは影響しているのですか？

秋山：続いていますね.

谷口：社員がすごい危機感を持っていたという時に，完全にやられるのではないかという感じですね.

秋山：そう，そう．当時は丸ビル爆破事件とかあったじゃないですか．蒼々たる会社がとくに東京駅近辺に固まっていて，まさしくそれが自分のところにも起こるといわんばかりになってしまっていたのです．だから，人事制度というのは，職階・昇給とか昇進制度というのは未来永劫のものはありえないのです．その時，その時で，どんどん変わっていくのです．ただ，昔，私達が世界に冠たる福利制度をつくった，昇進制度をつくったが，そういう自負はあったのですが，最近は単なる時流に流されているような人事制度ですから．A 会社がやったからとか，自分の会社に無理やり適合させてやっているのではないかというところは，だんだん増えつつあります.

旭化成でのキャリア展開

谷口：秋山さんのキャリアを見ていると，旭化成というのは大卒の場合には，結構，労務から財務部へとか？

清水：長かったのは財務なんでしょう？

関口：スタッフ部門とライン部門の間の異動というのは結構あるのですか？人事・労務と営業……．

秋山：最近はともかく，私達の時は最初の3〜4年は自分達の勉強で，その次に替わったところが，大体ずっとそれに関連したようなところに行くケースが多かったですね．4〜5年目に営業へまわったら，大体，営業に行って．ただ，営業の場合は売るものが繊維になる時もあるけれども，プラスチックになる時もあるのです．大体，決まりですね．私達の時代は管理部門の経理計数のほうに行くか，人事管理に行くかというような感じで，なんとなく決まってしまっているのかなという気はします．

谷口：労務から財務に行く人は，結構珍しいのですか？

秋山：労務から財務，当時は珍しかったです．だから，唯一奴隷船から乗り移ったやつという評価がありました．

清水：珍しいというのは，労務に行ったら，ずっと労務にいるということですか．

秋山：労務ないしは人事，もしくは工場の勤労関係とか．

清水：常に労務関係に行くという？

秋山：労務関係に2〜3年，次はベンベルグの勤労課長，2〜3年はレーヨン工場勤労課長とか，そんな感じでいくのです．

清水：これだけは少し珍しかったわけですね．

秋山：珍しいです．

清水：後はやはり財務でずっとやったということですね．

秋山：ただ，私個人はどちらかというと，人の管理や組合よりは金計算，数理のほうが得意じゃないかと思っていたのです．そういう意味では財務のほうが良かったのでしょうね．そうは言うものの，いきなり英語で話せと言われると

困りました．本当にニューヨークで幹部の接待をした時は困りました．日本の旭化成の役員と発想が違うのです．向こうはイエスかノーかを求めているのです．けれども日本の役員は，昔，戦争中は高射砲を撃っていたとか，駆逐艦で何とかしたとか，関係のないことをだらだらしゃべって．早く用件に入れと言っているのに，しゃべらないのです．それでその役員は，「僕は5分ほどしゃべったのに，きみは30秒ぐらいで英訳した」と怒るわけです．向こうはそんなことを聞いていないのです．イエスかノーかと聞いているのに，関係ない話ばかり．あれは日本の風土だと思いました．とくに役員になればなるほど，これはイエスなのか，ノーなのか，分からないような言い方をする人が結構多かったです．それは当時の処世術だったのでしょうね．私も上の人に怒られました．秋山はあまりにもストレートだと．一応，ご興味がありましたら，旭化成80年史というのを10年ぐらい前につくっていますので．

清水：それはここにはあると思います．大体，集めているのです．

秋山：それは旭化成の歴史を10年単位でやっていって，その10年でどの事業をやって，人選があり，その事業で昇進・昇給制度がどうなったか，福利制度はどうなったか，時代の波に合ったような総括をきちんとしているので，それで見ていただいたら分かると思います．

清水：先ほどの話の続きになりますが，財務部を一応卒業されて酒類事業のほうへ行かれたのですね？　それは大体，年からいうと？

秋山：先ほども言いましたが，準役員近く，あるいは社員の一番上に行った人は，必ずしもその後もまた勤労畑がずーっと続くのではなくて，思い切って事業部長などを何年かやって，そこで成績を上げた後，役員として取り立てようということなのです．私だけ先に左遷と言いましたが，たまたま酒類事業だったのですが，時期的にはどこかで事業に出るという時だったのです．

谷口：上に行くためには，事業部長とかやはり総合的な管理職をやらなければならないのですね．

秋山：そうですね．

谷口：それと，2003年に分社制になるでしょう．その前は事業部制と考えて

よいのですか．

秋山：そうです．

谷口：それはいつごろからですか？　最初から事業部制ということではないですよね？

秋山：いや，かなり前には．私が入社した時にはもうなっていたのです．

谷口：事業部制だったのですか？

秋山：はい，なっていたと思います．

宮崎会長と山口会長の時代──トップの資質と人事権

谷口：事業部を横断することは，A事業部の経理からB事業部の経理にとかそういうことはあったのですか？

秋山：経理だけに関して言うならば，事業部経理ではなく全社経理なのです．全社で見ているから，本社で見て，工場の出納的な会計はありましたが，例えば事業部間の人事異動は比較的昔から，その時代には結構あったのです．最近はあまりないなという感じですが．

　ですから，確かに私はお酒の事業にほうり込まれて，出世街道のトップバッターで行っていたのですが，確かにきちんとした評価もあったかもしれませんが，労務部や財務部という宮崎さんの基盤の部にいたということがあったからです．宮崎さんが外れたら，皆さん山口さんになびいて，山口会長が2年ほど前に亡くなったら，いわゆる山口派という人はここ1年，かなりパージされているのです．

谷口：内情をお話しいただきましたが，企業の中で派閥ができるというのは，どういう形で形成されるのですか？　例えば，財務部，労務部……．

秋山：そうではなくて，誰が人事権を持っているかということです．とくに事業部長になるクラスが，もう上の人事権で決まってしまうので．

谷口：すると，例えば，宮崎さんが力を持った時というのは，言ってみれば怖くはないのですね．人事権を宮崎さんが持っているわけだから．

秋山：恐らく不満はあるかもしれないけれども，表面上は宮崎様々ですから．

谷口：次になった時に，俺が，俺がという人が3人ぐらいになったのですね.

清水：その関連で，前回の千代さんのお話では，日立の場合は完全に理系の人しか社長にならない．しかも早いうちに決めるのだという話があったのです．旭化成では理系の人はもちろん，この事業展開を見ていれば当然のことながらかなり重要な役割を果たしていくわけですよね.

秋山：宮崎さんが1988年頃に社長から会長になられたわけです．社長は誰かというと，自分の意のままにできる技術系の人を社長に据えたわけです．技術おたくだった人が社長になったこともありますが，社長でありながら決められない.

清水：では理系の人はなかったということですか？

秋山：そういうことです．山口さんもどちらかと言えば総務畑で．たまたま事業部へ移った時に，住宅がヘーベルハウスまでいって，成績が上がったから宮崎さんも役員に引き上げたのです.

清水：山口さんは技術屋ですか？

秋山：いや，総務畑ですよ，基本的には．ここ1，2年は違うけれども，少なくとも宮崎さんや山口さんの時代は事務系がトップを取っていく．社長になった技術系も多いけれども，経営には素人でした.

清水：それは前回との比較になってしまうけれども，日立の場合は利益は工場で考えるから，営業の人はそんなことは考えなくても売ってくれればそれでいい，とこんな話でした．工場の人が事業全体を掌握しているわけです．だから，技術屋さんでもあるけれども，一応の計算もできているわけです．こちらの事業部長というのはあまりそういうことはなかったのですかね.

秋山：旭化成の技術屋は若干私の偏見もあるけれども，経営センスはないように思います.

清水：それはどういうふうに考えるのでしょう．社風というか？

秋山：その代わり，ある技術にはノーベル賞を取るのではないかというぐらい突っ込むのですが.

谷口：売っているものの違いでしょうか．電機は，やはり売れるものをつくら

ないといけないから.

清水：日立は商品がキーだから，そこまで持っていかないと話にならないけれども，旭化成はどちらかというと素材ということですね.

谷口：そうそう．素材だと，何しろ作ってみようと，それをどう使うかは深く考えていないということでしょうか？

秋山：テレビなどは一般の個人消費者向けです．旭化成は，個人に売ってるのはサランラップとヘーベルハウスぐらいです．それ以外のものは商社経由だから大きな汎用品が占めるということですね.

関口：日立は逆に，とくに重電部門がJRとかいう形で対応しているから．だから，逆に言うと変な意味で経営的センスがなくてもよいのでは？

秋山：ともかく宮崎さんは結構ワンマンで，次の山口さんは宮崎さんほどのカリスマ性はないけれども，一応，人事権をずっと持っていたということです．山口さんの場合，コントロールできる部下をうまく使ったということになります.

谷口：この宮崎さんは相当すごい人ですね.

秋山：すごいですよ．時の政権とも対峙するし，私も労務部にいた時はすごかったですよ．誰でもいいから，去年入った者でもいいからよく分かった者が説明に来いとか呼びつけられて，それで用意して説明したら「きみ，それはどういう法律の何条に基づいて，こういう施策を出そうとしているのだ」と言うわけです．説明したら，「その法律はおかしいな．きみ，国会へ行って法律を変えなさい」と言われたこともありました．すごかったですよ．趣味も何もなくて，ただ会社のことしか考えなくて，もはやオーナー感覚ですね.

谷口：宮崎さんというのは東大法学部で，そこを出てすぐ旭化成ですか.

秋山：そう，すぐ旭化成です.

　ヘーベルハウスとサランラップ

谷口：売上高の推移はすごいですね．東レなんかもそうかもしれないですね.

清水：東レもだいぶ繊維の比率は高いということでしたね.

秋山：旭化成はヘーベルハウスを売っているから，海外が円高になろうが，ヨーロッパが落ち込もうが，ヘーベルハウスは国内消費ですから．しかも利益率がよいものだから，それでほかの化学ケミカル会社が落ちても，あまり落ちないのです．

清水：それはそれで意外な感じもしますが．

谷口：このヘーベルは誰が開発したのですか？

秋山：ヘーベルはドイツにヘーベル社という小さな会社があって，そこから技術導入されたのです．私も財務の時に，そことファクスでやり取りして．最初はドイツ語で，先の大戦では日本にはいろいろお世話になったが，イタリアが裏切ったから負けた，とかこの人は何を言いたいのかなと思っていましたら，最後のほうに金を払えと書かれていましたね．今ではヘーベル社そのものがドイツにはなくなったのではないでしょうか．

谷口：最初は建材で売っている部門はなかったのですよね？ 導入の時には．

秋山：建材は70年以前に一応自社開発の建材をつくろうと，いろいろ努力して模索していたのです．あまりうまくいかなかったので，技術導入を図ったのです．

谷口：サランラップ自体は，かなり儲かったのですか？

秋山：サランラップは儲かりましたね．サランラップはなんとなく普通名詞みたいになっていますから．

谷口：外国では違うけど，日本だったら，もうサランラップですね．最初は，こんな便利なものがあるのかと思いました．

秋山：ヘーベルハウスもそうですが，サランラップは昔ほどではないけれども，利益率はよいです．これも技術導入ですがうまく売れました．基本的にはダウ・ケミカルからの技術です．しかし，2000年頃に三宅さんがお話されたのなら，旭化成の労務政策は三宅さんが一番知っていたはずですから．私より，もっとうまい説明がたぶんできたと思います．

清水：初期の争議の話あたりのところは，非常に詳しく印象的なお話を伺いました．

関口：組合と上手く話をしながら福利厚生政策の水準の高いものを，しかもこれを会社が押しつける形ではなくて，組合が要求した形にして，それと一緒につくっていく形の中で実現していくとのお話を伺いました．

秋山：つい一月ほど前，労務の時に関わった人達の OB 会が東京であって，皆，80 を超えているような人もいますが．非常に昔を，古き良き旭化成を懐かしんで話していましたよ．三宅さんが集合写真の前列のど真ん中で写っています．

清水：本日は興味深いお話を聞かせていただき，ありがとうございました．

資料 1　旭化成業績評価・給与制度

1963 年 5 月	職務給制度導入（〜年功型賃金）
1965 年 10 月	新昇進・昇給制度；群・類制度（〜学歴区分） ＊群・類制度：（実務作業群・技事群・専門群）（1 類，2 類，3 類） ＊職階制度：A（1, 2），B（1, 2），C（1, 2），D（1, 2），E（1, 2）， 　F（1, 2），G, H（1, 2）
1970 年 10 月	「社員に期待する」（従業員行動指針）→「旭青年大学」，青年社員海外研修
1971 年 2 月	PRS 導入；本人と上司相互確認による目標管理に基づく業績評価制度
1984 年 5 月	職責者教育の整備； ①　「職責者基本研修」 ②　「職責者基礎知識研修」 ③　BMC ④　管理者実践研修
1985 年 3 月	TPS；中間管理職生産性向上・活性化
1988 年 1 月	AG フォーラム；新任部長研修
1996 年 4 月	WHAT（新人事考課制度） ①　業績評価；上司が個々人に業績目標を割り振る→業績給，ボーナス査定（70％） ②　能力考課；専門能力・成長可能性評価→昇給に反映
1999 年 8 月	部課長の職階制度改定 ＊主事（F1），副参事（F2），参事（G0, G1），参与（H1），理事（H2） 　⇒＊AP, LP（部長職相当），EP（事業部長職相当） ①　職階転換の厳正化・抜擢人事，年功・入社年次要素の排除 ②　LP：業績給一本，EP：年俸制 ③　定昇の廃止（EP）・抑制（AP, LP）；50 〜 54 歳半減，55 歳〜廃止
2009 年 10 月	職階廃止→職位給 ・ L4 ＝事業部長，関係会社社長 ・ L3 ＝部下を持つ部長 ・ L2 ＝部下を持つ課長 ・ L1 ＝（従前の管理職だが部下なし）

98　第Ⅰ部　オーラル・ヒストリー「日本の大企業における大卒エリートのキャリア展開」

資料2

氏名	秋山 博		1949.3.15 生	～団塊世代の最後尾
	アキヤマ ヒロシ			
学歴	1972/3	23歳	京都大学経済学部卒業	～学生紛争で卒業式なし

業務経歴	時期	年齢(勤続)	所属	役職	職階
	1972/4	23歳	旭化成工業㈱入社		
	1972/5	23歳	川崎支社事務部	(初任配置)	C1
	1976/4	27歳(4年)	労務部		
	1979/7	30歳(7年)	財務部(国際財務担当)		D2
	1982/6	33歳(10年)	旭化成アメリカ (兼)旭化成㈱財務部NY駐在	主任	E1
	1986/9	37歳(14年)	財務部(財務担当)	課長(主事) 課長(副参事)	F1 F2
	1995/1	45歳(22年)	酒類事業部企画管理部	部長 (参事→参与)	G H1
	2000/10	51歳(28年)	人事部 (兼)旭化成アミダス㈱		LP (制度改定)
	2004/7	55歳(32年)	旭化成アミダス㈱〈出向〉	(子会社)事業部長	
	2006/7	57歳(34年)	同上	(子会社)取締役	
	2009/3	60歳(37年)	旭化成㈱定年		
	2009/4 ～ 10/3	61歳(38年)	〈再雇用〉旭化成アミダス㈱	嘱託扱い	S

現職 (退職後)	10/10～	61歳～	家庭裁判所	調停委員 (非常勤国家公務員)	

　　職能(職階)給与制：大卒昇進職階，F1：例外者排除，F2：1次選抜50％？，多少遅れ
　　　高卒：群類制＋職務給

　　1999/8　部課長の職階制改定(中途半端な職位制)：EP(年俸制)，LP(部長職相当)，
　　　2009/10　職階制廃止し職位給制；L4(事業部長，関係会社社長)，L3(部下あり部長)，
　　定年後再雇用：1年契約で年金支給開始年まで(当方の場合，64歳まで更新可能であったが断

第 2 章　多角的化学企業 旭化成における仕事とキャリア　99

報告者経歴

勤務地	職務内容	補足
延岡	（入社時研修）	↓「多角化・ダボハゼ経営」
川崎	工場勤労担当	・水島エチレンセンター
東京	全社的な労務企画，人員計画，労組対応	・建材（⇒住宅）参入
東京	貿易・外為取引処理，外貨債権・債務ヘッジ　プラント輸出ファイナンス，外銀借入	・医薬，医療参入　・半導体参入
ニュー　ヨーク	米銀借入交渉，M＆A情報入手　現地法人管理	
東京	邦銀借入企画実施，生保等大株主対応，　関係会社資金調達指導，新会社設立事務	＊東洋醸造吸収　←92 宮崎会長逝去（後継：山口）
東京	酒類事業経営計画立案・実施，同予算統制　支店管理，契約管理	↓「選択・集中経営」　＊希望退職（月給Ｘ5年）
東京	旭化成アミダス㈱の新規事業企画実施	＊02 ～ 03 酒類事業売却　01「旭化成」社名変更
	テクノリサーチ事業部長　マネジメントシステム事業部長	
	同上＋紹介事業部長	
	旭化成アミダス㈱取締役退任後引継業務	
		←10 山口会長逝去
	家事紛争・遺産相続の調停業務	

ても基本的には昇格，G：枠管理・人事担当役員面接，（H1，H2）役員候補

AP（課長職相当），旧 H 1 は旧日本給保障
L2（部下あり課長），L1（部下無し管理職資格者）
った）

解　題　　　　　　　　　　　　　　　　　　　　　清　水　克　洋

　旭化成株式会社は，我々にとっては，繊維企業との印象が強いが，1993 年 7 月に，証券取引所の業種分類で「繊維」から「化学」変更されており，さらに，2012 年度の売上高で見ると，ケミカル・繊維 47.7％，住宅・建材 32.3％，ヘルスケア（医療，医薬など）11.1％，エレクトロニクス 7.9％と，「化学」でも括れない多角経営企業である．『旭化成八十年史』は繊維企業としての発展と，多角化への道のりを綴ったものである．

　秋山博氏は，1972 年になお繊維企業であった旭化成工業株式会社（当時）に入社し，当初，労務部に籍を置いた後，長く財務の仕事に携わり，1992 年の東洋醸造株式会社との合併にかかわって，酒類事業部企画管理を部長として担当し，酒類事業部の売却後は，旭化成アミダス株式会社で，テクノリサーチなどの仕事において成果を上げ退職された．氏の話にもあるように，入社された時は売上高の 3 分の 2 を繊維が占めていた，と同時に，1972 年は多角化の 2 つの大きな方向が始まった年でもあった．水島で年産 35 万トンのエチレンセンターが完成し，また，今日の稼ぎ頭となっている「ヘーベルハウス」の本格的展開が始まったのである．さらに，1974 年には医療部門へ，1980 年にはエレクトロニクス部門への進出がなされている．旭化成株式会社のホームページの会社沿革を見ると，1983 年の LSI への進出から，1992 年の東洋醸造との合併の間が最も長い空欄になっている．これらの事実は，団塊の世代の大卒エリートが企業の中でそれなりの役割を果たすようになるのが 1980 年代と考えられることと併せると，彼らは，高度成長期とオイルショックを経て，日本の大企業がその発展の方向性，そのための組織体制をほぼ固めた後に，そのレールをひた走ったという，我々の「予測」を裏付けるようにも思われる．

　秋山氏の企業人生は，稀代の経営者宮崎輝が 1961 年に 52 歳で社長となり，石油化学工業への進出を実現して体制を固め，1992 年の急逝まで 32 年にわたって文字どおり君臨した時代と重なっている．宮崎は東大法学部を卒業した後旭化成に入社し，1948 年の延岡における 1 カ月のストにまでなった大労働争議を勤労課長として収拾し，また，社長就任時のカシミロン不況を労使協調で切り抜けるなど，労務対策で大きな役割を果たしながら，同時に，「衣，食，住」の総合企業を目標に掲げ，繊維企業から多角経営企業への転換を実現した．秋山氏は宮崎氏にその能力を見いだされて，順調な昇進コースを歩んだが，氏の急逝に伴う「政権交代」，選択と集中への経営方針の転換によって，経営の中枢への道を阻まれることになった．秋山氏のキャリアは，団塊の世代の大卒エリートのあり方を探る我々にとって，彼らのトップマネジメントとのかかわりという問題を提起する．

第 2 章　多角的化学企業 旭化成における仕事とキャリア　101

　秋山氏は，入社後 3 年間川崎工場で勤労担当，その後 4 年間本社の労務部に所属した．氏によれば，労務は宮崎会長のキャリアもあり，また，当時の旭化成がなお労働集約的事業体であったことともかかわって，重要部門であった．ここには，いわゆる日本的経営の「労使協調」を考える上で重要な鍵がある．それはともかく，氏の部署転換はジェネラリストの例ではない．月 100 時間もの，しかも今日の言葉でのサービス残業が 1 年続き，体を壊しての配置転換であった．日本一の福利厚生を目指したとされる旭化成の労務部にとって皮肉な事態であった．その後の中堅時代は，15 年間財務から動いていない．アイルランドでのカシミロン工場建設の失敗がもたらした旭化成の海外展開の委縮，住友銀行と第一勧業銀行を中心とする協調融資の実態，さらには，ポーランドへのマグネシア・クリンカー輸出や，ニューヨーク駐在時代の GE との特許争いの顚末など興味深い話が尽きない．東洋醸造との合併，後の食品，酒類事業の売却は，秋山氏の企業人生を翻弄することになったが，バブル崩壊後の大卒エリートのあり方の貴重な例でもある．

　根っからの関西人である氏の語り口調が弱められてはいるが，学園紛争の余韻を残して入社した後，誠実に仕事に取り組んだ秋山氏の話は，我々の考察を刺激する，信頼のおける素材となっている．

第3章　総合商社 伊藤忠商事における 人事制度とキャリアパス

富　田　　博

元 伊藤忠商事株式会社　人事部長・執行役員

本章の元となったヒアリングは，以下の日時，場所，参加者で実施された．

日　時　　2013年2月6日水15時00分〜17時30分

場　所　　中央大学企業研究所会議室3

参加者

富田　　博　（元 伊藤忠商事株式会社　人事部長・執行役員）

清水　克洋　（中央大学企業研究所研究員・商学部教授）

谷口　明丈　（中央大学企業研究所研究員・商学部教授）

関口　定一　（中央大学企業研究所研究員・商学部教授）

市原　　博　（中央大学企業研究所客員研究員・ 駿河台大学経済学部教授（当時））

梅崎　　修　（中央大学企業研究所客員研究員・ 法政大学キャリアデザイン学部准教授（当時））

熊倉　広志　（中央大学企業研究所研究員・商学部教授）

王　　　旭　（中央大学大学院法学研究科（当時））

磯貝　健人　（中央大学法学部政治学科（当時））

1．伊藤忠商事での仕事とキャリア

伊藤忠の人事部長

富田でございます．今日はどうぞよろしくお願いします．最初に履歴のほう

から簡単に．一番最初，1972年ですから40年前です．40年前に大学を卒業しまして，伊藤忠商事に入りました．この頃は，ほとんど海外に行ったことがないような時代でしたので，総合商社は多くの若い学生の人達が，やはり海外というようなことに惹かれて，入ったような時代です．入社後2度アメリカに駐在をして，アメリカから帰ってきまして，1999年に伊藤忠商事の人事部長になり，2004年までの5年間人事部長をやりました．この時の社長が，つい最近まで中国大使をやっておられました丹羽さんで，丹羽さんの下で人事部長をやっておりました．後ほど，伊藤忠商事の人事制度のところで説明しますけれども，大変に苦しいと言いますか，経営的には厳しい時代でした．あまり良いことをやらないで，悪いことばかりやってきたみたいなことがあるのですが，そういうところで5年間人事部長をして，それで伊藤忠商事を2004年ですから8年ぐらい前に退職をしたということです．もう退職後ずいぶん経っていますので，いまさら伊藤忠商事のことを話すのはどうかとは思いましたが，今日の人事制度の基礎になっているような人事制度が，私の人事部長の頃にでき上がりましたので，後ほどそういう話をさせてもらおうと思っています．

関連会社への移籍

伊藤忠を辞めてから，伊藤忠の子会社の会社，CRCソリューションズというITのシステム開発の伊藤忠の子会社がありまして，この会社に移りました．その後2006年に，当時伊藤忠テクノサイエンスという，また別の会社がありまして，これとCRCが合併統合し，1つの会社になったのが伊藤忠テクノソリューションズです．ここの会社に勤めて，2年ぐらいして退職をして，その子会社であるCTCビジネスサービスという会社で社長をやって，1年半ぐらい前に退職をして今日に至るというのが私のキャリアです．

伊藤忠商事は総合商社ですから，あらゆるビジネスのセグメントについて，いろいろビジネスをしており，カンパニー制度というのを取っています．上からいくと，繊維カンパニー，機械カンパニー，金属カンパニー，エネルギー・化学品カンパニー，食糧カンパニー，それから住生活・情報カンパニー，今こ

の6つのカンパニー制になっています。それ以外に左側の本社組織は，人事だとか総務だとかいろいろあるのですが（章末資料3参照）。

伊藤忠商事の社員のキャリア・ディベロップメントというのは，全てのカンパニーに移っていくというのではなく，繊維に入社した人は繊維カンパニーの中でキャリアを積んで，繊維の専門家として育っていくというのが，基本的なキャリア形成のスタイルです。その中で，自分自身の経験でもそうなのですが，伊藤忠商事は本体の下に多くの子会社，関係会社を持っており，海外の拠点も，現地法人になっているものもありますし，支店になっているものもあります。あるいは海外の事業会社になっているものもありますが，繊維カンパニーは繊維カンパニーで，そういうところをたくさん持っているわけです。

そういうところと行ったり来たりしながらキャリアをつくっていくということで，ある特定の課や部に配属されたら，そこでずっと10年20年やるというのではなく，たいていは4〜5年ぐらいを1つの目安にして，キャリアをいろいろ回っていく。そのキャリアを回っていく時に，重要な役割を果たしているのが，傘下に持つ子会社であり，海外の拠点です。そういうところでマネジメントの経験を積んだり，新しいお客様との関係をつくったりというようなことをしながら，キャリアをつくっていくということです。そのことが，人を育てるということにずいぶん大きな役割を果たしており，そんな感じで人が形成されていくという考え方です。繊維をやり，機械をやり，金属をやり，人がつくられていくのではなく，繊維の人は繊維という大きな枠組みの中でそのような経験をしながら育っていくということです。

海外勤務の役割

私もアメリカに2度駐在をしておりますし，住まいを変える転勤というのは4〜5回経験があります。所属が変わるという意味では，役割が変わったり，課長になったり部長になったり，あるいは課が移動したり，出向したり，海外に行ったりと，こういうことをずいぶんいろいろ経験をしてきて，そのことが自分の成長にとって，大変大きな役割を果たしたなと思います。それは，まず

上司が変わりますし，同僚が変わりますし，部下も変わりますし，付き合うお客さまが変わります．ずっと同じ環境の中でやっているのではなく，違った環境の中に放り込まれる．とりわけ本体から海外やあるいは子会社に移ると，本体だと担当なのだけれども，子会社に行くと課長になるとか部長になるのです．私が最初に海外に行ったのは30歳か31歳の時です．日本では担当なのですが，海外に行った時はマネージャーということでした．日本では後輩が何名かいて，後輩を酒を飲みにつれていくぐらいしか，人をマネージではないですが，オーガナイズしたことはなかったのです．しかし，ニューヨークに行くと，いきなり20人ぐらいの部下の人がいました．マネージャーということで，緊張感もありますし，また文化や生活習慣が違う，物事の考え方の違う人達と接することで，いろいろな苦労もありましたし，悩みもありました．そういうことを経ながら成長していくということで，多くの伊藤忠の社員が，そういうことを通じて成長していくというのが，基本的なキャリアの形成の仕方かなと思います．

それを側面からサポートするいろいろな人事制度というものもあります．今たぶん4年ぐらいだと思いますが，4〜5年以上1つの仕事を続けてはいけないというルールがあります．4〜5年経てば仕事は，少なくとも課をまたがる移動をやってもらうとか，海外に行ってもらうとか，子会社に出向してもらうとか，同じ仕事を同一期間続けないというようなルールがあります．あるいは，部長職を取るためには，少なくとも1回は海外の駐在を経験しないといけないとか．後ほど述べますが，最近では入社したら，必ず4年以内に1度は海外での経験を積んでもらうとか，いろいろ人事的な側面の制度があります．そういうことをして，人を育てているのです．

2．伊藤忠商事における人事制度改革

人事部長時代の人事制度改革

そういうことで，私は伊藤忠で30年ぐらいいたのだと思いますが，その中で，自分が人事部長をやっていた5年間の仕事が，一番いまでも印象深いで

す．この話がどれだけ皆さんのお役に立つかどうか分からないのですが，伊藤忠商事の今の人事の仕組みの基本的な考え方がその時に構築され，今もそれが続いているということですので，少しそのことに触れて，後ほどいろいろご質問なり意見交換をさせていただきたいと思います．下手なレジュメで申し訳ないのですが，つくってきたものを見ながら，ご説明をしていきたいと思います（後掲，資料1～6）．

バブル崩壊と経営危機──人員削減

　タイトルは，一応私が部長をやったのが1999年から2004年までの5年間でしたので，その間の大変印象深かった人事制度改革というものをテーマに置かせていただきました（資料4参照）．もうずいぶん時間が経っていますので，その後，制度はその時々の環境に合わせて修正はされていくのですが，この時の改革ででき上がった制度は，今日適用されている伊藤忠商事の人事制度の基礎になっているということです．「1999年前後の当時の経営環境」と資料に書いていますが，日本全体がバブルが崩壊して，大変厳しい経営環境にあった時代でした．とりわけ私達の会社は，多くの社員が「ひょっとしたらもうつぶれるのではないか」と思うぐらいに，危機感があった時代でした．その原因は，1990年代初頭からバブルが崩壊しました．バブルの途中から，1980年代の後半から1990年代にかけて，放漫な経営というか，ゆるい経営というか，そういうことで多くの不良資産，デッドエクイティが生じたのです．とりわけ不動産が多かったのですが，むやみやたらとゴルフ場を開発したり，ゴルフ場を買ったり，あるいはいろいろな土地を買ったり，資産をどんどん増やしました．幸い商社は銀行からの資金調達力がありましたので，いくらでもお金の調達ができたということもあり，大変なお金を使って資産を積み上げていき，その多くの資産が，バブルが崩壊するとともに不良化して，毎年赤字が続き大変苦労をしました．

　資料4の1 (1) の ① にありますが，1997年以降，これ，数字は億円です．純利益です．連結ベースの純利益が，1997年には950億の赤字と言ったら，

気が遠くなるほどの赤字だと思います．社員が5,000人ぐらいですから，5,000人で950億の赤字といったら1人何万かな．その赤字が1997年，98年，99年と3年連続続きました．普通，野球でも3回空振りするとアウトですし，サッカーだとイエローカード2枚で退場ですけれども，ひょっとしたら産業界から退場しなければいけないような状況になるのではないかと．そういう大変強い危機感から，人事制度を変えないとどうしようもないというようなことにつながっていきました．もちろん人事制度だけ変えればうまくいくというわけではなく，もともとビジネスの仕方とか，そういうものも変えなければいけないので，人事制度も手が打たれたわけです．リスクマネジメントや，あるいは投資する基準だとか，いろいろなことが行われました．私の守備分野では，人事制度の改革をなんとしてもこの時にやろうということで，そういう環境にあったのです．

　どこもそうなのでしょうけれども，人事制度の改革をする前に，人に辞めていただいて人を減らす，人件費を減らす．商社の人件費はたいていそうだと思いますが，販売管理費，いわゆる販管費と呼ばれる費用の大体半分ぐらいが商社の人件費です．圧倒的に人件費が大半の費用の塊．残りの販管費というのはあまり調整できないものが多く，人件費を減らさなければ駄目だということで，退職金の割り増しを付けたり，あるいは肩を叩いて子会社に移っていただいたり，こういうことは，人事部で仕事をしていて一番やってはいけないことですし，つらいです．ある意味では，人はコストの塊ではありますが，一方では人財ですから，会社の財産です．その会社の財産を切っていくというのは，本来ならばあってはいけなくて，発展，成長して収益を上げて，その人たちを生かしていくというのが本来の姿なのです．しかし，もう背に腹は代えられない．全部船が沈むかどうするかということで，制度改革の前に，このような人減らしをやりました．正確な数ではありませんが，1,000人弱，900人とか．ですから，その当時6,000人ぐらい社員がいたかもしれませんが，そこから1,000人近く減るぐらいの大変な出血を見て，その上で人事制度改革が行われたという時代でした．

人事制度改革──4つのポイント

人事制度改革の中身なのですが，資料4の1(2)に一応ポイントと4つ書いてあります．後でもう少し詳細なものを準備していますが，1つは，年功序列的な資格処遇制度を廃止しなければいけないということです．能力に応じた適材適所の人事が実行できるような仕組みにしていこうということ．年功序列的な人の使い方，役割の与え方，あるいは給料の決め方，こういうものを変えていこうということが1つ目です．

2つ目に，会社業績に連動するボーナスを，いくら払うのかというのを決めるのを，言葉どおりの意味とは少し違うかもしれませんが，プロフィットシェアリング（Profit Sharing）ということで，会社の業績と皆さんに払うボーナスの額を連動させる．あらかじめ方程式を決めておく．儲かったら払う，儲からなかったら「ごめん」というような方程式にしたということです．

それから3番目に，職務とか職責，資格に基づいて払うわけではなく，やっている仕事や役割の重さに基づいて給料を決める．これは大変厳しいことなのですが，そういうふうにしようということです．

それから最後に，やはり人を育成するということを，もう一度あらためて見直しをして，お題目ではなく，本当に人を育てていくというような仕組みづくりをしていこうということです．このようなポイントで人事制度の改革をやりました．

年功的資格・処遇制度の廃止

資料5にヒューマンツリーみたいなものが書いてあるのですが，いまあげた4つのポイントを，もう少し分かりやすく理解をしていただくためにイメージで書いたのが，資料5の①の「年功序列的な資格制度や処遇制度の廃止」ということです．かつての人事制度は資格制度，等級制度．ほとんどの日本の会社がこういうやり方なのですが，職能資格制度と呼ばれるものです．会社に入社しますと，この一番下の3級というところに入るわけです．ここで経験を積んでもらい，私達の会社の場合だと，この辺りはずっと自動的に上がっていき

ます．「3級で4年やってください」ということで4年業務知識や社会人としての知識や，あるいはお客さんとのコネクションなどをつくっていただくと，今度は「2級に上がってください」ということで，この辺りはみんな若い人達が年功で自動的に上がっていくのです．2級も同様に，少し先輩格の担当職で，ここでも「4年間経験を積んでください」とやるわけです．1級社員になりますと，これは担当職としてはかなりベテランになっているので，ここでも4年経験を積んで，トータル12年間やっていただきます．

　そうすると，その上は課長補．昔はこんなものはなかったのですが，だんだん団塊の世代が上がっていくにつれて，ポストがつくれないものだから，等級を間に挟んでいって，新たに課長補という制度ができました．これも名前は課長に準ずるという名前ですが，一応担当職です．課長に近い担当者ということです．ここからは少し評価によってスピードに差がついていくのですが，早い人は2年で課長役に上がります．普通の人で4年ぐらいかかります．少し遅い人だと5〜6年かかります．この辺りからは少しスピードに差がつくのですが，平均的な人は4年ですから，7〜8割の人は，4年経つと課長役に上がっていくということです．この課長役から上も，一応平均的な在留年数，大体何年ぐらい普通に頑張れば上に上がるというのがありまして，みんなどんどん上がっていって，次長役というところまで，一部の例外を除いて全員行きます．

　上のほうに少し小さくなっている，部長役とか参与．参与というのは大体本部長ぐらいのことを意識していますので，ここだけは昔から組織の数と大体合うように，参与と部長役というところでは絞っています．だから，そこだけはあまり偽物がなくて，参与という人は大体本部長になる，部長役という人は大体部長になると，こうなっていたのです．次長役から下の課長役と呼ばれるところまでの人で実際に管理職につく人は，必ずしもマネジメントをやるだけが重要な仕事ではないのですが，重要な仕事の多くはマネジメントです．それ以外の次長役から課長役の人は，管理職的な名前が付いていますけれども，大半が担当者ということで，実際にマネジメント課長をやっている人はごく一部ということです．

逆ピラミッド型組織とキャリアパスの問題

見ていただいた逆ピラミッドに近いような形になっている資料5左の図，これはイメージ図なのですが，私の記憶では，課長補から下は一般の，残業が付く人です．課長役から上というのは残業が付かない，いわゆる管理職レベルなのですが，私達の組織で，7割近くが課長役以上だったのです．下の3割ぐらいが平社員なんです．というのは，上のほうが団塊の世代．我々の頃は新入社員が300人ずつぐらい毎年入っていた時代です．最近の新入社員の数というのは大体100人とかそれぐらいですから，圧倒的にどんどん団塊の世代が上に上がっていくにつれて，先ほど言ったような昇格管理ですから，上のほうの人が膨れ上がって，下が痩せていく．こういう状態でやってきたというのが，1999年までの状況でした．

そうすると，いろいろ困ったことがありました．この等級はキャリアパスそのもので，要するに1つずつ上の等級を目指しなさいというのがキャリアパスなのです．上の等級になると，それなりのポジション，ポストが本来なら与えられて，給料はポストではなく等級についているのです．ですから，課長をやろうが平社員をやろうが，基本的には次長役と呼ばれる人は，同じくらいの給料ということです．そうすると，付加価値と人件費がどうしてもノットイコール，合わないということで，会社としてのコストという面での人件費の高止まりの原因になるということです．それが先ほど申し上げたように，販管費の半分を占めるような人件費を，どのようにコントロールしていくのかという，1つの問題点になっていたということです．

専　門　職

それ以上に困ったことは，やはり会社は専門職という立派な仕事もありまして，それはそれで重要なのです．しかし，組織で仕事をする課長，部長，本部長という役職に，どのように適任者を付けていくかというのが極めて重要です．組織をうまく回していく，良い監督をちゃんと付けていくというのが大変重要なのです．ところが，この等級制度があると，どうしてもある組織の課長

を選ぶ，あるいは部長を選ぶ時に，同じ組織の中に等級の高い人がいると，等級の高い人を付けてあげないと，人間関係がうまくいかない．本来なら，ある部長がどこかに行かれるので次の部長を選ぶという時に，その下に10人の部下がいて，等級で並べると，部長補の人が3人いて，課長役の人が2人いるとします．本当はこの課長役の人が活きが良くて，一番儲ける力があって，まとめる力があるので彼を付けたいのだけれども，等級の上の人がいると，なかなか情も働いて付けられない．そういうことで，どうしても等級の高い順にそのポジションに付けていく．ということで，適材適所とは口では言うのですが，やはり年功序列的な，等級に影響された人材配置となるのです．そのことで組織の活性化だとか，あるいは儲ける力だとか，そういうものがなかなか出てこなくなるというようなことが起こります．ひいては，だんだんその辺りから会社の調子が悪くなって，見放す人も出たのかもしれませんが，若くて力のある人は例えば転職をしていくとか，人をリテンションするということにおいても，配置の仕方がマイナスの影響を与えるようになっていたのです．そういうようなこともあって，この状態をなんとか変えなければいけないというのが，その時の大きなテーマでした．

等級制度の廃止，給与バンドへの再編，企業業績とボーナスの連動

それで，資料5の右の図のような格好にしたのです．これは団塊の世代からすれば大変つらいことなのですが，等級制度をすべてやめて，ご破算にして，1人1人がやっている職務分析，米国的な職務分析ではないのですが，広い意味での職務の分析をしました．その人の仕事の役割だとか責任だとか，会社の経営に与えるインパクトの大きさだとか，そういうものをある程度社員の方に納得をしていただけるような形でこれはコンサルタントのお力も借りたのですが，職務分析をしました．そして，会社にとってのその方のやっておられる仕事の価値を出して，その価値に基づいてグルーピングをするということで，昔は9つあった等級を6つのバンド（Band）という名前にして決め直したということです．

一番上のバンド6，この「本部長」というのは本部長クラスです．必ずしも役職で本部長でなくてもいいのですが，本部長クラスということで，それをバンド6．バンド5というのは部長クラス．バンド4というのは，課長あるいは課長クラス．それ以外は全部バンド3で，担当．ただ，下のバンド2，バンド1は，ここだけは年功的にある程度人を教育していく，育成していくということで，バンド1で4年，バンド2で4年ということで，標準で8年間はここで育っていってもらうということでやっています．バンド3からは，その人の能力と，与えられた，ある意味では自分で勝ち取った仕事次第でバンドが変わっていくということにしました．

昔の等級制度は，上に上がっていくだけで，下に降りるということはなかったのです．いわゆる降格というものはないのです．よほど悪いことをして懲戒ということであれば降格はありますけれども，普通にやっていれば降格はないのです．しかし，新しい制度は役割ごとにバンドを決めますので，役割が変わればバンドが変わります．ですので，上がることもあるけれども，下がることもある．会社ですから毎年，大体4月〜3月で回っていますので，4月に新しい役割が決まりますから，4月にやり直しをして決めていくということです．今，伊藤忠の単体の社員数は4,200人となっていますけれども，毎年200ぐらいの入れ替わりというか，下がる人がいます．下がる人があるということは上がる人があるということです．変わらない人も当然多数おられますが，そのくらいの変更があるということです．そういう役割基準ということでやりました．

改革の浸透プロセス

しかしながら，なかなかやってすぐに適材適所が翌年からできたというわけではありません．ただ，1年，2年，3年経過していくうちに，だんだんそういうものがうまく回り始めて，数年経てば，完全ではないんでしょうけれども，従来ではなかなかできなかった適材適所，若返りというものがかなり図られていきました．いつも新しい役割が決まりますと，役員とか本部長だとか部

長だとかの平均年齢だとかをいろいろ見ているのですが，何年かしていくうち
に，例えば一番若い部長の年齢が5歳若くなったとか，一番若いのが30歳で
課長になったとか，40代で役員が出たとか，というようになりました．昨日
ですか新聞に伊藤忠の新年度の役員が出ていましたが，この方は私がちょうど
人事部長の時に採用した方で，アメリカの弁護士資格を持っておられて，大変
素敵な力のある人です．若い女性でそういう人が出てきたことを大変嬉しく思
いました．かつては等級制度の中で入っていくわけですから，役員というのは
参与の上が役員なので，参与まで上がってこないといけない．そこに上がるま
でに，どんなに早く行っても50歳とか55歳ぐらいまでなかなかそこまで到達
しない．そのような等級制度の中での役員制度だったのですけれども，今はそ
うではなくて，彼女はたぶん年齢にかかわらず，バンド6というところの本部
長クラスの仕事をしておられて，登用されたということだと思います．

　そういう若返りとか，そういうことが図られたということで，若い人には良
いのですが，団塊の世代は大変つらい．そこそこの等級になって，お給料も等
級に基づいて払われて，「ポストにも就きたいんだけれども，ポストがないか
ら仕方がないな．担当職だけれども，課長ではないけれども，課長役といった
らお給料は課長と同じぐらいもらえるのだから我慢しよう」と思ってそれまで
きていたのが，いよいよ背に腹は代えられないということで，新制度にドカン
と移って，大変かわいそうなことをやったのです．もちろん激変緩和をしなく
てはいけません．何百万もお給料が下がる人も出てきますから，1年ではやら
なくて，何年間かで少しずつ，激変緩和の措置は何年間かでそういうことを減
らしていくということをやりました．けれども，基本的には左から右というこ
とが大変大きなショックで，なかなかここまでできる会社というのはないかも
しれません．伊藤忠ができたのは，後ほど少し話しますけれども，やはり危機
的な経営の状況ということがあって，社員の方の理解もあったのです．中高年
からブツブツというのは当然ありました．我々の会社も労働組合がありますの
で，労働組合と合意をしないと就労規則の変更とか重要な制度の変更というの
はできませんので，最終的には労働組合の合意を得て実現をしたという，これ

が一番大きなことです.

ボーナス支給額の決定

　その次，資料5の②で書いたもう1つの人件費．どこの会社もそうなのですが，月給とボーナスという，大体こういう組み合わせになっております．月給は，今言ったようにバンド基準で，本部長は大体いくら，バンド6はいくら，バンド5がいくらということで決まるわけですが，ボーナスをどのようにして決めるのか．まず1つ目に，会社として毎期毎期社員に支給するボーナスの総額をどうするのかということ．それまでは，その都度労働組合と交渉して，世間の状況や，あるいは会社の業績だとか，そういうものを見ながら「じゃあ，今年は年間で6カ月でいいか」とか「少し業績が悪いから，年間で5カ月でいいか」とか，こういう決め方をしていたのです．1回1回やっていたということで，会社としてのコストが決まらないということもあるわけですけれども，そういう決め方です．とくに科学的な手法でもなく，やはりボーナスも含めて全体が社員の生活を支える一部ということで，その都度その都度決めていました．それが業績にどの程度連動していたかというと，過去10年ぐらいさかのぼってみても，ものすごく調子が悪かった時もあるのだけれども，実はボーナスはそんなに変動しない．ゼロの時があったかと言ったら，そんなことは一度もないです．一番少なくても4.8とか4.9カ月とか．多少の違いはありますし，一番良かった時も10カ月も出したことがあるかというと，そんなこともなくて，6.8カ月とか，せいぜい小さな範囲での業績の反映というのは原資としてはありましたけれども，会社が赤字になっても4.8カ月は出すとかです．その代わり，大きな黒字になっても，「また赤字の時に払わなければいけないから，あまり払わない」というように業績連動というのはしていなかったのです．

　けれども，この時から，儲かったら払うけれども儲からなかったら払わないというようになりました．それは，例えば株主さんへの配当も，儲からない時はずっとゼロでやるのです．そうすると，株主さんからも，株主総会でいろい

ろそういうことについてクレームも来ますし，やはり上から下まで，役員もそうですけれども，社員も株主さんも業績連動で行こうということです．その良し悪しは別にしてこの時決めたのは，業績に連動して払う金額を決めるということです．当時決めたいろいろな指標はいくつかあるのですが，代表的な指標が，連結で経常利益ベースでどれだけ儲かったのかということ．それから，純利益です．連結の純利益でどれだけ儲かったのかということを基準にして，一定の方程式で総原資を決めるというやり方です．これも極めて珍しいやり方だったのですが，こういうやり方をとりました．

成果主義——ペイ・フォー・パフォーマンス

　それから3番目に，職務・職責ならびに成果に応じた処遇制度．横文字ばかり使ってしまっているのですが，たまたま私はアメリカにいたり，一緒にこういうことをやった私の担当役員も，当時のアメリカ会社の社長だったので，その時アメリカの制度が使っていましたのでこういう言葉を使ったのですが，ペイ・フォー・パフォーマンス（Pay for Performance）ということで，パフォーマンスに対するペイということです．先ほど申し上げたように，従来の等級はなくなりましたから，バンドを基準に処遇する．バンドは，その人の職責とか役割，こういうことでバンドが決まるわけです．それから，同じバンドの人でも，当然のことながら業績に対する貢献度が違うわけです．よく儲かっている組織の本部長と，赤字を出している組織の本部長．あるいは，個人として頑張っている人，頑張らない人．したがって，成果に応じた処遇にしようということです．賞与の総原資は先ほど言ったように決まるわけですけれども，1人1人の個別賞与の決定においては，その人が所属する組織の業績が反映されます．ですから，儲かっている組織に所属する人はハッピーなのです．たくさん支払われます．それから，個人の評価も行いますので，個人の評価も反映されます．

給与とボーナスの複雑な関係

そして，これはまた説明するのが難しい，複雑なのですが，資料 5 の ③ に，バンド 6 に 100：100 と書いてありますね．これはどういうことかというと，当時のバンド 6 というのは，伊藤忠で人数的に言うと 70 〜 80 人ぐらいで，役員の次という感じです．左の 100 というのは，月給の 12 倍．つまり年収です．月給としてもらう 1 年間の金額を 100 とすると，当時は，バンド 6 の月給の 12 倍というのは 1000 万なんです．それを我々は固定給とか言っている．これは生活給として，業績がどうであれ絶対に払う．ですから，バンド 6 の人には 1000 万は絶対払う．

その次の 100 はボーナスです．予定どおり収益が上がれば，100 だから 1000 万ボーナスを払うということになる．ですから，きちんと予定どおり収益が上がらないといけませんが，上がれば 1000 万のボーナスを払います．つまり，年間で 2000 万．この当時の年間の 2000 万，本部長の 2000 万というのは，我々がいろいろ調べて，日本の産業界の大体このクラス，大手の企業クラスのトップのレイヤーにある年収なのです．同業他社においても，三菱商事，三井物産なども，ある程度彼らも収益を上げればこれを払う．トップクラスの年収を払っていく．ただ，そのためには 100：100 の後ろの 100 を払うだけの原資が出てこなければいけないと，こういうからくりがあるわけです．バンド 3 の人は，月給を 100，12 倍，固定費を 100 とすると，ボーナスの比率は 50 で少ないですよと．100 は当然数字はバンド 6 より少ないんです．例えば 700 万とかそんなものです．100 というのは 700 万ぐらいで，予定どおりの収益が上がればボーナスは 700 × 0.5 ＝ 350 万ぐらいですよと，こういうふうに決められているのです．だから，下に行くほど月給が多くてボーナスの比率が少ない．

きちんとこれだけ払えればいいのですが，ダーッと全体のボーナスのあるべき姿を計算すると，何十億とか出てきます．一方，原資はこれで決めると，業績が悪いと当然こちらは小さいわけです．みんなに払わないといけない大きいお金だから，最後これを合わせなければいけない．私達がやっていた頃は儲からなくて，原資が足らないと合わせる時に係数があります．私達がやっていた

時は，0.3とかです．1000万もらえる人が，原資のほうから見ると0.3しかありませんから，「ごめんなさい」ということで，1000万×調整係数0.3で，「はい，300万円」というように渡していたわけです．そういうプロフィットシェアリング，分かりますよね．そういうことでスタートしました．ですから，始めた当初は，ボーナス制度をやった時よりも下がりました．要するに，昔は儲かっても払わないし，儲からなくてもある程度払うということなのだけれども，儲かったら払うけれども，儲からなかったら払わないというようにして，儲からない時からスタートしましたから，当然人件費はダーンと下がりました．

　ところが，その後，先ほどの決算の数字を見ていただいても分かりますが，2000年度以降705億，302億，201億と黒字に転換して，そのあと悪かったですけれども，2004年以降は毎年毎年史上最高益を更新していくようになりました．当然のことながら，原資を計算する，この会社としていくら儲けなければいけないのだと，力を発揮すればこれだけ儲かるのだという，我々がやった時とは指標は違います．我々がやった時は，当時の商社でトップ水準の経常利益，連結ベースの経常利益というのは500億だったのです．500億で連結ベースの純利益で，大体300億儲ければ，日本の一流の総合商社と言われる収益です．今，連結純利益3000億ですから，もう10倍に変わっています．ですから，当然のことながら原資を払う目指すべきターゲットが変わってきています．

　それでも，2004年，05年，06年は，調整係数が1.5とか1.6とか，それぐらいのボーナスが払われた時代がありました．私はその頃もう会社を辞めていましたから，せっかく作ったのに，全然こういう良い思いをしないで退職したのですが．大変社員に苦労をかけたこともありましたけれども，その後社員がエンジョイした面もありました．現在の状況は大変調子が良いので，社員も恵まれていると思います．株主さんも，今配当は，伊藤忠は年間で40円配当しているんです．1997年からゼロ円で，その前後は5円とか6円ですから，配当も7倍8倍になっているわけです．そういうことでボーナスは，実は今もそ

の仕組みが続いています．ただ，ボーナスの原資を計算する，目指すべき利益のターゲットとかが変わり，今伊藤忠商事が与えられている経営の資源をもって，これだけを達成すれば一流企業なんだ，これだけを達成すれば日本の産業界の中でトップスリーのボーナスを払うというようなことから言って当然ハードルは上がっていますが，物事の考え方は変わっていません．

人 材 育 成

最後に，「世界に通じる人材の育成強化」（資料5 ④ 参照）．これも大変力を入れてやりました．やはり人を育てていこうということで，お金さえかければ育つというわけではないのですが，研修のために使う費用をかなり大きく使って，目安となるような指数もつくって，こういうものの指数に対して5パーセントはやっていこうと費用もかけました．それから，従来は研修というのは人事部だけやるということで，本社の人事部だけが研修を企画してやったのです．それは相変わらずやっているのですけれども，ディビジョンカンパニー制というものも，経営改革の一環として取り入れられました．やはりディビジョンカンパニー，繊維カンパニーと機械カンパニーというのは，望むべき，育てていくべき人の育成像が違う，あるいは到達してもらう像が違うところがあります．ディビジョンカンパニーごとに研修をやっていかないと，最大公約数的に人事部がやるだけでは不十分だろうということで，全社横断的な研修は人事部がある程度やりましたけれども，各ディビジョンカンパニーで研修をやってもらうということになりました．それから，これはディビジョンカンパニーでやるのは研修だけではなく，人事機能の一部も移して，人事部から各ディビジョンカンパニーの，人事をつかさどる課長クラスを1人ずつ派遣して，大きな仕事なのですが，その方がディビジョンの研修も含めてディビジョンの人事もやっていくというような仕組みを取り入れてやっていきました．

あとは，象徴的なことばかり書いてあるのですが，先ほど少し触れました，入社4年以内に全員を海外に出していくということです．実務研修ということで，できるだけ海外の拠点に1年か1年半出そうということで出すわけです．

人数が多いので，全員出しきれませんので，どうしても出られなかった人は，アメリカの大学に3〜4カ月留学をしてもらう．主として語学を集中的にやって，あとは米国のいろいろなものを嗅ぎ取ってもらうということで，4年以内に全員出しているということです．

「経営人材」の育成

　それから，経営人材の育成，連結経営ということの重みがどんどん強まっていきました．今でもたぶん伊藤忠の連結子会社というのは400社ぐらいあるのではないでしょうか．フル連結している会社と，部分連結している会社で400社ぐらいあると思います．それから，連結はしていないけれども，関連会社といったら，やはり数百あると思います．それだけの会社があって，それだけの会社に相当な経営人材を送り込んでいかなければいけないのですが，そこの会社で人がなかなか育っていないケースは，本社から人を送り込むという経営をやっています．本体だけではなく，そういうふうに子会社も含めて人を送り出すということを前提に，経営人材をもっと増やしていかないとうまくないということです．

　経営人材を育成するという意味合いで，MBAの留学生だとか，あるいは3〜4カ月ぐらいの短期のエグゼクティブ・エデュケーションというコースに人をたくさん送り出しています．日本の大学でもたぶんあるのだと思いますが，アメリカにたくさんあります．ハーバードビジネススクールなどは，もともとビジネススクールというぐらいだから商売がうまいので，こういうコースがいっぱいあるわけです．私も，こういうのをやるので，まだアメリカにいる頃1度そういうものに参加しました．3カ月ぐらいのコースですけれども，なかなか大変です．何が良かったというのはなかなか言いづらいのですが，あれだけ大変なことが経験できたのは良かったと言うか，そこに来られている方は，海外のいろいろな一流の企業のそこそこのポジションの方で，やはりそういう人達が経営者になって，そういう人達の経営に対する見識だとか，あるいは経営の技能を身につけないといけないという熱心さとか，そういうことが経験でき

ました．こういうことで，人をかなりたくさん送り出していきました．

　今度は逆に，我々の商社の，あるいは海外のオペレーションが大変重要で，その海外の現地の社員というのが相当います．何千名というか，もっといると思います．1万名ぐらいいると思うのですが，その海外のローカルスタッフの人たちの育成強化をしていかなければいけないということで，これもかなり積極的にやっていきました．このように育成強化というものにもかなり力を入れていたということです．

退職金制度改革

　また，もう1つの思い出深い出来事が退職金なのです（資料6参照）．これも日本の社会保険と同じように持続不可能というような判断でやった，大変痛みのある改革でした．背景は，昔の日本の会計システムは，退職金についてはおおらかです．長期の話ですから，時に会社のバランスシートに，費用としてはある程度のルールでもって費用化していかなければいけないのです．しかし，会社の財政状況に関係はなかったのですが，日本全体は2001年から，伊藤忠では2000年の3月期から，退職給付会計を導入しまして，PBOと呼ばれる退職給付債務というものを，バランスシートに出さなければいけなくなったのです．

　先ほど見ていただいたように，1997，1998，1999年と，ドンドンドンと大きな赤字が出て，会社のバランスシートが傷んで，さらに退職給付債務をバランスシートに計上しなければいけない．退職給付債務というのは2000億近くあったと思います．そうすると，債務超過にはなりませんが，かなりバランスシートが傷むわけです．バランスシートが傷むと，銀行はリスクがあるからお金を貸してくれないとか，格付けは我々も下がったのですが，格付けが下げられて調達コストが上がるとか，いろいろな意味合いでビジネスに大きな影響があるのです．しかし，会計基準の変更なので，それはやらざるをえないわけです．そういうような環境がありました．

　大体それだけ負債が積み上がるのは2つの大きな理由があります．1つは，

運用が全然駄目なわけです．当時は私達の会社も日本の年金制度と同じで，5.5パーセントで回るという前提で費用化していました．実態はマイナスの世界で，全然合わないということで，毎年毎年，本来あるべき運用と実態との誤差が蓄積をしていたということ．もう1つは，退職金制度の設計そのものが，後ほど少し言いますが，日本の年金と同じで終身年金であった．だんだん寿命が長くなっていきますから，どんどんコストが膨れ上がっていくという構造を持っていて，これを放っておくともたない．どこかでやめてしまって結局みんなが泣きを見る．あるいは後輩に大きなつけを残すということで，これを変えなければいけないということで変更したということです．これも，団塊の世代の人には本当に申し訳ないのですが，もう10年すると，もう5年すると退職で，退職したらこれだけのものがと思っていたものが，ある日突然はしごを外されたというような話なのです．しかし，それをやらないと会社がコケるということで，これもやりました．

　それが，資料6にある退職金制度改革です．退職金は一時金で受け取ってもいいし，あるいは年金で受け取ってもいいのです．退職一時金で受け取るその一時金の水準は変えませんでした．一時金は，伊藤忠の場合はいろいろ変遷によって，偉くなった人と普通の人とは違いますが，普通の人でも3000万ぐらいは退職金はあるのです．その3000万という水準は，一時金で受け取る人は変わらない．ただ，1980年代は，金利が5パーセント，6パーセントで，株を買ったら誰でも儲かるということで，1980年代は多くの人が一時金で受け取って，受け取ったあと自分で運用されていました．銀行に預けても，定期預金で預けても5パーセントとか，ちょっと株をやると3割ぐらい増えるとか，そういうような時代でしたから．ところが，だんだん日本の経済の状態が変わってきていて，今では一時金を受けるという人はほとんどいなくなってきました．なぜならば，一時金なら3000万を受け取るのですが，年金で受け取るとその3000万に5.5パーセントの金利を付けてくれるわけです．要するに，自分で運用しないで，預けて5.5パーセント運用してもらうということですから，全員年金で取るのです．でも，一時金の水準は変えなかったのです．年金で受

け取る場合のルールを，持続可能なルールに変更したということです．

2つの年金制度

私達の会社では2つの年金制度があります．正確ではないのですが，ザックリ3000万だとすると2000万円が厚生年金基金と呼ばれるもので，1000万円が適格年金と呼ばれるものなのです．2000万円の厚生年金基金というのは，何年も前ですが，「代行返上，代行返上」とよく新聞にも出ていましたけれども，国から預かっていた代行部分というのと，企業がそれに付加する加算部分の合計で成り立っていたのです．これが大体2000万円分ぐらいあったのですけれども，やったことは，代行は返すと．国に返さないと，この分の5.5パーセントの運用はできないということで，国に返して，加算部分を5.5パーセントで約束していた利率を，これも2段階で，まず3.5パーセントに下げました．2段階でやって，さらにキャッシュバランスプランという，これも最近あまり出てこないキーワードですけれども，当時は新聞にはよく出ていた言葉です．キャッシュバランスというのは，言葉の由来は別にして，要するに実勢金利を適用するということ．決め方は，厚労省とか，いろいろ指摘があって，大体10年ものの国債の金利の，過去何年か分の平均ぐらいを使います．今の10年ものの国債というのは0.8パーセントかそれぐらいではないでしょうか．過去5年ぐらいの平均を取っても1パーセント，1.2パーセント．したがって，今適用されているのは1パーセント強の金利だと思います．ただ，金利が上がれば増やすということなのです．そういう保証利率を変えたということです．

それから，これがややこしいのですが，終身年金の保証期間を15年から20年に延長しました．これはどういうことかというと，先ほどの例で言うと，2000万円の厚生年金基金の一時金を持っている人は，年金で受け取る場合には15年で分割で受け取ります．15年の分割ですから，1年あたり百何十万ですね．百何十万プラス5.5パーセントの金利を毎年．ですから，180万とか190万とかを，毎年15年で受け取って，15年経つとちょうど自分の持っていた元本がなくなるのです．ところが厄介なことに，これは終身年金で，最近の

人はみんな元気で長生きしますから，ずっとみんなお亡くなりになるまで，15年目までに払ったのと同額を，後輩の負担といいますか，基金の負担でずっと払っていく．だから，ある意味ではそれはみんな後の人の負担ですね．日本の国の年金と同じです．一時金で受け取った一時金原資そのものはもうなくなっているのですけれども，そのあとも払っていくという．これが，平均余命がどんどん伸びていくにつれて大変な負担になってきている．それで，伊藤忠商事の昔の単体の社員数は 8,000 人ですが，今は 4,000 人しかいないです．だから，国と同じなのです．どんどん年金を受け取る人が増えて，支える人が少なくなってくるということで，後ろの人がこれを支えきれなくなる．そういうことで，これを 20 年に延ばしました．20 年に延ばすと良さそうですけれども，決して良くなくて．15 年で受け取るものを 20 年分割で受け取ってもらって，20年以降は同じ理屈で払っていくということです．資料 6 の「終身年金保証期間」の図で，ちょうど上の 15 年の，アミカケ部分，これ，細かいことなのですが，太くしてあります．面積は一緒だということなのです．15 年で受け取るのと 20 年で受け取るのと，同じ面積を 15 年払いで受け取ってもらうのと20 年払いということで，後で後輩の負担になる部分を少なくしたということです．厚生年金基金と呼ばれるものは，そういう変更をしました．

　それから，適格年金と呼ばれる部分．これは今みたいな 20 年，15 年という話ではなく，有期年金．これは 15 年でおしまいということです．これは金利だけの問題でしたので，5.5 パーセントを 3.5 パーセントに切り替えたあと，さらに 401K というのは，これは確定拠出年金と呼ばれるものです．会社は毎年費用を出したら，後は個人の運用で個人でやってもらうということで，会社としては将来のコスト負担はなくなるような仕組みに切り替えました．若い人は，このことは大いに賛同してくれました．やはり将来自分達につけを残してほしくない．ところが，45 歳からの上の人，団塊の世代を中心にして，猛反対がありました．これもなかなか大変でした．

　これは所轄官庁は厚生労働省ですから，東京都庁，厚生労働省というのが所轄官庁で，ここの認可を取らなければいけないのですが，労働組合の合意を取

るということがまず最初の関門で，労働組合の合意もなかなか大変でした．労働組合も賛否両論ですから．ですが，幸い理解をしてもらって，労働組合の合意をもらって認可をする．しかし，当時は我々が第1号か第2号か第3号かと言われるぐらいの早さでの申請でしたので，なかなか認可が下りない．私の会社の社員の方もいろいろな方がおられて，厚労省に訴えに行かれるとか，これは憲法違反だとか，財産権の侵害だとか，決められたことを約束どおりしないということで違反するとか．そういうようなことを言われると，厚生労働省もなかなか認可していただけなくて，いろいろすったもんだやったのですが，最終的には認可をしていただいて実行したということです．

　多くもらえれば多いに越したことはないと思いますし，それだけの負担ができる企業体であればよかったのでしょうけれども，この時，私も心からそう思いましたし，当時の経営陣もそうだったし，やはり先ほどの人事制度の話とこの話はやらないと，本当に会社がつぶれるのではないかという大変強い危機感，あるいはつぶれないにしても，どこかに吸収合併をされて，社員の数を3分の1ぐらい減らさないと生き残れないというような時代でありましたので，こういう血を見る改革みたいなことをやったということです．

改革実現の要因——トップの役割

　最後に，資料4の「3．総括」にまとめたのですが，なかなか血のにじむような改革ではありましたけれども，曲がりなりにもそれができたのは，1つは何回も強調しています，強い危機感が社員間に共有されていたということです．そして，その結果として労働組合が賛同してくれたということです．2つ目に，当時もそういう議論はあったのです．コスト削減だけだったら我々1年2年全員ボーナス半分ということでも賛同するという声もありました．等級制度とか資格制度とか，人の役割，配置の仕方を変えないで，コストを減らす方法でいいじゃないかという議論もあったのです．しかし，コスト削減だけでは，一時的に乗り切れたとしても，将来また乗り切れないということで，単なるコスト削減策ではなく，やはり構造改革をしようと．そういうことで，会社

の基本的な価値観，どのような人を配置して，どのように収益を上げていくのか，その価値観を変えるようなことをやらなければ駄目だということでやりました．その結果として，実際にそういうようなことになってきているわけですけれども，将来高収益を上げる会社になって，我々の社員も日本の産業界の中でもトップクラス，ファーストレイヤーにいるような処遇ができるような会社になっていこうと，そういうような前向きな面も社員に発信し，理解をされてきたことです．

　それから3番目に，これは大変大きいのですが，丹羽さんを筆頭に，このことを口を酸っぱくして社員に向けて発信していただいたということです．トップからのアピール，年に数回，強制ではないのですが，多くの社員が土曜日に出てきて，会社の経営のことについて話をする，全社員集会みたいなものです．何千人もいる会社ですから，なかなかそういうのは難しいのですが，そういうことをやったり．ありとあらゆるいろいろな局面で，ここでは人事制度だけがテーマになっていますが，人事制度だけではなくて，当時やろうとしていたいろいろな経営改革，そういうことについて口酸っぱく発信してもらって，そのことが社内の中に刷り込まれていったということが，大変大きな成功の要因でした．

　こういうものを人事部だけに任せていくというのは絶対にうまくいかないですね．決して良い話，全員が賛成できる話ではなく，大変血が出る話でしたから，社長が自ら，トップがそういうことをやっていただくということなしではできなかったことだと思います．そのことが，この改革ができ上がった一番の要因だったかと思います．

　以上が私のやっていた5年間の一番印象深い話です．その後，日本の経済界もいろいろ変わっていて，同じような考え方でやっているところもあります．あるいは，その後少し揺り戻しもあって，富士通かどこかで人事をやめられた人が書いておられましたが，「これはある意味では能力主義，実力主義という言葉が当てはまるかもしれません．あるいは成果主義，それの行き過ぎであって，少し揺り戻して，もう少し日本的な経営の良さを取り入れたほうがいいの

ではないか」と，こういう議論もあって，必ずしも全部が全部こうではありません．しかし，多くの会社がかつてずっと何十年，30年，40年維持してきた職能資格制度から，やはり少し進路を変えていかなければいけないというのは，世の中の流れだと思います．我々は少し極端なほうに走ったかもしれませんが，それだけ危機感があって，あるいはもともとそういう突拍子もないことが好きな会社ということもあるのかもしれません．本当に伝統的なトラディショナルなコンサバティブな会社というよりも，とんだり，はねたりが好きな会社という企業風土もあるのかもしれません．当時ではかなり先進的なと言いますか，ラディカルと言いますか，そういうことが一番の思い出ということです．

3.「総合商社 伊藤忠商事における人事制度とキャリアパス」をめぐって

清水：ありがとうございます．大変興味深いお話を聞かせていただきました．私は，それこそ専門ではないのですが，やはり学生と成果主義ということを，一時期よくゼミなどでも話をしたりしていました．その成果主義の導入のほぼ先頭に立って，非常に大規模なかたちで導入されて，しかもそれが非常に大きな成果を挙げたという事例としては，あらためて強い関心を呼び起こされるお話であったと思いました．その点についても，それからほかにもお聞きしたい点がおありかと思いますし，今日はこういう小さな会ですので，遠慮なくご質問等出していただければよろしいのではないかと思います．

谷口：ちょっと2つに分けたほうがいいと思うのですが．1つは，富田さん自身のキャリアのお話．そして，この人事制度のお話と，2つに分けて．

清水：そうですね．では分けてやりましょうか．

富田氏のキャリア展開

谷口：最初は富田さん自身のキャリアから．聞き漏らしてしまった部分なのですけれども．そもそも富田さんの職は……？

128　第Ⅰ部　オーラル・ヒストリー「日本の大企業における大卒エリートのキャリア展開」

富田：組織図で言いますと，左側の真ん中に CAO と書いた，人事総務部というのがあります．

谷口：そうですね．ただ，最初はどこだったのですか？

富田：この組織は変遷をしていますが，当時名前が違ったりいろいろしましたが，最初からこの人事部です．

谷口：ということは，今でいうカンパニーのところには，最初から属しておられたのですか？

富田：属していません．

谷口：そうすると，アメリカに行かれた時も，人事関連の仕事をするためにアメリカに行かれたのですか？

富田：そうです．当時，とくに 1 回目はそうだったのですが，当時はアメリカとカナダとメキシコがテリトリーだったと思いますけれども，この辺りに 400～500 人の駐在員と呼ばれる人がおられて，ミッションは，1 つは，とくに1980 年代の海外の現地法人の経営は，ほとんどが日本人がするという形でした．そういう言い方は少し失礼ですが，アメリカ人はクラークに近い．クラークか，少し上というところです．重要な仕事はほとんど駐在員がやるということで，駐在員のテイクケアが 1 つのミッションでした．北米総支配人というのがアメリカ，カナダ，メキシコの一番トップなのです．私は北米総支配人付というタイトルが 1 つありました．北米総支配人付というのは，北米総支配人の管下にいる 400～500 人の駐在員の面倒をみるというものです．

　それからもう 1 つは，当時は伊藤忠アメリカ会社と言っていたのですが，伊藤忠アメリカ会社という現地法人の人事課長でした．北米総支配人の下にアメリカ会社とかいっぱいあるんです．伊藤忠カナダ会社もありますし，伊藤忠メキシコ会社もあります．その伊藤忠アメリカ会社の人事課長という意味合いでは，その会社におられる駐在員が 200 人ぐらいと，アメリカ人が 300 人ぐらいいたんですが，そういう企業規模の会社の人事課長．したがって，それはローカルスタッフの人の，例えば昇給だとか考課だとか，セクハラだとか，そんなことも担当分野であったのです．

谷口：これは最初の時ですか？

富田：最初の時です．要するに，伊藤忠アメリカ会社の問題なのですが，この頃はジャパン・アズ・ナンバーワンみたいな時で，日本のいろいろな企業が米国に進出して，日本の製品がアメリカ中にあふれて，日本企業は非常にプレゼンスが高まっているような時代，1980年代というのはそういう時代でした．ロックフェラーセンターを買ったりとか．その時に，うちの会社もそうですし，ほかの会社も言っていましたが，ディスクリミネーション，国籍による差別ということで，日本人駐在員とアメリカ人の処遇が違う．例えば，アメリカ人は昇進しないとか，給料の水準が違うとか，すべて違っていたのです．給料の払い方そのものが違っていましたから．アメリカ人は当然月給2,000ドルとか決まっているのですが，日本人はネット5,000ドル払うとか．ネットというのは手取りです．手取りで給料を決めるという仕組みでした．

アメリカは税制が変わりますから，変わっても，生活するのはみんなネットで生活するわけですから，ネットを決めて，グロスは後で会社が勝手にやるという，給与の払い方も違いました．それから，アメリカ人はボーナスはないけれども，日本人はボーナスがある．それから，アメリカ人は健康保険は会社の健康保険というのがあるのですが，日本人はかかった医療費はすべて会社が実費で持ってくれるとか，いろいろなフリンジ・ベネフィットを含めて，処遇が違うわけです．それから，昇進の機会も違いました．ということで，国籍，それから性別による差別ということで訴えられたり，あるいは，訴えられなくてもそういうリスクがあったり，そういう限界のある人事制度を持った会社ということで，良いアメリカ人が来ないとか，そういう問題があって，なんとか駐在員とアメリカ人の処遇システムを統一しようというのが，1981年から1986年のミッションでありました．

例えばネットで払うのをやめてグロスで払うことにしたとか，あるいはボーナス制度をやめてみんな月給に組み込んで月給制度にしたとか，いろいろなフリンジ・ベネフィットをやめたり，あるいは日米のスタッフ共通にしたり，ダブルスタンダードではなく1つのスタンダードにするようにしました．ただ，

駐在員はコストをたくさんあげないと生活ができないのは当然なので，駐在員にだけ払って，米国の社会の中で合法的だと認められるようなものもたくさんありますので，そういうものをきちんと理屈付けをして形をつくってやるというのが，この1980年代でした．そういうことを，アメリカ会社の人事課長としてやっていたということです．

市原：アメリカ社に行かれた時は，入社してから9年目ですね．

富田：そうです．

市原：ということは，従来の等級制度で言いますと？

富田：1級社員です．

市原：1級だけれども，アメリカに行った時には課長になられたということですよね．

富田：そうです．

人事部配属——伊藤忠の原籍制度

市原：入社されて，人事畑に配属されたのは，これは希望されたのですか？

富田：話せば涙，聞くも涙の物語なのですが．商社に来る人は，今は別ですけれども，ほとんど営業部門なのです．我々の頃は，花形は繊維部門で，貿易部隊です．繊維の内需，貿易部隊．ですから，ほとんどの人が，繊維か機械かは別にして，貿易の海外の取引というところを希望して，第1希望，第2希望，第3希望と書いていました．私も第1希望繊維，第2希望なんとかと書いたのです．第3希望まであるから，管理部門も書いたほうがいいのかなと思って……「できれば管理部門も1つぐらい書いてください」と書いてあったのかもしれないけれども，そこに「人事部」と書いて出したのですが，それが悪かったのです．そんなことを書く人は誰もいない．しかしながら，300人ぐらい取られたうちの2割ぐらいか1割ぐらいか分かりませんが，管理部門に配属なので，なんらかの理由で，希望に反せず管理部門に入ったということです．

市原：そうしますと，入社時点で希望を取って，かなり希望は会社のほうで聞いてくれて，人事とか管理部門の方達は，第1志望ではないにしても志望した

人達が入られたのですね．例えば人事の方は，ずっと人事一本なのですか？

富田：育て方としては基本的にそうです．ただ，変わるチャンスがないかというと，年に何回か面接がありますから，もう嫌だと手を挙げて，そういうふうに主張すれば，それはいろいろ聞いてもらって変わるチャンスはあります．けれども，強く希望しなければ，基本的には人事を中心としたルートで育てていくというのが基本的な育て方です．

市原：人事を中心としたルートというのは，具体的にはどんな？

富田：たぶん今もあると思いますが，伊藤忠は原籍制度というものがありまして．原籍というのは，戸籍みたいなものです．「あなたは人事戸籍」と．だから，どこかに移す場合は転籍と言って，よその戸籍に移るのです．私が部長の頃，人事戸籍の人が 100 人ぐらいいました．人事部を原籍とする人です．その人達がどういうところに配置をされているかというとみんなクルクル回る．100 人ぐらいのうち，本体の人事部というところに 30 人か 40 人ぐらいいると思います．それから，先ほど言ったディビジョンカンパニーというところに，課長クラスを 1 人ずつ派遣します．そこに 7 ～ 8 名か，何名かいるわけです．それから，人事部が持っている子会社というものもあって，例えば伊藤忠人事サービスという会社があるのですが，その会社は伊藤忠商事のいろいろな事務，給料計算をしたり，社宅の管理をやったりする会社なのですが，そこに出向社員を 10 名ぐらい送ったりだとかします．

　それから，今はもうありませんが，派遣とか紹介をするキャリアプランニング，キャプランという会社があったのですが，そういうところにも人を出向させる．それから，私がニューヨークに送られたように，海外の拠点に，当時は 7 ～ 8 名，若い人を入れると研修生みたいなのもいましたので，10 名ぐらい海外に人を派遣する．それから，少し年齢が上の人かもしれませんが，繊維カンパニーと機械カンパニー，いろいろなところが事業会社を持っています．事業会社で「なかなか人事部長の適任者がいないから，人事部長を派遣してほしい」とか，あるいは「課長の適任者がいないので人事課長を派遣してほしい」とか，そういうものもありました．そういう，人事部が見ている事業会社以外

の，営業部門がやっている事業会社へのいろいろなポストに，10名，15名派遣するとか．それぞれの年代層がありますが，あっちに行ったりこっちに行ったり，人によっていろいろなルートは違いますが，そういうことでいろいろな仕事を経験をするというようにやっていました．

人事異動の基準・タイミング

市原：その場合，人事部の方の標準的なキャリアパスとか，能力開発を意識して，移動させていく際の標準的なパターンとか，そういうものは何かあるのでしょうか？

富田：あまり単線ではないです．タイミングはいろいろありますけれども，当然本社の経験もしてもらわなければいけない．それから役職で言うと，課長ぐらいはどこかで経験をしてもらわなければいけない．あるいは，海外のポジションも経験してもらわなければいけない．それから，ディビジョンカンパニーの人事，サイズが小さくなると，課長だけれどもやることは人事部長みたいなことをやってもらう．それは，それぞれのタイミングや年齢もありますし，それで人によってはこう行く人もいるし，こう行く人もいる．ただ，やはりいくつかのそういうものは，4～5年おきに経験をしながら育っていくという感じだと思います．

市原：その場合に，例えばディビジョンカンパニーのほうに人事の人を派遣するわけですよね．ディビジョンカンパニーのほうにそれぞれ部門があって．その代わり，例えば繊維カンパニーで言いますと，人事の人は？

富田：繊維カンパニーのところに，繊維経営企画部というのがあります．これが職能で，ここは全体の管理を担当しますので，ここに課長として行ってもらう．

市原：その場合，カンパニー長の方が上司としているわけですよね？

富田：はい，います．

市原：一方で本社の人事部があって，ディビジョンカンパニーの人事の人というのは，原籍は本社の人事部にあって，でも現住所はディビジョンカンパニー

第3章　総合商社　伊藤忠商事における人事制度とキャリアパス　133

にある．この場合の指揮命令権は，どういう形になるのでしょう？

富田：厳密に言いますと，そういう指揮命令とか評価とか，その人の活躍ぶり
を誰が見るかというとその人の役割は，ディビジョンカンパニー所属兼人事部
にしてあります．ですから，一応ボスが2人いて，50：50ということにして
あって，両方から指示を受ける．ただ，当然コンフリクトはあります．それは
調整しないといけません．だから，指揮命令は両方から受けるし，評価も両方
が評価をする．現住所で頑張ってくれているかどうかを見てもらいますし，
我々は人事部から派遣をしている人事部のミッションというものもありますか
ら，それをどれだけやってもらっているのかということも見ます．こういう見
方で，50：50で見ているということです．

清水：例えばどんなコンフリクトがあるのですか？

富田：例えば残業というものがあるでしょう．残業は，一応我々は36協定で，
月間30時間までしか駄目ですということになっているわけです．ところが，
実際はなかなかそううまくはいかないです．そうすると，現場では60時間と
か80時間平均やっていると．そうしたら，私は人事部長として，ここのカン
パニーの人事課長に，「お前，駄目じゃないか．どうして30にできないのか？」
と，こう言うでしょう．ところが，現場の上司は「そんなことを言ったら儲け
られない．働かせなければ儲けられないじゃないか．本社の言うことが聞ける
か」と，うちの人事課長に言う．こういうように，両方とも言うことが違うと
いうことはいっぱいあります．

清水：立ち入ったことになるのですが，富田さんはそのカンパニーに出られた
ことはあるのですか？

富田：私はカンパニーはありません．カンパニー制ができたのは，1993年の
直前ぐらいだと思いますから，出ていません．

清水：そういう意味でいうと，1986年から1993年までは何をやっていらっし
ゃったのですか？

富田：日本に帰って，日本の人事部に所属をしていて，そこで人事の仕事など
をやっていましたね．

清水：本社の人事部におられたのですね．

富田：そうです．

1993～94年アメリカ駐在

谷口：1993年から1999年はアメリカですか．

富田：この頃は，先ほども言ったように，商社のビジネスのスタイルもだいぶ変わってきたということもあって，まず訴えられないように，日米のスタッフの仕組みを統合しなければいけないというので，その基礎ができて，そうなっていきました．その次に，アメリカ人をもっともっと良いポジションに登用していかなければいけない．それは，別に博愛主義的にアメリカ人を処遇するという意味ではないです．1980年代のアメリカ会社は先ほど言ったように日本人が経営している．それはどういうことかというと，日本のメーカーさんに対して，日本とアメリカをつないで，トレーディングと言いますか，商流でもって収益を上げているというのがビジネスモデルだったのです．しかし，だんだん日本のメーカーさんとつなぐというような商売が成り立たなくなってきて，もうずっとそうなのですが，自らリスクを取って，アメリカのマーケットで，自らビジネスをつくっていって収益を上げていく．要するに，ビジネスモデルがアメリカ的になって行ったわけです．したがって，アメリカの中で企業の買収をして，その会社を経営して利益を上げていくとか．1990年代は，アメリカの知識というか，エクスパートというか，そういうものを持ったような経営をしていかなければいけなくなってきて，良いアメリカ人をどんどん採らなければいけなくなってきた時代なのです．そのための必要なインフラが，先ほど言ったようなことであったわけです．

　そういう時代になって，今度はそれを推進する役割です．私も年齢的には，アメリカ以外の地域に行くとか，アメリカでも先発だったのですが，本当は2回目だとアメリカの人事部長みたいな役割で行くべき年齢だったのです．けれども，そうではなくて，人事部長はアメリカ人を据えました．私の前任者はアメリカ会社の人事部長で，その下に部長代理みたいな形でアメリカ人の優秀な

人がおられて，私が行った時にこの人が部長に上がりました．この下に私が入ると，ちょっとやりにくいだろうという配慮もあったと思うのです．だから私は，人事部ではなくてアメリカ会社の経営企画部門に所属して，そこで人事担当ということで，この方と一緒に人事をしていくということになりました．このように，人事部長にアメリカ人が登用され，経理部長もアメリカ人が登用されたり，そういうように会社をアメリカナイズしていくというような時期の人事担当でした．アメリカ人の下に日本人の部下が来て，そこでまたいろいろ問題もあったのです．2回目は，ちょっとそういうミッションで行ったということですね．

新卒採用——ディヴィジョンとカンパニー

市原：1つ関心があるのは，本社をはじめとした人事部門と，ディビジョンカンパニーというか，その前の事業本部になるのでしょうか，これとの関係なのですけれども．新卒で採用されて，初任配属で事業本部とかディビジョンカンパニーに配属を決めますよね．これを決める時には，人事の方と，それから各事業部門，ディビジョンカンパニーの方との間での何かやり取りがあると思うのですけれども，これはどのように決められたものなのでしょうか？

富田：今の話と少し間接的な関係なのですが，本来人を採用調達するというのが人事部の仕事ですね．例えば100人の人を採るとしますと，100人全員の学生さんを面接して採るというのは従来ずっとやっていたのですが，ディビジョンカンパニー化されてきた頃ですから1990年ぐらいからだと思いますが，その頃から，人事がジェネラルに見て採るのもいいけれども，やはり繊維は繊維での勘があると．全部が全部カンパニーで採るとまた失敗もあるけれども，「こういう人が繊維で伸びそうだ」ということで，一部はカンパニー採用にさせてほしいということがありました．一方学生さんからも，「伊藤忠商事は機械もあるし繊維もあるし，いろいろなところがあるけれども，私は絶対に繊維に行きたいのだ」と，こういう希望もあるわけです．

　ジェネラルに採ると，通常は配属を決めないので，あとで適当に配られる．

学生さんのこだわりとか，要するに良い人を採るということもあって，やはり
ある程度のポーションはディビジョン先決め……要するに，どこのカンパニー
で採るということを決めておいて採ろうということです．学生さんから見て
も，応募方法をディビジョン先決め方式とジェネラル方式とで応募できるよう
にして，ディビジョン先決め方式で応募されたほうについては，人事も立ち会
うわけですけれども，その繊維の人に面接をしてもらって，基本的にそこで決
めてもらう．今でもこれを3割ぐらいやっていると思います．残りの7割は，
ジェネラルに我々が採る．したがって，その3割は配属においては自動的に決
まる．残りの7割は，ある程度学生さんの希望を聞いて，それとディビジョン
カンパニーからの要望の数，あと，適性というのはあまりよく分かりませんの
で，素材として良いと思ったものを採っているわけです．あとはそれで適当に
ディビジョンと話をしながら調整をしていく．こういうような格好で配属され
るということです．

市原：それで，各部門に配属をして，そのあと具体的な個々のポストというの
でしょうか，そこに配置を決めていくわけですね．これは，人事のほうがかな
り発言権があるのですか？

富田：これは，100人のうち20人繊維に引っ張りましょうと決まっている場
合，3割ですから6人は繊維が採り，残りの14人は我々が繊維にあげる．そ
うすると，繊維カンパニーだと，繊維経営企画部というものがあります．ここ
に20人を上げるのです．そして，いろいろな配属を，この繊維経営企画部が
決めるのです．それは，どこに何人必要かということと，一応彼らなりの適性
を見て，それで決める．したがって，人事部は数まではそこで決めますが，そ
こから先の配属は知りません．

参与は「無原籍」

関口：そういう採用と配属のされ方をすると，それぞれの人はそれぞれのカン
パニーの中で育っていくわけですね．そして，だんだん上に上がっていく．で
も，最終的には伊藤忠全体の全社的な判断，意思決定をしたりすることが必要

になってきます．それは結局，各部門から煙突型で上がってきた，そこから押し出されてきた人が上に集まってきて，そういうふうに上のほうで意思決定をするという形になるのか，それとも，ある程度のところで本社の人事が見ていて，それぞれの部門の中で良さそうな人に，将来的にそういうカンパニーを育てていこうみたいな形でやっているのか，どちらのウエイトが高いのでしょうか？

富田：一番最初に等級制度というのがあって，一番上に参与ってありますね．原籍制度があると言いましたけれども，昔から参与だけは無原籍にしていたのです．無原籍というのは，要するに全社人材ということです．例えば繊維に経営人材がそこそこいて，だけど役員は1人だけでいい，本部長は3人でいいとなります．そうすると，ほかで人材が必要な時に，そこの部門の商品としての専門知識はないのだけれども，経営センスとしては十分にある．それならこの人をやはり機械に持っていこうと，こういうことをやったのです．

　今でも新しい制度ではバンド6というのがほぼそれに相当します．そこの人は，無原籍となっているかどうか分かりませんが，それに近い状態で，その辺りは経営人材として横横で使っているのです．それは，ある程度人事部もコントロールしていますし，その辺りの人材は社長も十分に承知しておられまして，全体の経営人材の配置の中で，この人を抜いてこっちへ持っていくというようなことが行われているということです．ただ，もう少し下のバンド5番ぐらいまでは，やはりそのディビジョンカンパニーのプレジデントが中心になって，その範囲の中で使っているというのが多いと思います．

清水：つまり，参与に上がるには，本体のところで上がって，最後に参与になってからはある程度自由になるという，そういう意味ですね．

富田：それでもゴチャゴチャに横横になるというわけではありません．

「繊維村」，「繊維という船」

富田：大体1つの組織体ですから，ある程度その組織体が経営されるのに必要な人を育てていくというような仕組みになっています．しかし，そこの分野が

急に拡張したとか，急に大きくなって人がいないといった場合，それから，逆に衰退分野があります．衰退分野は，5人つくったけれども1人でいいと．でも残りの4人の人も立派な人なのです．そういう人を調整するのは行われますけれども．

清水：成果主義の話で，業績に応じてという話がありましたね．今言われたこととかかわるのですけれども，儲かる部門と儲からない部門は当然もともとあるわけです．儲からない時にテコ入れに「じゃあ行け」という話になる場合があると思いますが，すぐそこで業績が上がるわけではないと思います．そういう場合の評価というのはまた別建てで，本部のトップのほうで決めていくということになるのですか？

富田：難しいのですけれども．一番その極論が，配属です．新入社員．明らかに儲かっているところと儲かっていないところに配属されます．儲かっていないところは嫌ですよね．ですから，若い人は組織業績の影響はできるだけ小さくしてあります．若い人は，儲かっている組織にいる場合も，儲かっていない組織の場合も，組織の業績によって，そう大きく差が付かない．それは，個人の努力みたいなところで評価されます．ところが，だんだん上に上がって損益に責任を持つような立場になってくると，それはもう仕方がない．途中で異動した人は別だけれども，基本的に繊維村，繊維一家に入った人は，繊維という船に乗ったわけだから．それで，先ほど言ったように，最初の8年間は教育研修中で，バンド1，バンド2の8年間は，あまり差をつけませんよと．ところが，9年目以降はもう一人前．繊維で飯を食ってきたじゃないか，もう一人前になって，繊維が儲からないから少ないと，今さらそういう文句を言ってはいけないよと，基本的にはそうなのです．極論を言えばですよ．そういう理屈です．ただ，そこに清水さんの言われたように，儲からない組織があって，「お前優秀だから救済に行け」と，それは確かにあります．行った人の個別対応をどうするかというと，それは1年間は少し別の見方をしてやろうとか，そういうものはあると思います．けれども，それはあくまでも臨床的な対応であって，物事の基本的な考え方は，繊維一家にいてそこで飯を食ってきた人は，そ

れはそれで仕方がないと，それが嫌だったら，それこそ手を挙げて，行けるものなら儲かる部署に行けばいいではないかということになるのです．「手を挙げて儲かる部署に行けるというのは，よほど優秀なやつじゃないと引いてくれないよ」と，そういう話になると思いますが．

清水：ありがとうございました．

谷口：では，人事制度の話に移ります．

組織業績評価

谷口：今の話の関係で，人事制度改革の3番目のところが今のお話だと思うのですけれども（資料5 ③参照）．例えばバンド6だと，100：100で，この100というのは係数があって，その係数は全体的に決まりますよね．それで，この組織業績評価とか個人業績評価というものは，どういう形でやるのですか？

富田：例えばバンド6という人が10人いたとします．その標準が，この100：100の100なのですが，その人が儲かる組織にいたり，あるいは個人が頑張った場合は，この100は例えば130になるのです．儲からない人は80になったり70になる．それを全社でザーッと合計して，それで原資と掛け合わせる．ですから，組織が儲かって130という人は，さっき言ったように係数が0.3だったら，130 × 0.3 ＝ 0.39もらう．80の人は，80にまた0.3をかけられて，0.24になってしまう．そのように影響するということです．

谷口：ということは，みんなが100：100ではないということですね．

富田：違います．

市原：その場合の原資というのは，連結経常利益とか純利益そのものなのですか？

富田：いいえ．方程式があって，係数があって，例えば連結純利益の3割を払いますとかですね．

市原：そうすると，それ自体は青天井というか，利益が上がればいくらでも膨らむという．

富田：一応，青天井というわけでもなくて，2倍とか．100：100の100が，

例えば200，300かな．ちょっと忘れましたけれども，やはりどこかで天井を打つようにしています．

市原：それから，組織業績評価という場合の組織というのは，これはカンパニーとか事業本部なのですか？

富田：課に所属する課員の人は，一番関係するのは自分の課です．ただ，その課の上には部がある．だから，部の構成要素でもあるのです．部の上には本部というものがある．その上にはカンパニーというものがあるのです．それをどこまで影響させるかということなのですが，ちょっと今どうかは分かりませんが，たぶん課員の人，つまり普通の平社員の人は課と部．自分の課の数字が8割で，部の一員でもあるだろうということで，部の成績が2割．それから，課長さんは課員よりももっと部の割合が大きくなり，課長さんは自分の課が50と部が50とか．こういうふうに，それぞれの役割に応じて影響させる組織と比率を違えてあるのです．

関口：それは，例えばカンパニーの下に，あるいはカンパニーのようなプロフィットセンターみたいになっているところはそういう形で出ると思うのですけれども，バックオフィスのような，コストセンターの場合はどういう形に？

富田：これは，カンパニー全体の成績です．そこの全体の成績に対して責任を持っているということになります．ですから，人事部のようにカンパニーではなく本社のほうの管理部門は，伊藤忠商事という全体の成績に応じて組織業績が影響されます．

清水：つまり，均等化，平均的になるということですね．

関口：人事制度改革で，バンド制に変えていって，これはほかの企業でも成果主義や何かのブームがあった後に，役割給とか成果給みたいな形をある一定レベル以上は適用して，役割が変わらなければベースの給料は変わりませんという形にするということですね．バンド3というのはすごくこの図でも横に広くなっていますけれども，ここで止まる人がたくさん出てくることになりますよね．これはどこの会社も困っているようなのですが，ここで止まってある程度の年齢まで行った人たちの処遇とか，あるいはその人たちのモチベーションと

か，そういうことで何か問題が生じたり，苦労されたりということはあります
か？

富田：バンド3で止まることそのものは困らないです．課長ではないけれど
も，担当職みたいな感じで，そこで与えられた役割を一生懸命やっていただく
限りにおいては，何歳であってもかまわない．あくまでもバンド4以上は，こ
こでは組織のことを課長と書いていますが，必ずしも組織ではないですが，組
織というか，会社のオペレーション上必要とされる役割の数に応じて分けてい
る．それ以外は担当なんです．ということで，ここの数がいくら増えてもかま
わない．ただ，言われたように昇格のモチベーション，上に上がるモチベーシ
ョンがないと，やる気がなくなります．上に上がるのはいつでも道は開けてい
て，その人が上に上がれるだけの力を発揮して，そういう評価をされれば上に
上がれるという，そのことでしかないですよね．いわゆるライン職とか，高い
バンドを与えられるのに必要な，職務とか職責とか能力の要件というものはち
ゃんと決めてありますから，そういうものを整えて，出番を自分で勝ち取って
もらって，上に上がるということでしかないと思います．

「スペシャリスト」とは？

清水：そうすると，資料5の左側の図の場合は，部長のほうもそうかもしれま
せんが，大体課長あたりは完全に担当だと言われましたよね．右側の図の場合
は，課長以上は純然たるマネージャー，管理職と考えていいわけですか？

富田：そうです．管理職プラス，若干のスペシャリストといいますか．

清水：若干のスペシャリストの場合は，いわゆる管理職ではないけれども，営
業でかなり業績をあげているとか？

富田：例えば中国のスペシャリストで，中国のいろいろな政治経済界の大変な
コネクションを持っているといったら，その人は本部長ではないけれどもバン
ド6にしているとか，そういう者も当然います．これは代表的な役割として
「部長」「課長」と書いていますけれども．

清水：先ほどクラスと言われたのですけれども，そういう意味でいうと，スペ

シャリストで上がるという可能性はあるということなのですね？

富田：あります．ただ，多くの会社で失敗するのは，スペシャリストという美名の下に年功的にそういうように配置していくというのは失敗になる．我々の会社では，そこは厳しくやります．

清水：簡単に言うと，少ないという意味ですね．

富田：少ないです．

市原：でも，これはバンドの洗い替えまで毎年やられるわけですから，かなり手間がかかりましたよね．全社員について洗い替えという評価をして，毎年毎年やるわけですよね．そうしますと，これ自体のコストがものすごくかかるのではないですか？

富田：一番最初はすごく手間です．要するに，これはある程度社員の人も，例えば次長をやっていた人がバンド3とかになるわけですから，ある程度の納得性，客観性が必要ですし，そういう理論，理屈も必要です．ですから，コンサルタントも入れてかなり慎重に，要件も決めて，1人1人やって，最初はものすごいエネルギーを使って決めました．2年目以降は，仕事は変わらない人もたくさんおられるわけです．仕事が変わらない場合も一応やるけれども，それは去年と基本的には変わらない．去年までに比べてとくに大きくある分野が伸びて，変わった人は当然変わったということをやらないといけない．そういうことで，毎年毎年やっているうちに，言われるような事務負担はできるだけ少なくなるように工夫をしながらやっています．私はその当時も言っていたし，今もそうやっていると思いますが，少し欠点があってもいいんです．完璧に変わる時がなくてもいい．ただ，納得性が確保されることができればいいということです．これをやっても儲からないわけですから．ですから，そういう管理コストはできるだけ軽減して，ただ，納得性が確保できるようなことはやったほうがいいので毎年やりなおすということです．

市原：具体的には，人事の方とご本人との話し合いとか，そういう形でバンドの評価というのをされるのですか？

富田：基本的には，職務調査みたいな調査票に書いてもらいます．上司がそれ

を評価をして，点数化して，それで終わりです．

職務資格制度

梅崎：法政大学の梅崎です．そのバンドを決める職務調査の前に入っていた資格制度というのは，これはまた職務資格制度みたいなものが入っていたと考えてよろしいのでしょうか？

富田：はい，職務資格制度です．

梅崎：その職務資格制度の能力基準点は曖昧なのでしょうか？

富田：能力基準は，きちんと曖昧ではなく書いてあります．ですから，大抵の人は定年までに次長役というところまで行きます．ほとんどの人が．ただ，行くスピードが少し違うだけで，ずーっと上がっていくのです．ですから，今言われたように，厳格な能力管理が，きちんと組織の実態，組織数だとかそういうものに合わせて，例えば課長役というのが，本当に組織が100しかなかったら100人しか作ってはいけないという等級であれば，今と同じようなことができたのでしょう．けれども，そうではなくて，組織の実態と等級基準というものが必ずしも合っていなくて，課長を取れるだけの力があれば課長役にするというような決め方ですから，ある意味ではそれだけの能力があるのかもしれないと思って課長役になっているわけです．ところが，いざ配置をしようと思うと，課長役は500人いるけれども課は50個しかない．だから，50人は課長だけれども，残りの450人は，課長になる力はあるのだけれども場所がない．そういう状態だったということだと思います．

梅崎：バンドをつくられたり，もしくは決定式を変えることとは別に，そもそも評価項目ですね．例えば能力評価や業績評価の項目づくりに関して，大きく変化されたことというのはありますか？

富田：何回か評価制度は大改訂をしたことがあります．それこそ，先ほどのキャリア中で，駐在と駐在の間の時に一度大きく評価項目を変えたことがあります．1980年代だと思います．

梅崎：個人業績の評価といった場合に，そのままベタに業績リンクにするの

144　第Ⅰ部　オーラル・ヒストリー「日本の大企業における大卒エリートのキャリア展開」

か，それとも成果主義の頃に入っていったコンピテンシーみたいな考え方をとって，成果を生み出す能力だみたいなことはやられたのかなというのがお聞きしたかったことなのです．

富田：それは微妙ですね．微妙というのは，能力評価と業績評価というのがある．それは従来からそういうものがあって，今もそれが延長されている．要するに，業績評価というのはあくまでも業績評価なのですけれども，それはMBO（マネージメント・バイ・オブジェクティブ）というものをやらせて，そのMBOの中に，今おっしゃったようなコンピテンシーみたいなものを入れて．これはだから，全社統一基準ではなく，MBOは自分で設定しますから，設定した中にそういうものを入れている人もいるし，あるいは，もっと定量的な成績だけで入れている人もいるし，あるいは課長がそういう指導をするケースもあります．しかし，業績評価はMBOの点数で決まるとなっていたのです．一方こちらの能力評価というのは，それこそコンピテンシーといえばコンピテンシーなのです．要するに，課長役というのはマネージャーとしての評価，それから課長としての利益を上げる力，稼ぐ力，そういうものを持っているようなポイントについて，どうなのかというようなことが要求されているわけです．そういう組み立てになっているのですね．

梅崎：割合とかを変えられたのですか？

富田：割合とかを変えました．

梅崎：どちらかというと成果のほうに割合を大きくしたと考えてよろしいのですか？

富田：昔の制度であれば，等級昇格管理上は能力効果だけです．それから，年2回のボーナスの配分においては，MBOというか，業績評価だけと，こういう考え方です．

関口：新しい制度では，バンドを変わる時にも業績評価と能力評価と両方で見ているということなのでしょうか．以前の職能資格の時は能力評価で資格が上がったけれども，バンドの場合は業績と能力と両方が評価されるということですね？

第3章 総合商社 伊藤忠商事における人事制度とキャリアパス　145

富田：両方見ています．

成果主義の評価　長期と短期

梅崎：1997 年が大体一般的にも成果主義のブームだと思うのですが，世の中的には 2000 年代に入ると揺り戻しが来ます．伊藤忠の中でも，やはり揺り戻しというような改定はあったのでしょうか？

富田：よく成果主義と言われるものは，非常に短期的であって，中長期は駄目だと．それも時代時代でまた揺り戻しがあると思うのですが，私達がずっとやっていた頃は，それもやはりある意味では言い訳で，経営というのは短期当期の利益を上げることもすごく大事なのです．それを忘れて中長期のことを言うのも変ですし，当期だけ上げていて，今年だけは良いけれども，来年再来年は駄目というのも当然駄目なわけです．だから，やはり当期の利益，単年度の利益と，中長期，5 年 10 年の利益，両方バランスを取ることが必要です．ただ，ポジション的に言えば，課長さんは極端に言ったら当期の利益により近くなってもいいのかもしれません．部長さんは 3 年先，5 年先の利益をより望まなければいけない．本部長は 10 年先の利益，役員は 20 ～ 30 年先．こうかもしれません．ですから，両方とも大事であって，それは置かれた立場立場で，当期が赤字になれば大変で，やはりそういうことはないようにしなければいけないですし．そういう意味で，成果主義が短期的と批判されているのは，それはそれで，また別の時代は長期ばかり言っていたのでは駄目だというように行ったり来たりで，どちらが良いとは言えないと思います．ただ，両方とも行きすぎると，それぞれバランスが崩れると問題がある．その企業体にとって，その時々に必要だということです．少なくとも伊藤忠の当時に必要だと言われたことは，中長期のことも当然しましたけれども，今年の決算，来年の決算をきちんと黒転をするというようなことが至上命題であったのも事実だと思います．その頃はとりあえず 3 年，どのように利益を上げていくのかというのが重要なテーマだったと思います．

　ただ，長期のこともみんなやっておいてくれているから，今の商社の利益

は，各社ともそうだと思いますが，連結の取り込み利益というものがかなり多いわけです．PL（損益計算書）を見ていると，上のほうの利益は大したことはない．しかし，どこで利益を上げているかというと，やはり連結子会社の取り込み利益で大きなボトムラインになるということになっています．だから，それは取り込み利益で上げるうちは1年や2年ではなかなかうまくいかなくて，場合によっては10年とか．とくに，今石炭や鉄鉱石や，資源で各社ともすごく潤っています．そういうものは10年，20年手を打ってきたものが今生きているわけです．そういうことを忘れて短期ばかりに走るのはよくないと思いますけれども，それは必ずしも処遇制度だけで影響を受けるわけではなく，やはりビジネスの仕組みだとか，それこそそういうことをディシジョンメイキングする人の見識だとか，そういうことも含めて追求しないと，職務制度だけだとなかなかうまくいかないと思います．

成果主義——部門と期間

谷口：例えば課長という場合には，繊維でいうとファッションアパレル部門というものがあって，その第1部というものがありますよね．ここを統括するのは部長になりますか？

富田：そうです．第1部長です．

谷口：この下に課長というのは何人ぐらいいるのでしょうか？

富田：この下に，大体課が4つから6つぐらいあると思います．1つの課が，それぞれでしょうけれども，10人から20人ぐらいの間でなっているのが多いのではないでしょうか．

谷口：ということは，ある意味仕事の単位というのがかなり分かれていて，1つの課で10人だとすれば，その人達で1つのビジネスをやるという形で，比較的成果が見えやすいということはありますか？　つまり，担当という言葉も面白いなと思っているのですが，何かを担当しているわけで，そうすると，それぞれの課の事業というのはかなり絞られた形で行われていて，そこで儲けているか儲けていないかという話ですよね．そういう意味では，比較的成果が見

第 3 章　総合商社 伊藤忠商事における人事制度とキャリアパス　147

えやすい，商社というのは結構見えやすいのかなという感じがしますがそうで
はないのですか？

富田：よそとの比較はあまり分からないので．でも，成果はかなり分かりま
す．だから，その成果についてあまりみんな文句はないと思うのですが．た
だ，その成果というのは，先ほど言ったように過去撒かれてあった種だとか，
そういうことが影響するわけです．現在の自分の活躍と，必ずしもすぐ結び付
かない．そういうことに対するフラストレーションはあると思います．今やっ
ている活動も，3 年先の利益につながるようなことを彼らは一生懸命やってい
るかもしれない．だけど，評価されるのは今年の業績．その辺りのフラストレ
ーションはあるかもしれませんが，その課の上げた業績はどうだったのかとい
うことは，非常に定量的にも定性的にもよく分かるようにはなっています．

谷口：商社の場合，課長というのは，あるプロジェクトというのか，そういう
ものを統括するということですか？　調整というより，むしろ 1 つのビジネス
を実行していく主体みたいな感じで単なる調整役ではないですよね．

富田：調整ではないです．

谷口：自分が儲けていかなければいけないということですよね．10 人を使っ
てどうやって儲けるかという，そういう仕事のやり方ですよね？

富田：そうです．だから，机に座ってずっと何かをやっているのではなくて．

谷口：それは，先ほどのいわゆるコミッション稼ぎの貿易から，リスクを取る
という仕事に変わっていったということとのかかわりはありますか？　以前だ
と，仲介をする，場合によっては帳簿だけで仲介していてもお金が入ってくる
というような商社の仕事から変わってきたということが，成果主義を入れやす
い，あるいは入れなければならなくなったという，そういうことはないです
か？

富田：それはないです．帳合みたいな話は，今はそういうものはほとんどなく
て，間に立っているだけで口銭が落ちてくるということはほとんどないわけで
す．少なくともそういうことでは儲からなくなってきた．だから，収益の源は
別なところに求めなければいけなくなってきたというのはそのとおりだと思い

ます。人事制度というか，人を会社が処遇をしていく，そういう仕組みを革命みたいにしたことは，ビジネスのスタイルが変わったこととは直接には関係ありません．

梅崎：成果主義を入れた時に，MBO を同時に入れられたのでしょうか？

富田：MBO はかなり以前からです．

梅崎：前からですよね．それを，新規事業の投資期間があったり，関連子会社をつくるというような話になると，つくっている間はセットアップだから赤字なわけですよね．それは，10 年プロジェクトを細かく 1 年ごとで区切って目標を管理化してくるということですか？

富田：そんなにきめ細かいことはやっていないと思います．先ほど言ったように，例えば会社をつくるみたいなことは，実態はその課が中心になって会社をつくるのでしょう．けれども，それはその課の経営母体からいくと，なかなか負担しきれずに，やはり会社はどこに所属するかとか，部に所属することにしようとか，いろいろ社内では決めてあります．ですから，伊藤忠の場合は，課だと 1 つの損益規模が「少なくとも課を作るのだったらこれぐらい儲けてね．これぐらいはないと課にはしないよ」という，ボトムラインがたぶん今でも年間 7000 〜 8000 万ぐらい儲けないといけないと思います．部だと，それが少なくとも 5 つぐらい課があるわけですから，3 億とか 5 億儲けないといけない．という，経営のサイズ，あるいは余力です．会社をつくるというのは，7000 〜 8000 万の利益しか 1 年上がらないところが，会社をつくってそこの金利の負担だとかいろいろなことを考えるとなかなかうまくいかない．だから，会社は例えば部レベルにしようみたいなことは決めてあるのです．したがって，部長の評価の中にはその会社の損益なども取り込まれますけれども，課長や課員の評価の中には，そこから来るマイナスが，できるだけミニマムになるような仕組みにしてあるということです．

　ですから，当然そういう新しい会社をつくったり新しいところを買収したり，あるいは先行投資をしたりすると，それは当期の利益には跳ね返ってこないけれども，定量的な組織業績の中では，ポジションによってそういうことの

影響では調整されているし，新規に手を打ったことのプラス面は，MBO か何かで評価されるようになっています。

子会社人事の難しさ

清水：全然違った視点になるのですが，子会社の人事に人を派遣するというようなお話があったのですけれども，それは，変な感覚ですが，天下り的に行くという感覚ではなく，やはりそこに人事担当の能力を補給しているという面が非常に強いのでしょうか。

富田：そうです。

清水：あるいは，それは人事に特有のことなのでしょうか。

富田：いいえ。まず，形は天下りですけれども，余ったもの，活躍できそうもない人を下ろすと，ろくなことがない。要するに，それは付け回すわけですから，それは絶対にやってはいけない。もともと人事だから，そういうことが仕事で，そういうことはやらないというのは基本的な考え方です。とはいうものの，そういうことも現実的には，起こりそうなことがあるのは事実です。人事部から子会社に行ったり，あるいは経理なんかもそうです。経理部門からも，やはり子会社に適任な経理部長がいない時に送ったり。あるいは法務などもそうです。法務的な人材が欲しいと，言われれば法務から送ったり。資料3の組織図の左側の，本社の管理部門のいろいろな部署から，望まれていろいろなところへ人が下りて行っています。

　それは，基本的な発想は，やはり子会社にまだ十分人が育っていないので，本社が人材供給の基地としてやっていく。それがまた，本社サイドの人材のローテーションにもなり，活性化しているというようなことにもつながっていくということです。

清水：分かりました。もう一つ伺います。小さなことで言うと，例えばほかの商社の人事部長さんとか人事課長さんとか，お付き合いがあるのかというようなこと。それから，それと関連するのですが，ほかの商社と比べて伊藤忠の人事のあり方というのは，最初の説明だとかなり特殊という感じなのですが，そ

ういった他総合商社と比べてみて，もし知見がおありでしたら少しお聞きしたいです．

富田：お付き合いはずっと昔から，五社会と言って，私達が会社に入った頃は総合商社というのは10社ぐらいあったのですが，今はいわゆる総合商社と言われるものは5社ではないでしょうか．三菱商事，三井物産，住友商事，丸紅，それから伊藤忠商事．

清水：あと，双日がありますけれども．

富田：双日さんは，どちらかというと専門的に近い仕事で，双日さんを入れると6社ということです．しかし，五社部長会というものには入っておられません．五社会というのは，いろいろなお付き合いがあります．したがって，いろいろな情報交換だとかもしていました．今はどうか分かりませんが，私の時には人的にもたまたまみんな同じような年齢の人なので，5社のうちの4社がニューヨークでも同じだった人だとか，そういうようなつながりもあって，わりあい頻繁に会っていました．それから，課長会みたいなものもいろいろなことで適宜やっていると思います．したがって，いろいろなことを教えてもらったりしている．それから，昔の人事制度は各社ともそんなに違わずに，同じようなことだったと思いますが，直近の状況は詳しくは知りませんけれども，やはり伊藤忠商事のこの制度は一番ラディカルで，一番最左翼を行っていると思います．

　求める学生像

熊倉：教育的な質問です．ゼミの学生にも，伊藤忠商事のような良い会社に入ってもらいたいと思うのですけれども，実は，ゼミで学術論文を書かせるようにしているのですが，今は書いてくれないのです．ビジネスプランのような実務的なものは結構一生懸命やってくれるのですが，私としては学術論文を書かせたいのです．それは，論理的思考力を身につけるのに役に立つと思うからです．人事をずっとやられてきて，採用ないし育成，成長という視点で，何か学術論文を書かせるような，「伊藤忠の人事部長が言っていたよ」という方便で

いいのですが，何か学術論文を書かせる言い訳はありますでしょうか？

富田：学術論文というのがよく分からないのですけれども．ただ，やはりだんだん仕事が複雑高度化していって，なかなか単純な作業をやっていると利益に結び付くということではなくなってきているわけです．これは商社だけではなく，日本全体がそうだと思いますが，簡単な仕事は安いコストでやってくれるところがいっぱいありますが，付加価値の高い仕事をやっていくということになっていかなければいけない．その中で，やはり言われたように，よく考えるとか，論理的な思考力だとか，そういうものはすごく大事です．一橋大学の商学部か経済学部かちょっと忘れましたが，外部の民間企業の人を呼んで，「学校教育どうしたらいいでしょうか」という委員会みたいなものがあって，私も昔，頼まれて1年ぐらいやったことがあるのです．その時にしょっちゅう文句を言っていたのは，大学生が全然勉強していないということです．清水さんとか私とかの昔のことを思うと偉そうに言えないのですが．会社は会社でまた育てるのですけれども，会社に入ってすぐに，論理的思考力もコミュニケーションする力も，あるいは語学力も，一般教養も「ああ，さすがだな」と「すごいな」というほど，勉強している人はなかなかいないなということで，もっと会社に入って役に立つ人を作ってほしいというのは，当時何回も言っていたことがあるのです．

　その1つは，例えばよく本を読んでいるとか，よく新聞を読んでいるとか，よく物事について考えているとか，ゼミナールの中で活発な意見をして，広く人の意見を聞いた上で自分の意見をもう一度構築し直すとか，そういうことはぜひやってほしいと思います．それと，ビジネスプランを書くことと学術論文を書くことの違いというのはよく分からないのですが，例えば学術論文をお書きになることがそういうことにつながるのなら，ぜひそういうようにしてほしいです．

熊倉：ありがとうございます．

高校卒業者の存在

市原：入社された頃は，商社で高卒の方というのはいらっしゃらなかったですか？

富田：私の年度はおられませんでした．その頃は，高卒の方はおられませんけれども，事務職と総合職があって，総合職は男だけ，事務職は女性だけ．事務職は事務的なことをする人で，大体標準的には3年か5年ぐらいで旦那さんを見つけて寿退社という時代でした．総合職に入ってこられる男性で，高卒の方はおられませんでしたが，こちらの事務職では一部おられたと思います．

市原：上のほうの方では？

富田：おられます．

市原：その場合に，先ほどの話ですけれども，高卒ではなくて大卒だと，ここで差が何かあるとしたら，たぶんそこが大学教育に期待されるものなのかなと思うのです．そういう点で何かお気付きになったことはありますか？　先輩方を見ていて，大卒だとこういう能力があって，高卒の方とはこの点は違うと，そういうものがもし分かれば，そこがたぶん大学教育で身に付けるということになるかなと思うのですけれども．

富田：あまり変わらなかったと思います．何年ぐらい前か知りませんが，先輩に立派な人はたくさんおられて，役員の方もおられましたし，部長もおられましたし．ただ，やはり18歳で会社に入ると，いきなりゆとりも余裕も，仕事以外のことに集中したり没頭したり時間を使ったりすることがなくなって，よほど自分で注意しないと，ちょっと視野が狭くなったりするかもしれません．ですから，少なくとも大学4年間なら4年間の自由な時間があれば，自分の専攻する分野は当然ですけれども，いろいろもう少し広く，将来人生を歩んでいくにおいて，あるいは会社というか組織体に入っていくにおいて，直接的，間接的に必要だと思われることを，十分に研鑽に励む時間的な余裕があります．そういうことができるから，比較すると少し幅広い人が多いかもしれません．

定年・出向・転籍

谷口：定年の話なのですが，昔よく聞いたのは，商社というのは事実上の定年がすごく早いのだと．若くして辞めるというか，外に出るというか，そういうことがあるのだということを巷では言われていたような気がするのですけれども，実際にはどうなのですか？

富田：まず，定年制は60歳です．それから，法律がそうですから，定年後再雇用ということで，今は65まで行かれる．商社は，先ほどいろいろ人を派遣すると言いましたけれども，子会社がたくさんあって，子会社の人材がいないので欲しいということもありますし，そして，ある程度の年齢になれば，ローテーションで行きます．ところが，本人にとっても，そちらで仕事をするほうが本人の能力を発揮できるし，あるいは年齢的にも50になって5年して帰ってきたら，これはまたなかなか中途半端ですね．年齢的にもそこそこの人であれば，これはワンウェイチケットで転籍をする．そのプロセスにおいては，2年ぐらい出向してから転籍するとかあると思いますけれども，基本的にはワンウェイチケットで行ってもらうというような人もたくさんいます．したがって，そういう意味では60まで本社で定年を迎えるという人は，圧倒的多数ということではありません．

谷口：富田さんの場合には，2004年で一応これは退職ということで，出向ではないのですか？

富田：私は2002年で役員になって，役員になると1年更新みたいなもので，短期契約社員ですから，2年で役員を退任して，伊藤忠商事の子会社に転籍をしたということです．

関口：役職定年制というのはないのですか？

富田：役職定年制は，今あるかどうか知りませんが，昔はありました．今は一応適材適所と言っていますから，60歳でも適材であればいいというのが理屈なのです．それはその限りでは私は間違いないと思うのだけれども，それを理由にして，そうではない人までそこに就いているから問題なのです．そういう意味で，今，役職定年制そのものは存在していません．けれども，ある程度若

い人に，後進に道を譲るという意味で，ある程度の目安をもって運用されているのは事実だと思います．しかし，昔みたいにきちんと50歳になったら課長をおろすとか，それは今はなくなっています．

ディヴィジョンカンパニーの権限

市原：もう1点，もっと先に聞くべきだったのかもしれませんけれども，ディビジョンカンパニーとか事業本部とか，内部の人事ですね．人事異動とか昇進の確定という時に，それぞれの部門のラインの人達がいますよね．事業本部長とか，カンパニー長とか．それとあと，人事のほうの方がいて，両方あるということですが，この関係というのはどうなっているのでしょうか？ 例えば昇進を決める時に，当然人事評価をやって，そのポイントというものがあって，評価するのはラインの上の方ですよね．それと人事のほうとの権限関係というのはどのようになっているのですか？

富田：項目によって，権限は誰が持っているかというのを決めてあるのですが，今おっしゃったような昇格というようなのだと，各ディビジョンカンパニーのプレジデントが基本的な権限を持っているのです．今で言うバンドの決定で，プレジデントが権限を持っています．ただ，そうすると昔と同じなのですが，あるカンパニーにはバンド6とかバンド5とか，いっぱいつくるとなってしまうと，それではまた肥大化していくわけです．あるいは，ほかのカンパニーとバランスが取れない．だから，全社的なルールは人事部が決めます．だから，全社的なルールは守ってくださいねと．繊維カンパニーの今の収益力と，今のビジネスの実態から言うと，バンド6というのは5人しか駄目ですよとか，あるいはバンド5は10人しか駄目ですよと，こういうような一応理屈があって，その理屈に基づいてやっていました．その中で決めるのは，6とか5とか上のほうのバンドの人は，プレジデントが決めてください，もっと下のほうの自動的に上がるようなところは，本部長，部門長が決めていいですよと，そういういろいろなことがそれぞれの項目ごとに決められています．分権性のディビジョンカンパニー制ですから，多くのことがカンパニープレジデントに

第3章　総合商社 伊藤忠商事における人事制度とキャリアパス　155

委譲されております．ただ，全社的なバランスを取るために，全社的なルール
が決めてあって，全社的なルールとプレジデントが決めることの調整を，ディ
ビジョンカンパニーにいる人事の人が，いろいろやるということです．

市原：それは，ディビジョンカンパニーの中で分権化が進んできて，昔に比べ
ると人事の権限が落ちてきたとか，そういうようなことというのはあるのでし
ょうか？

富田：昔，人事部が権限を100持っていたら，今は50ぐらいしか持っていな
いかもしれません．別に部が権限をたくさん持っていることが，素敵だとか力
強いということではなくて，会社全体で人事の能力がちゃんと維持されればそ
れでいいわけであって，できるだけ現場が分かるところが人事権を持ったほう
が良いと思うのです．経営規模から言っても，大体1つのカンパニーというの
は，大きなところは1,000人ぐらいですし，700～800人ぐらい人がいるわけ
ですから，そういうところでやってもらうほうが適正サイズで，できるだけそ
ういう方向に移ってきている．そのほうが良いのではないかと思います．た
だ，分社化して，繊維カンパニーとして本当にエンティティーとして独立すれ
ば別なのですが，独立していないので，やはり全社的に公平，不公平がちゃん
と維持されるような枠組みは取らないといけない．そこが人事の役割というと
ころだと思います．

清水：聞きたいことはたくさんあると思いますが．本日は貴重なお話を聞かせ
ていただきまして，本当にありがとうございました．

156 第 I 部 オーラル・ヒストリー「日本の大企業における大卒エリートのキャリア展開」

資料 1 　報告者略歴

職歴	1972 年 4 月	伊藤忠商事入社
	1981 年〜 1986 年	伊藤忠アメリカ会社（ニューヨーク駐在）
	1993 年〜 1999 年	伊藤忠アメリカ会社（ニューヨーク駐在）
	1999 年 4 月	伊藤忠商事人事部長
	2002 年 6 月	伊藤忠商事執行役員
	2004 年 5 月	伊藤忠商事退職
	2004 年 6 月	CRC ソリューションズ常務取締役
	2006 年 10 月	伊藤忠テクノソリューションズ常務取締役
	2008 年 3 月	伊藤忠テクノソリューションズ退職
	2008 年 4 月	シーティーシービジネスサービス社長
	2011 年 6 月	シーティーシービジネスサービス退職

- 伊藤忠商事，伊藤忠アメリカ会社，CRC ソリューションズ，伊藤忠テクノソリューションズで一貫して人事関連業務を担当
- シーティーシービジネスサービスは伊藤忠テクノソリューションズ並びにその子会社の人事・総務関連業務などの職能業務のシェアードサービス会社

資料 2 　会社概要（2013 年 1 月 1 日現在）

会　　社　　名	伊藤忠商事株式会社
創　　　　　業	1858 年
設　　　　　立	1949 年 12 月 1 日
代　　表　　者	代表取締役社長　岡藤　正広
東　京　本　社	〒 107-8077　東京都港区北青山 2 丁目 5 番 1 号 TEL　03-3497-2121
大　阪　本　社	〒 530-8448　大阪市北区梅田 3 丁目 1 番 3 号 TEL　06-7638-2121
拠　　点　　数	国内 9 店　海外 113 店
資　　本　　金	253,448 百万円
従　業　員　数	4,364 名　連結　79,000 名
事　業　内　容	繊維，機械，金属，エネルギー，化学品，食料，住生活，情報，保険，物流，建設，金融の各分野において，国内，輸出入および 3 国間取引を行うほか，国内外における事業投資など，幅広いビジネスを展開.
上場証券取引所	東京
証券代行業務機関	三井住友信託銀行

第3章 総合商社 伊藤忠商事における人事制度とキャリアパス 157

資料3 組 織 図

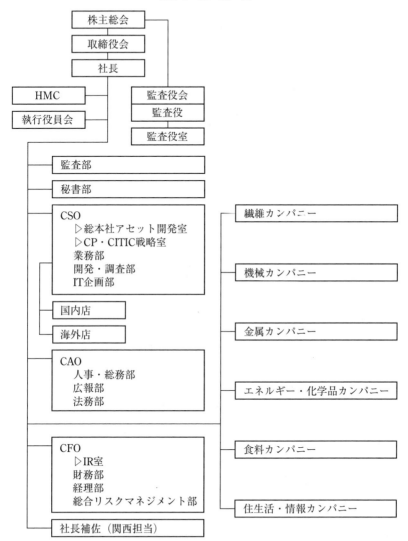

(出所) http:www.itochu.co.jp

158　第Ⅰ部　オーラル・ヒストリー「日本の大企業における大卒エリートのキャリア展開」

　　資料4　伊藤忠商事の1999年から2000年代前半の人事制度改革　(2013.2.6)

1．1999年4月の人事制度改革

　今日の伊藤忠商事の人事制度の原型，当時の日本企業では大変に先駆的で大きな注目を集めた制度改革

　(1)　当時の経営環境

　　①　90年代後半　多数の不良資産の処理で巨額の赤字続き．会社変革なくして生き残れないとの強い危機感．

97年度	98年度	99年度	00年度	01年度	02年度	03年度	04年度	05年度	06年度…11年度
▲950	▲341	▲883	705	302	201	▲319	778	1451	1771　　3005

　　②　人事制度改革に先駆けインセンティブ制度による希望退職，子会社への移籍による人員／人件費の適正化を実行

　(2)　人事制度改革のポイント

　　①　年功序列的な資格・処遇制度の廃止　→　能力に応じた適材適所人事の実行．職務・職責に対応した処遇制度

　　②　会社業績に連動する賞与原資の決定：Profit Sharing

　　③　職務・職責ならびに成果に応じた処遇制度に：Pay for Performance

　　④　世界に通じる人材の育成強化

2．2003年10月の退職金制度改革

　(1)　背　景

　　2000年3月期から退職給付会計の導入．退職給付債務（PBO）のBSへの計上（隠れ債務の表面化）．運用環境の悪化・長期低迷で積立不足額が拡大．1980年代に設計された退職金制度の仕組みそのものが実態に合わず放置すれば経営上の大きなリスクになること，大きな負の遺産を後輩に残すことに対する強い危機感．

　(2)　退職金制度改革のポイント

　　①　代行返上

　　②　給付利率の引下げ（5.5%→3.5%）　→　キャッシュバランスプラン

　　③　終身年金保証期間の延長（15年→20年）

　　④　401Kの導入

3．総　括

　　1．人事制度の改革，2．退職金制度改革のいずれも社員に，とりわけ50代になっていた団塊の世代に大きな痛みを与える面もあり強い反発もあり山あり谷ありの経緯もあったが改革を実行．その後10年以上経過し環境の変化に対応し色々な制度修正が行われたが今日の伊藤忠商事の人事制度の基礎となっている．

① このままでは会社がなくなってしまうかもしれないという強い危機感が社員間に共有されていたこと，労働組合の理解が得られたこと
② 経営立て直しのための単なるコスト削減策ではなく制度改革により活力のあふれた会社，存分に社員の能力を発揮できる会社，グローバルに競争力のある会社，高収益の会社となり，その結果として社員も報われる会社になれる，なっていこうという前向きな改革であったこと
③ 社長はじめ経営トップの改革への強い意志と決意ならびに発信があったこと

資料5　人事制度改革

① 年功序列的な資格制度・処遇制度の廃止

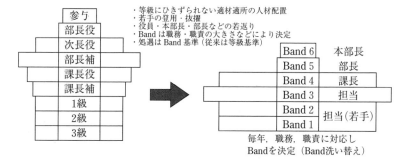

② 会社業績に連動する賞与原資の決定（Profit Sharing）：連結経常利益，純利益などの財務指標から賞与総額を決定する仕組み
③ 職務・職責ならびに成果に応じた処遇制度に（Pay for Performance）
　・Band 基準の処遇体系　高 Band ほど賞与の占める比率が高い
　　Band 6　100：100　　Band 3　100：50
　・賞与は組織業績評価，個人業績評価によるメリハリ
④ 世界に通じる人材の育成強化
　・本社研修，Div. Co. 研修の強化
　・入社4年以内に全員を海外実務研修（1年～1.5年）または短期留学（3～4カ月）
　・経営人材育成研修の強化
　　（MBA 留学，海外 BS の Executive Education 留学（1～3カ月））
　・海外現地社員研修の強化（本社研修，現地研修）

資料6　退職金制度改革

・退職一時金水準は不変．ただし算定方法は等級基準から職務・職責で決定されるBand基準に
・退職金を年金で受給する場合のルールを持続可能で経営に与えるインパクト（リスク）をコントロールした仕組みに

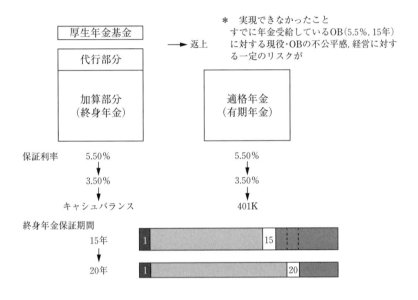

解　題

梅　崎　　修

　富田博氏は，経歴書に示されているように，1972 年に京都大学経済学部を卒業後，伊藤忠商事に入社された．伊藤忠商事，さらに伊藤忠商事退職後に勤めた子会社の CRC ソリューションや伊藤忠テクノソリューションでも一貫して人事関連の仕事を担当された．つまり，富田氏は，人事畑の企業人である．伊藤忠テクノソリューション退社後には，その子会社である CTC ビジネスサービスで社長を務められた．

　総合商社という組織の特徴は，商品別のカンパニー制（もしくは事業部制）である．伊藤忠商事のホームページによれば，2015 年の時点で，繊維カンパニー，金属カンパニー，食料カンパニー，機械カンパニー，エネルギー・化学品カンパニー，住生活・情報カンパニーの 6 つのカンパニーがある．富田氏の説明によれば，伊藤忠商事におけるキャリア開発は，各カンパニー内でそれぞれの商品や事業の専門性を高めるやり方である．同じ事業に従事しながら，定期的に地域移動や子会社や海外現地法人などへの異動を繰り返している．移動の標準的な頻度は 4 ～ 5 年である．従業員は，異動によって取り扱う商品に関する経験の幅を広げていく．このようなキャリア開発のやり方は，スタッフ部門においても同じであり，人事担当ならば人事業務の中で経験の幅を広げていく．富田氏は，このようにキャリアの初期から専門を決めてしまう人事を「たぶん今もあると思いますが，伊藤忠には原籍制度というものがありまして．原籍というのは，戸籍みたいなものです」と説明している．

　これまでも他産業とは大きく異なる総合商社のキャリア開発は指摘されていたが，このオーラル・ヒストリーは，人事部長経験者である富田氏が総合商社特有の具体的な雇用慣行を語っているので，新しい事実も多い．1 つ 1 つの事実を分析しつつ，このような雇用慣行が総合商社に存在する合理的な根拠を考察することは，我々研究者に残された課題と言えよう．

　ところで，オーラル・ヒストリーの中で富田氏が最も印象深い仕事だったと語るのが，伊藤忠商事の人事部長時代に取り組んだ人事制度改革である．氏は，1999 年から 2004 年まで人事部長を担当しているが，この時期は社長の丹羽宇一郎氏の下で大きな組織改革が行われた時代であった．伊藤忠商事は，1980 年代後半から 90 年代にかけて放漫な経営が続き，バブル経済崩壊後に大幅な赤字が続いた．純利益が 1997 年に 950 億の赤字を計上し，その後 1998 年，99 年にも連続赤字が続いた．『アニュアルレポート 2004』（伊藤忠商事）によれば，丹羽氏の社長就任は 1998 年であり（2004 年から会長），就任直後から低効率取引を徹底的に洗い出し，不採算の資産について思い切った処理を行っている．また，中長期的な収益の柱に重点的に資源配分を行うという「選択と集中」の

戦略を採用している．これらの組織改革を下から支えたのが，プロフィットシェアリングとペイ・フォー・パフォーマンスを実現する新人事制度と執行役員制度の導入による経営と業務執行の分離によるコーポレートガバナンス体制の強化であった．

　通常，どのような企業も赤字業績になれば雇用調整行動は避けられないが，この時期の伊藤忠商事は，受け身の雇用調整行動ではなく，競争力強化のための人事制度改革に同時に取り組んだのである．この時の人事制度改革は，バブル経済崩壊後に多くの日本企業が取り組んだ「成果主義」である．この時期の「成果主義」は，一時期のブームとしては知られていても，その中身を詳細に語られることは少ない．これまで「成果主義」導入は，論者によって評価が異なり，失敗とも成功とも言われるが，そもそもブームが終わった後，「成果主義」の十分な検証が行われたとは言えないのではないか．言い換えれば，「成果主義」導入は今も続けられている最中とも言えよう．それゆえ今回，その当事者によって企業の内側から「成果主義」導入が語られたことは歴史的にも貴重である．なお，組織改革の後，伊藤忠商事は，2000 年以降は黒字に転換し，史上最高益を更新するようになった．

　富田氏は，この「成果主義」導入について以下の4 点に絞って説明している．第一に年功序列的な資格処遇制度（職能資格制度）を廃止し，能力に応じた適材適所を目指すこと，第二に企業業績にリンクした賞与制度を作ること，第三に職務や資格ではなく，役割に応じて賃金を決定するようにすること，第四に世界に通じる人材育成の強化である．これらは，「成果主義」の標準的な取り組みである．本オーラル・ヒストリーでは，その取り組みの過程が詳しく語られている．つまり，改革以前の情況，制度改革の計画と実行，さらに実行後の反応という一連の流れが語られている．

　富田氏が振り返るように，これらの制度改革は，「決して良い話，全員が賛成できる話ではなく，大変血が出る話」であった．氏のご苦労と心痛は，語られた以上に大変だったと推察されるが，氏は，自らの仕事経験を踏まえて制度改革の思想，組織内意思決定の過程，詳細な制度設計の例，反対や不満への対応について丁寧に説明して下さった．日本企業の経営史や人事史を理解したい方々，今後の人事制度のあり方を深く考えたい方々に読んでいただきたいオーラル・ヒストリーである．

第4章　長期信用銀行における
ミドルマネジメントのあり方
──担い手のキャリアパスに注目して──

清 水　ヒロシ

元 日本長期信用銀行　営業第4部長

本章の元となったヒアリングは，以下の日時，場所，参加者で実施された．

日　時　　2013年5月9日（木）16時30分〜18時30分

場　所　　中央大学研究所会議室3

参加者

　　清水ヒロシ　（元 日本長期信用銀行　営業第4部長）

　　久保　文克　（中央大学企業研究所研究員・商学部教授）

　　関口　定一　（中央大学企業研究所研究員・商学部教授）

　　谷口　明丈　（中央大学企業研究所研究員・商学部教授）

　　清水　克洋　（中央大学企業研究所研究員・商学部教授）

　　佐々木健太郎（中央大学商学部4年（当時））

　　溝渕　雄貴　（中央大学商学部3年（当時））

　　渡辺　敏明　（中央大学商学部3年（当時））

　　水谷　　錬　（中央大学商学部3年（当時））

　　石黒　祐基　（中央大学商学部3年（当時））

　　長田　彩香　（中央大学商学部3年（当時））

　　岩木　優花　（中央大学商学部3年（当時））

　清水でございます．どうぞよろしくお願いいたします．

　私は全く浅学非才でございまして，本日はいろいろお話ししようとは思いますが，事実誤認や間違ったことを言うなど，大いにありうると思っていますの

で，その辺はご容赦いただきたいと思います．もの足りないところがあるかもしれませんが，やや基本的なところも含めてお話をさせていただきたいと思っています．

1．日本長期信用銀行の沿革

日本の金融システムと日本長期信用銀行

最初に，日本の金融システムの特殊性の話をさせていただきたいと思います．日本長期信用銀行は長ったらしい名前ですから，2文字で「長銀」と通称していましたので，長銀と言わせていただきます．次に，長銀の歴史と役割．その後，その中で，私が歩んできたキャリアの話をいたします．長銀は1998年に破綻しつぶれてしまいましたから，その後私も職を失って次の人生を歩んでいるわけですが，4番目に，アフター長銀の話も少しさせていただきます．こうした4つの組み立てでお話をさせていただきたいと思います．

長銀は，とくに若い方にとってはほとんど初めてお聞きになる方があるかもしれません．先ほど申しましたように，1998年ですから，今から14年前に破綻して役割を終えてこの世からなくなってしまった，過去の歴史にうずもれた1つの銀行の話です．そういう意味では，今につながるものは少ないわけですが，日本の戦後の経済史，金融史を語る上ではなくてはならない1つの重要な役割を果たしてきた金融機関あるいは特殊銀行ですので，まずその辺りのご紹介をさせていただきたいと思います．

日本の資本主義は歴史が浅く，資本形成に非常に苦労してきた歴史が長くあります．戦前もそうです．太平洋戦争でたたきつぶされゼロになったわけですから，戦後の出直しの中でも資本形成が非常に難しかったのです．

欧米の場合，民間の資本形成の仲介は主として証券会社が担っています．民間企業が資本を調達したり，あるいは長期の債務を必要とした場合，主として証券市場から調達する仕組みができ上がっています．イギリスの場合はマーチャントバンク，アメリカの場合は，インベストメントバンクという言い方をして，それらの銀行がその機能を果たしてきたわけです．

第4章　長期信用銀行におけるミドルマネジメントのあり方　165

　例えばアメリカの場合，今はずいぶん変わった部分もありますが，ゴールド
マン・サックスやバンカーズ・トラストあるいはモルガン・ギャランティなど
名だたる歴史のあるインベストメントバンクがそういう機能を果たし，資本市
場から資金を集めて企業に供給していく形で資本形成が容易になされていまし
た．

　しかし日本の場合は，それに代わる機能を別に求める必要がありました．戦
後に絞って言いますと，その機能の1つを果たしたのが長期信用銀行という業
態でした．長期信用銀行が果たした役割は，集合社債という形で，企業が資本
市場から資金を調達する代わりに，銀行がその信用力で民間から資金を集め，
企業に代わって社債調達をするような仕組みです．集めたお金を企業に長期で
貸し付ける形で供給しました．こういう変則的な形を取ったわけです．

　「設備投資資金調達」の方法には2つあり，いわゆる資本金，株式で集める
お金です．もう1つ補完的手段として企業が発行する社債に代わり，長期信用
銀行が長期の資金を安定的に融資する制度があったわけです．

　そのため昭和27年，銀行法のほかに長期信用銀行法という法律ができまし
た．日本の基幹産業である鉄鋼，電力，造船・重機など戦後復興に欠かせない
基幹産業向けに長期安定の資金を供給するための特殊銀行を設立する法律で，
それに基づき3つの銀行が長期信用銀行として設立されました．

　その1つが日本興業銀行です．それから日本長期信用銀行，少し遅れて日本
不動産銀行，後に日本債券信用銀行という名前に変わり，今はあおぞら銀行と
いう名前になっています．長期信用銀行法に基づき，長期信用銀行に分類され
る三行には集合社債的性格を持つ金融債の発行が認められました．金融債は実
際には期間が5年もの1年ものの2種類が発行されましたが，それを政府ある
いは地方の銀行など金融資本，あるいは余剰資金を持つ企業や個人向けに販売
して資金を集め，長期で貸し付けをする仕組みができ上がりました．

　長銀は，日本政府がもくろんだ戦後復興に必要な基幹産業の復興・育成のた
め，長期安定資金を供給する主要な銀行として発足し，戦後の基幹産業の成長
を，そして，その後の高度成長の時代の企業の資金需要をずっと支え続けまし

た．高度成長が一段落して，一次，二次のオイルショックを経て，その後バブル経済に突入するわけですが，その頃には基幹産業だけではなく，中堅・中小の優良企業が多く育つ状況が出てきました．そういった中堅・中小企業の育成につながっていったわけです．それが日本の金融システムの特殊性と長銀の誕生です．

日本長期信用銀行の歴史

長銀がどういう銀行で，どういう歴史をたどってきたのかについて話を移らせていただきます．それに関しては，「日本長期信用銀行の特徴」と，年表を付けています（資料1参照）．話がずいぶん細かくなりますので，分かりにくいところがあると思います．これを1つ1つ解説することはしませんが，斜めにご覧いただきながら話を聞いていただきたいと思います．

長銀の特徴を今振り返ってみますと，大体4つぐらいのポイントにまとめられるのではないかと思っています．

最初のポイントは，先ほどの長期安定資金の供給という機能です．2番目のポイントが少数精鋭による効率的な経営を貫いてきたということ．一般的に皆さんがよくご存じの銀行は都市銀行だと思います．都市銀行もずいぶん変わり，今ではメガ銀行3行と，あとはプラスりそななどに集約され，都市銀行と言っていた銀行もすっかり姿が変わってしまいました．

メガ銀行に移る前は都市銀行は，従業員数がおおむね3万人から4万人ほどで，国内店舗数が数百店舗でした．

資金量は，長銀の場合ピーク時30兆円と書いていますが，ほぼ同じで30兆円から40兆円ぐらいの資金量を持っていました．例えば，第一勧銀や富士銀行，三菱銀行などメガ銀行に統一される前の銀行の姿の話です．

長銀の場合，従業員数は都市銀行に比べて少なく，ピーク時で約8,000人でした．男女大体半々でしたから，男子行員が4,000人，女子行員が4,000人ほどでした．大体4,000人ぐらいの男子行員が30兆円の資金をマネジメントしており，1人あたりの資金量は圧倒的に多く，効率的な経営を行ってい

した.

エリート集団

　組織の性格として，少数精鋭の「エリートの集団であった」と言えましょう．エリートと言うと，偉そうに聞こえるわけですが，採用については極めて絞っていました．採用数は年によってずいぶんバラつきもありますが，初期の創立から20年ぐらいの間は，男子職員は毎年大体20人ぐらいしか採用しないということで絞っていました．その後30年，40年と発展期に入っても大体50人から，ピーク時でも，バブルの一時期を除き，70人ぐらいしか採用していませんでした．

　資料に「指定大学制度」と書いていますが，採用する大学は，大体有名大学の卒業生に限られるという感じでした．国家公務員第一種の試験をするわけではありませんが，旧国立大学1期校を卒業した学生や，早慶が中心で，中央大学の学生さんも少しいらっしゃいました．例外的には，その大学以外の学生さんの採用は若干ありましたが，おおむね有名大学の学生に絞っての採用を貫いており，そういう意味では非常にクローズドで，学生からは入社するのが，就職するのがなかなか難しい銀行ということをずっと貫いたようなところがありました．

　企業のカルチャーとしては，少し役人的ではありますが，国家のために働くという意識が非常に強く，民間企業として儲ければいいという考えではなく，社会貢献をしていく，国のために役立つ，日本の産業を育成するという気概に燃えてみんなが仕事をしていたという特徴がありました．

　3番目の特徴として国の産業政策と密接な関係があったことです．先ほど申しましたように，誕生の時から国の政策に沿って設立されたいきさつがありましたが，その後も役所との密接な関係を常に維持していました．例えば通商産業省から産業の再編や新しい産業の育成などについて情報収集し，必要があれば具体的案件で連絡しながら連携し，国の政策に沿った金融を行っていくことに経営として非常に気を使ってやっていました．

そのために，役所への出向人事を行い，毎年優秀な行員を通商産業省，経済企画庁，大蔵省，建設省など主要な役所に出向させ，役人との交流を図り，人的情報パイプを育てることを系統的にずっとやっていました．官との癒着ということかもしれませんが，そういった特徴がありました．

4番目に「産業調査の充実による先進的な情報発信」がもう1つあると思っています．学生さんたちはあまりご存知ないかもしれませんが，長銀出身の有名なエコノミストに竹内宏さんや日下公人さん，岡田康司さんらがいました．非常にタレント性のある優秀なエコノミストを長銀調査部で育成し，輩出していきました．また，女性のエコノミストの育成についても，日本の産業界ではいち早く手掛け，何人かの優秀な女性エコノミストを世の中に送り出す役割も実際に果たしていました．

それを社会に発信するとともに，長銀の経営の中で役に立てていこうということがありました．先ほど官との密接な関係の話をしましたが，それと相まって，例えばソフト化経済です．「重厚長大からソフト化へ」という言葉もありますが，日本経済があるところで大きくターンをしていきますが，そういう節目に経済のソフト化をいち早く指摘し，そういった部門をどうやって育成していったらいいのか，これを社会に提言し，率先してやってきたことがあります．

流通部門，サービス部門では，長銀に助けられ，大きく成功した企業はいくつもありますし，例えば，通信産業で第二電電の育成をいち早くやっていたのも長銀です．通信は変化や進歩が非常に激しかった業界ですが，NTT独占の時代から通信の多様化を認め，産業として育成していく仕事をやってきたのは長銀の1つの特徴だったと，今から振り返ると言えるのではないかと思っています．

高度成長の終焉——「長銀無用論」

どちらかというと，長銀のポジティブな面の話をしてきましたが，実はネガティブな面もいろいろありました．長銀の設立の話をしましたけれども，基幹

産業の育成が一段落したところで，野村證券をはじめ四大証券が大きく成長し，資本市場での資金調達が徐々に証券会社を中心に円滑にできるようになってくる中，長期信用銀行の存在意義そのものを疑う議論が出てきました．大企業が信用力をつけて，資本市場から，株式や社債など様々な方法で，長期安定資金を自力調達できるようになってきました．

　また都市銀行なども，長期資金の供給をする力を持ち始め，「都市銀行がその機能を担うから，長期信用銀行はいらないんじゃないか」と言われ始めます．昭和40年代後半の日本の高度成長が一段落する頃からそのような「長銀無用論」が多く出始めました．それとの戦いを続けていくのが実は長銀のもう1つの宿命でした．資料の中では，金融制度改革がらみの事項に多く触れています．金融制度改革の話をし始めると，これは1つの分野で，いろいろ話をしなければいけません．本日はそのことについてお話ししても仕方がないので，ほとんど端折っていきたいと思います．

　日本の金融界においては，金融制度改革が，高度成長の終わった昭和40年代後半ぐらいから盛んに議論され，金融の自由化・国際化をどんどん進めていこうとします．その中で，長期信用銀行をどのように位置付けていけばいいのか，非常に大きな問題になっていきました．

　もう1つの課題として，制度問題ともからみがありますが，大企業の銀行への依存度がどんどん減少していったことがあります．日本の戦後の発展の中で，メイン銀行制度は非常に重要なキーワードだったと考えています．メインバンクがあるから，企業は信用が揺らいでも，最終的なところでのセーフティーネットを確保していました．ところが，企業のほうに資金調達の手段が増え，証券会社を使って容易に資本市場から資金を直接調達することができるようになります．加えて銀行の競争が非常に激しくなり，メイン銀行を差し置き，ほかの銀行が猛烈な融資攻勢をかける．銀行の競争が激しくなり，「うちのほうが安い金利で，良い条件でたくさんの資金を供給します」といろいろな銀行が言い出すようになってきます．その中でメインバンク制度が徐々に揺らぎ始めていきました．

企業に力があればあるほど，銀行への依存度が減少していき，とくに「長期信用銀行でなくてもいいのではないか」という話がたくさん出始めてきたわけです．

「国際化」「証券化」

そういう流れの中で，銀行は都市銀行も含めて大きく変質していかなければならなかったわけで，銀行の競争が非常に激しくなりました．その中での銀行の新しい経営戦略のキーワードが「国際化」「証券化」だったわけです．

国際化は当然のことながら企業の海外進出に伴うニーズの変化に対応するものです．企業は，初めはアジア，次に欧米へとどんどん出ていきました．その中で，金融のネットワークの仕組みそのものの国際化を取引先の企業が要求し，必要になってくる状態になってきました．銀行はそれに対応していかなければいけません．ですから，銀行の視点から見ると外銀との協業や競争がクローズアップされてくるわけです．そういう意味では，欧米のトップ金融機関は昔からの歴史を持ち，海外業務については経験とノウハウを豊富に持っていました．欧米のトップ金融機関と対等に，海外金融のサービスを提供していくことをしていかないと，力のある企業からは見放される心配があり，日本の銀行は必死になって国際業務の強化を図っていきました．

国際業務の強化は，海外に支店を出してネットワークを広げるだけではなく，国内における単純な金融から国際業務にまつわる複雑な金融手法の習得というところに広げていかなくてはならないということでした．

もう1つは証券化です．銀行と証券は，実は企業から見た場合は不可分のものです．企業から見ると，借り入れをしても，社債で調達しても，増資をして資金調達しても何でもいいわけです．一番有利で条件の良い方法で資金が集まればいいわけです．いろいろなメニューの中で最も自分に適した条件の良い資金を供給してくれるところがあればいいわけです．

ワンストップサービスという言い方が流通だけではなく，銀行にもあります．銀行においてもワンストップサービスを企業に提供していく必要がだんだ

ん出てきました．貸し付けだけをしていれば企業が満足してくれるわけではありません．資本市場からの資金調達も銀行が提供していくことができればより便利になります．

制度問題の中で，銀行と証券はすみ分けなさいというのがずっとあったのですが，日本企業の成長とともに銀行と証券のすみ分けをやめて，銀行と証券が一体となってワンストップサービスを提供していこうという機運がずっと高まっていきます．

その話を少しだけ掘り下げますと，実は，銀行と証券はリスクのありようが違います．とくに株式と借入，増資による資金調達と借入金による資金調達は，実は性格が全く違うものです．金融機関の経営や管理手法においても両者は全く異質のものです．アメリカにおいては，戦前にグラス・スティーガル法を作りました．それ以前，銀行と証券は一体的に運営されていましたが，1930年代大恐慌という事態が起こった時に，株の暴落で大きな損失が発生しました．銀行と証券を一体的に経営したために，多くの銀行が証券業務の損失で信用不安に陥りました．銀行は皆さんから小口資金を集めており，銀行が潰れたら大変なことになってしまうわけです．そのため，銀行は社会的に経営の安定性を非常に要求される業務です．一方，証券マネーというのはリスクマネーです．もちろん小口投資家も証券を買いますが，このリスクマネーは「なくなっても仕方がない」と割り切りができる性格のものです．ですから，銀行と証券の経営手法は根本的に違います．だから米国ではグラス・スティーガル法を作り，銀行と証券の経営をはっきりと分けるということをやらざるをえませんでした．

ヨーロッパの場合は，アメリカよりももっと伝統が古く，投資家の層が厚いため，銀行と証券の分離はあまり明確にしていません．歴史的に大不況も経験しましたし，大戦争も経験し，証券会社が潰れるということも経験しましたが，銀行と証券は一体的に経営することをずっと伝統的に認めています．イギリスのマーチャントバンクは，銀行と証券を兼営しているのです．

日本の場合は，アメリカの金融制度を模範として戦後の金融行政をやってき

たことがありましたので，銀行と証券を明確に分けました．証取法49条で「銀行と証券は全く別に経営分離しなさい」という指導が法制面ではっきりしました．

しかし，1980年代後半から90年代にかけてアメリカでグラス・スティーガル法の緩和が少しずつ進められました．完全には廃止されませんでしたが，実質的に骨抜きが進められました．先ほど金融制度調査会の話はあまり詳しくしませんと言いましたが，日本でも米国を見ながら，同じように，証取法49条の緩和や廃止が，金融制度調査会でずっと話し合われ，銀行と証券の融合が少しずつ実現していきました．

話が飛びますが数年前の，2007年のリーマン・ショックでアメリカの大手インベストメントバンクが壊滅します．ここであらためて証券業務の怖さがクローズアップされ，アメリカでは「もう一回銀行と証券の経営は分けなければいけない」と，グラス・スティーガル法の強化みたいな話が蒸し返しされるようになりました．

歴史はこのように，必ずしも1つの流れに沿って動いているわけではなく，その局面局面で，いろいろな課題を抱えながら，行きつ戻りつしながら動いているような感じがいたします．日本においても一直線で銀行と証券の経営の一体化が進んできただけでなく，曲折を経て慎重に行われてきたのが現状です．

バブル景気と長銀

長銀の歴史にこれ以上踏み込んでも仕方がないところもありますから，後半の話に移ります．後半はバブルの勃発から，長銀がどうして破綻への道を歩んだのかです．

バブルが起こった原因などについては今日は話しません．別の研究がいろいろありますから，そちらのほうに委ねたいと思います．バブルが醸成される中で，銀行は非常に激しい競争下に置かれることになっていたのが1つ予件としてあります．さらに，その中で国際化，証券化を進めないと世界のグローバルバンクとして生き残っていけないということがあり，国際化，証券化をどこの

銀行も猛烈に進めていたことがまた1つあります．

　国内の銀行の競争が非常に激しくなる中，1980年代の後半には株価と地価が上がっていきます．地価上昇に伴い，土地がらみの資金需要が猛烈に増えました．典型的な例は土地転がしです．土地を取得し，極端な例だと半年，1年抱いて売ると，その土地が倍で売れて大儲けできるようなことが各地で起こりました．

　当時，財テクという言葉がはやりました．どこの企業もまた個人もそうした財テクをやらないと損をするという風潮が生まれました．株でも，土地でも，買って転がせば儲かるわけですから，それをやらない手はないというわけです．自動車メーカーでも商社でも，どこの会社も財務部門の1つの役割として，そういう財テクをすることによって本業以外の収益を得ようじゃないかということが行われました．

　土地や株を転がそうと思うと，その取得資金が必要になり，銀行から借りるわけです．「それを売ったらその売却代金で返せばよいではないか」，「倍になって返ってきますよ」という構造があったわけですから，「土地を買いたい」「株を買いたい」というお金の需要がどんどん出てきました．

　初めの頃はみんな懐疑的でしたが，それが何年も続き，儲けた話が至る所で出てくると，みんながそれに慣れてきます．銀行も，土地の値上がりはしばらく続き，それほど心配しなくても，土地の担保があれば貸せるではないかとだんだん変わっていき，そのためのお金の貸し出しをどんどんやり始めました．「バブル融資」です．

　長銀もこの例に漏れず，土地取得や株の購入のための融資を，今から考えるとかなりおおらかにどんどん拡大していきました．

　先ほど申しましたように，「長銀無用論」がありました．長銀は日本社会から存在意義を問われ，新しい役割を見つけていかなければいけないということもあったと思います．その結果，不動産分野や建設会社向け，あるいはまた，物流基地などの整備や，店舗拡大を急いだ流通産業向けの土地取得資金もどんどん膨らんでいきました．

また他方，今ではずいぶん変質しましたが，当時，銀行が貸さないかなり危ない資金を大量に供給するリース会社や信販会社などのノンバンクが数多く出てきました．個人も企業も，銀行から資金が借りられない場合，ノンバンクから借りて土地転がしや株を買って儲けようとして，ノンバンクの業務が拡大し水ぶくれになりました．必然的に，銀行からの，そういうノンバンクに対する貸し出しもずいぶん増えていきました．

バブル崩壊と経営危機

しかしバブルが崩壊すると，そういうものが全部泡のごとく消えてしまったわけです．長銀の場合も，1990年からのバブルの崩壊で不良債権が発生・拡大し，経営がピンチに追い込まれました．

いろいろなことが総括されています．長銀が倒産して14年たちます．みんなが完全にクールな目で見ることができるわけではないかもしれませんが，もう過ぎた歴史の中に入っていますから，かなり客観的な検証も行われるようになっています．言えることは，長銀が特別行儀の悪いことをたくさんやって特別不良資産が多く，特別大きな問題があったということではありません．バブル崩壊とともに，日本の金融機関が持っていた問題が凝縮されて一気に全部吹き出してしまったということが，長銀の不幸だったのではないだろうかと思います．

長期信用銀行の中で最も優等生であった日本興業銀行も単独では存続することができず，その後みずほコーポレーションという形で，第一勧銀や富士銀などと合併しなければならなかったということもありました．またせっかく誕生した日本のメガバンクもリーマン・ショックで大きな問題を抱えました．

名だたる都市銀行が単独での生き残りができず，3つのメガバンクに集約されていった日本の銀行の歴史を振り返りますと，世界の金融機関と対等に競争し，金融サービスを提供していく組織をつくっていくためには，日本の金融機関はあまりにも乱立しすぎて，個別には脆弱だったことが根本にあっただろうと思っています．そしてバブル崩壊が引き金になり，日本の金融機関の再編を

一気に推し進めざるをえなかったと思っています.

しかし，日本の金融機関の脆弱性の問題は実は本当には解決していません.証券業務で見ると，四大証券はバブル崩壊とともに危機に直面しました．まともに生き残っているのは野村證券だけです．大和証券も相当がたついていると思いますし，日本の資本市場は健全な形でしっかりした基盤を持って世界の他の証券・金融機関と同じような実力を持ってやっていけるかと言うと，全くそういう状況にはありません．まだ依然として課題を引っ張っている感じがいたします.

長銀は，1998年10月国家管理に移行しましたが，その後の経過は，国家管理の期間が1，2年続いた後，リップルウッドというアメリカの投資グループが日本への金融の進出の足がかりとして倒産した長銀を買収し，今新生銀行という形で残っています.

新生銀行は長銀との間で歴史的な継続性はありますが，経営の実態や行っている金融サービスは似て非なるもので，全く別の銀行でございます．それは今の新しい時代に合ったような金融業のあり方を模索し，今行っているということだろうと思っています.

投資銀行化か総合金融グループ化か

久保：1つ質問してよろしいでしょうか．経営史を研究している人間からすると，長銀は1つの失敗した企業の一例として捉えていて，なぜこの企業が破綻に至るまで事実上の失敗をしてしまったのか，どうしても関心がいきます.

略年表を拝見している時に，ターニングポイントというか，気になる場所が2つあって，1つが「長銀不要論」が背景にあると思いますが，1986年に前川レポートが出て，金融緩和が起きた後に，優良中堅企業をターゲットとした取引量の拡大をここで打ち出しています.

おそらく時期的に，基幹産業に対する育成はもっと早い段階で役目を終えているはずで，そういう意味で言うと，ある種の「長銀不要論」はもっと早い段階で叫ばれていたと思います．そういうことが1回あって，金融緩和が進行す

る中で，優良企業・中小企業をターゲットとしたものへ拡大していくということが，ここであったのかどうか．有り体に言うと，バブルが始まりつつある中においてある種，長銀が踊ったところがないのかという感じがします．

もう1つが最終段階のところで，1995年に大野木（克信）頭取が登場します．そこで新頭取は，守りの姿勢よりも証券業務，国際化業務の収益拡大で不良債権問題を乗り切ることを意思決定されて，それまでの路線を収束させるより，さらに展開していったけれども，結果としては行くところまで行ってしまったという，これは後から見た意思決定の評価になりますが，この時の彼の意思決定が適当だったかどうか．多くの失敗した企業を見てきた私からすると，意思決定上の過ちがあったように見えなくもありません．

両方を含めて，当時の長銀の中で，一方では不要論を背景とした焦りがあり，もう一方では国全体がバブルに踊っていったという状況があり，両方が相まって本来の長銀の姿を見失いつつあったのではないかと思えてなりません．お答えにくいかもしれませんが．

清水：まさに正鵠を射たご指摘だと思います．最初の点に関しましては，銀行の中でも経営戦略について路線対立がありました．

いわば制度で守られた銀行みたいな部分がありましたので，金融自由化を非常に恐れていましたが，その金融自由化対応を巡って，経営の選択肢は2つありました．

1つは，非常に簡単に表現すると，インベストメントバンクに特化した銀行になろうという路線です．少数精鋭という大きな特色があり，優秀な人材をたくさん抱えているのでインベストメントバンクに特化すれば，非常に高収益の一金融機関が実現できるのではないかという読み．将来の日本の金融自由化を先取りする戦略になるだろうという考え方です．

もう1つは，総合金融グループを目指すという考えです．総合金融グループとは，金融自由化の中で銀行だけではなく，金融周辺業務がいろいろできるようになります．航空機リースやリテール・リースなど各種リース業務，ノンバンク業務，さらに不動産などの金融周辺業務を展開し，リテールを含めた総合

金融業務を展開するような路線を言います.

　この2つについて議論が非常に深刻になされたのは事実です.「バブルに踊った」という言葉をおっしゃいましたが, そういった面は否めません. バブルの時は住友銀行が走りました. 有り体に言うと, 住友銀行が一番走り,「向こう傷を恐れるな」と, 磯田(一郎)さんが号令を発して積極策が出るのですが, その住友銀行に刺激される形で, インベストメントバンクではなく, 後者の総合金融グループを目指したほうが良いのではないかという議論が勝っていくわけです.

　そういう中で分かりやすく言うと, それ以前は5,000社ぐらいだった取引先を8,000社に拡大していこうという目標が提起されました. そして優良中堅・中小を開拓し, 3,000社を新たな取引先としていこうという試みを始めました.

　2番目の大野木頭取のもう少し後の話ですが, これはまさに結果が証明しています. 大野木頭取のチョイスとしては, 国際業務, インベストメントバンク業務で収益を稼ぎ, 不良債権処理の財源に充てるために, 最も確かな手近な方法として当時のSBS(スイス・バンク・コーポレーション)との提携という道を選んだわけです.

　SBSの提携がうまくいっていれば, 9回逆転大ホームランはありえたかもしれませんが, 実は外銀はそれほど甘いものではありません. 長銀との提携にサインはしたものの, より有利な条件での提携の緊密化を狙って株の持ち合いなどの条件の履行になかなか入ってきませんでした.

　本当の腹は分かりませんが, うがった見方をすると, 長銀がもっと弱るのを待ち, より有利な条件での吸収合併を狙っていたのではないかとも言われます. 最終的には長銀の株を, 実は売り浴びせました. ここに一部書いていますが, それが長銀の信用を決定的に粉砕し, 株価暴落の引き金になって破綻していくわけです. 実は, SBSはそのような陰謀を裏でやったわけです.

　そうした結果から見ると, 外銀と組んで食い物にされた面は否めないわけで, 死期を早めたということはありえたのではないかと思っています. あるいはこういうことをせずに, 本当に地味にコツコツと不良債権の処理を続けてい

れば，あのような結末はなかったかもしれないという見方もあります．これは分かりません．Ifの問題は分かりませんが，飛んだり跳ねたりしたから死期を早めたということはあると思っています．

久保：そういう意味で言うと，後者の積極的な収拾策も，手繰っていくと，前者の２つの軸の対立の中の積極策のほうに舵を切ったというところに原点が見いだせるような気がします．そういう理解でよろしいですか．

清水：そうですね．結果として見ると，バブルで打撃を受けた程度がやや大きかったかもしれません．それはおっしゃったような，バブルの後半で踊ったというところがやや多めに影響を受けたということがあるかもしれません．

久保：ありがとうございます．

２．日本長期信用銀行の人事制度と経歴

長銀内でのキャリア展開——長銀の人事制度

私のキャリアの話になりますが，資料２をご覧いただくと大体のイメージはつかんでいただけると思います．

　私のパーソナルな履歴を細かく見てもあまり意味がありませんので，長銀の人事制度の話をしたほうが，話としてはより面白いかもしれません．

　「長銀の人事制度」という資料３に詳しく書いてあります．これは別の目的で書いたものです．

　その中に表があります．年齢と資格とのリンクを一覧表にしています．長銀の人事制度は非常にシンプルで，会社に入って役員になるまでのキャリアパスが明示されています．最短で27年で役員に到達することになっています．

　このとおりのパスで出世すれば，49歳で間違いなく役員になれることになっています．こういうパスに対して，実はふるい分けの作業があり，それが人事制度になっていました．

　一般的には新卒採用者は最初の３年，次に４年，さらに４年の計11年間，兵隊をやるわけです．この兵隊のあいだは，基本的に昇進のふるい分けはあまり行われません．病気をしたり，事故を起こすなど特殊なケースを除くと，お

おむね11年間は平穏無事に，みんなが共通して一緒に足並みをそろえて歩んでいくということになります．

33歳で副主事の管理職になるところで1回目の本格的なふるい分けがあり，例えば8割ぐらいの人がここで昇格するけれども，2割ぐらいの人はステイすることになりました．第一弾のふるい分けが行われます．

最初に申しましたように，総合職のキャリアパスでして，総合職以外の採用の方はこれとは違うパスがありますから，それはまた別の話です．総合職は入り口の段階でエリート採用しています．国家公務員でいうとI種で全員が採用されたようなもので，II種，III種の人はこの中には入っていません．ですから，同期の皆さん全員がライバルになり競争し，11年目で最初のふるい分けを受けることになります．

多くが33歳で管理職になりますが，本格的にふるい分けが行われるのが40歳の副参事になる時です．すなわち副参事以上は中級管理職で，次長，副支店長ということで，部長への登竜門になります．40歳で本格的なふるい分けがあり，その後43歳で参事になるところでまたかなり厳しく選別されます．

第一證券経営企画部長，長銀営業4部長，含み損処理

参事になると，部長や支店長などの一級のマネージャーになる資格が備わります．

私の場合は，おかげさまで順調に昇進し，1回も遅れることなくトップで49歳まで進みました．ところが，キャリアを見ていただければ分かりますが，最初に部長級の仕事をしたのは，1990年10月に就任した第一證券の経営企画部長です．第一證券は一部上場の中堅証券会社でしたが，長銀がかなりてこ入れしていた親密証券会社という位置付けで，ここの経営企画部長に派遣されました．当時バブルが崩壊し，株価がドカーンと下がったため，第一證券も多くの含み損を抱えていました．「飛ばし」ということが当時よく言われていたのですが，発生した含み損を表面化させないために，損失隠しが一般によく行われていました．証券（会社）がなぜ損失を出したかという話をすると面白くて，

長話になりますが，簡単に言うと，お客さんに対して利回り保証をして，「これだけ株価を上げてあげますよ」ということを約束して株を買ってもらう「にぎり」という手法が当時行われていました．とんでもない話です．しかしそういうことによって，第一證券の場合も数百億円の損失を抱え込むことになり，その損失の処理の手伝いを最初にやったわけです．

当時私は42歳ですから，その年で部長級の仕事をさせていただき，そういう意味では，若い時から重要な仕事を任され，活躍する場を得ていたとは言えると思っています．

その後，銀行に戻り，不良債権の処理に当たったりしました．本店営業部部長の多くは本来は取締役のポストでした．しかし取締役ではなかったのですが，営業三部長，営業四部長と本店営業部長のポストを務めました．49歳では順調にいけば役員になるはずでしたが，その年には長銀がガタガタになっており，執行役員制度を日本の金融機関としては初めて導入するということで，それまで取締役は20人弱いましたが，取締役を6人に絞り，難局に当たったわけです．少数の取締役で本当に責任のある議論と意思決定をしないと駄目だという考え方があったわけです．

退職，不動産経営会社

取締役の制度を大幅に変更したことで，私の最速での取締役の芽はなくなり，代わりに参与という肩書きをいただきました．しかし，長銀がなくなることがショックで，参与などいただいても何の足しにもならないわけで，国家管理になったその年の10月，銀行を自発的に辞めることにしました．沈没船の幹部は，本来船とともに沈まないといけないのですが，私は国家管理を潔しとせず飛び出る選択をして外に出たわけです．

その前後の話をすると時間が足りません．その後の人生も，本日のテーマから少しかけ離れるかもしれませんが，いただいたテーマに「団塊の世代，バブル崩壊後の彼らの位置，役割を明らかにする」という項目もありますから，「バブル崩壊後の彼らの位置，役割」の中で私が銀行を卒業した後，どういう

ことをしたのかも意味があるかもしれませんので，少し紹介したいと思います．

退職した後，銀行時代に親しくしていた取引先であった神戸の不動産経営者から話がありました．「経営がうまくいかず，不良債権の処理に当たっているけれども，資産を2つに分割して，腐った資産を処理する会社と，収益物件を集めて生き残る会社の2つに分けたい」という相談です．「自分は腐った資産を管理，処理する任に当たりたい」また，「銀行に対して個人保証を提供している関係上，自分には破産の道しかないから，自分は破産します．その代わり，生きた収益業務だけを集めた別の会社については残したいので，社長として継いでくれないか」という話でした．

たってのお願いということもあり，引き受けることにして，神戸に単身赴任し，分譲マンションやオフィスビル，ホテル，健康ランドなどを運営する会社の社長を務めることになりました．

私としては，銀行がそういうことになったけれども，新しい活躍の場が得られれば幸運だと，熱意を持って当たりましたが，私の眼鏡違いのところがあり，収益物件として分類されていた資産の中に，実はまだ多くの不良資産が隠れていました．売却処理が非常に難しい物件が幾つかあり，残された会社の存続自体が難しくなり，その仕事は1年半ぐらいしかできず，ギブアップして東京に戻らざるをえないことになりました．恥ずかしい失敗の話で公言もはばかられるようなことかしれませんが，そういった大きな失敗をしてしまいました．

ベンチャー企業立ち上げ

東京に戻りブラブラしていましたが，友人から最先端の三次元CAD/CAM（コンピューター援用の設計・製造）ソフトを開発している面白い米国の会社があるが，そのソフトを世界に売り出す仕事をしないかと誘いを受けました．CAD/CAM分野は私にとっては未知の分野ではありましたが，ベンチャーをやりたいという気持ちは非常に強く，その友人と一緒に会社を立ち上げまし

た．スポンサー企業がお金を出す形で，アメリカの会社を買収し，ソフトを完成させて世界に売り出していくことを手掛けたわけです．これが「新分野の設立」と書いてあるところです．

確かに非常に面白い分野で，面白いソフトでした．三次元 CAD/CAM についてはご存じかどうか分かりませんが，ものづくりには必ず必要なツールです．昔は設計図面を描いていましたが，それをコンピューター上に二次元でなく三次元でモデルを描いていきます．例えば，こういう局面の多いコップ形状モデルをつくると，それがただちに設計図になります．そのデータを工作機械に渡せば，工作機械が自動的にそれを削り，コップをつくり上げていくという一貫した作業ができるソフトでした．その類いのものは他社製品にもいろいろとありましたが，非常に小型化されて使い勝手が良く，しかも安いのが売りでした．普通，CAD/CAM のちゃんとしたソフトは 1 本 1000 万円しましたが，私が手掛けていたソフトは 3 分の 1 の 300 万円で提供できるソフトでした．

それを完成させる夢を見ていたのですが，スポンサーから 10 年間で 100 億円近い金を投入してもらいましたが，残念ながら事業としてはうまくいかず，最終的には中国の会社に売却せざるをえませんでした．それが 2010 年の新分野の社長代行辞任と書いてあるところです．10 年間そういうベンチャーを一生懸命やりましたが，「日の丸 CAD/CAM の世界的認知」に非常に強く思い入れをしたわけですが実現に至らず，中国に取られたのが結末で，日本のものづくり，製造業のあり方の 1 つの象徴みたいな出来事だったと，自分では考えています．

それとは別に，併行して片手間ではありましたが国際標準化機構（ISO）の国際規格取得のコンサルティング会社も設立しました．NTT グループを中心に大企業十数社にスポンサーになってもらい，情報セキュリティー分野での認証セキュリティーを売りにした業務を始めました．ISMS（Information Security Management System）という規格です．しかしリーマン・ショックの影響もありましたが，この国際規格は日本に十分に定着せず，見切りを付ける必要が生じて，これも 10 年ぐらいチャレンジしましたが，結局アメリカの会社に事業売

却してしまいました.

　ちょうど時間となりましたので，私の話は終了させていただきます.

3.「長期信用銀行におけるミドルマネジメントのあり方」を めぐって

通産省出向，商社金融

司会（中央大学　清水）：貴重なお話をありがとうございました.

　幾つか質問等があると思いますが，まず，私から質問します. 部長代理になられた，この1980年代頃のお仕事が，先ほどは新しい融資先を開拓するというお話でもあったので，そこと関わらせた形で，この時代の仕事についてお話しいただければと思います.

清水：私のキャリアの中で話を飛ばしましたが，80年代の最初は，旧通商産業省に2年半ほど出向しました. 最初に「官庁との密接な関係」という話をしましたが，優秀な行員は官庁に出向させるのが長銀の基本的なポリシーでもあり，私も通産省に出向しました. 機械情報産業局通商課でしたが，プラント輸出の推進を一番の重要テーマとして担っていたところです. 貿易保険や輸出入銀行の金融，民間金融などを組み合わせ，日本のプラント輸出を大きな産業として育てたいということを，当時始めていたところでした.

　私はこのポストの初代の出向者で，当時，日本のプラント輸出は年間80億ドルぐらいのオーダーでしたが，好環境により2年間で180億ドルのオーダーまで引き上げることができました.

　これは政策としては非常に成功した例です. 日本のプラント輸出の1つの隆盛期をつくった時代でした.

　その後の私のキャリアの中でも，通産省への出向は非常に大きく役に立ちました. 銀行に戻って，伊藤忠グループ担当と書いていますが商社融資に携わりました. プラント輸出の担い手はやはり商社が大きかったですね. 商社とエンジニアリング3社と言っている日揮や東洋エンジニアリングなどのエンジニアリング会社が主な担い手でした.

伊藤忠商事も海外に出て，プラント輸出をどんどんやろうという時代で，私の通産省でのいろいろなノウハウや人脈が役に立ち，伊藤忠との取引を大幅に拡大しました．伊藤忠のメインバンクは当時，第一勧銀，第二が東銀でしたが，実は私の時代に長銀をナンバーワンの銀行にひっくり返しました．伊藤忠グループだけで約4000億円の貸付金の勘定を持つ重要な一大取引先グループをつくり上げたのです．

総合金融会社路線

その後，営業企画部という例の融資の参謀本部に行きまして，先ほど出た「顧客開拓をしたほうがいいのではないか」との方針を打ち出したのは私です．先ほど路線の対立があると言いましたが，インベストメントバンクに特化していく路線には，私は大反対でした．私は「総合金融会社を目指すべきだ」との路線を支持しており，そのために取引先基盤を拡大する必要があると考えました．「5,000社を8,000社にしなければいけない」と言い出したのも私です．もちろん私だけではなく，私もその一員だったということです．

営業企画部にいる時に，新規開拓の新しい手法や組織をつくり，それを始めるということを手掛けました．ちょうどその時に，バブルが少しずつ進行していて，時流に乗ったといえば時流に乗ったわけですが，当時は時流というよりはもっと長い意味での判断として総合金融会社を目指すことが銀行のためになり，また日本の産業のためになると判断していたということです．

人事部時代の大量採用，長銀の人事制度

そういうことを手掛けた後，人事部に移りました．1980年代の最後のことです．人事部では，総合金融会社を実現するための人事制度，人事諸手当をやりました．一番象徴的なことは大量採用の実現です．誇れる話ではありませんが，先ほど，「長銀は少数精鋭で，採用人数は多い時でも50人から80人に絞っていた」という話をしました．実はその殻を破るべきだと考えていたのです．

1989 年の採用から一気に 120 人に増やしました．私は，「銀行の資産は人である」と思っています．当時は，優秀な学生はいくらでも採ることができました．非常に象徴的な話をすると，東大法学部の学生を 20 人採用しようと考えたこともあります．実は，東大法学部の学生だけで 40 〜 50 人行列をつくって採用に応募してきたわけです．その中から選りすぐって，東大法学部の学生を 20 人採用する．東大経済学部の学生も 15 人採用する．それで 35 名確保できるではないかというようなことが実際に実現できた時代でした．そういうことで，120 人に一気に拡大することを手掛けました．そういうことで獲得した人材で総合金融業を目指すのが 1 つの大きな戦略になりうると判断していました．

バブルが崩壊した後も，100 人を超える採用は 3 〜 4 年続けましたが，その後経営の問題が浮上するにしたがってしぼんでいき，また通常の数十名のペースに戻っていった経緯がありました．

私としては，バブルに踊った意識は全くありませんが，結果として，バブルの時に経営の膨脹を図る片棒を担いだという意味では戦犯の 1 人かもしれません．

司会：どうもありがとうございました．他の質問はどうでしょうか．

谷口：人事制度のところです．政策投資銀行（旧日本開発銀行）に何人か友人がいますが，彼らの話を聞いていると，「何年入社」という話で完全に役人と一緒です．同期の中で出世組が 1 人が出ると，役人と一緒で辞めていって，天下りしていくと徹底的に官庁と一緒です．仮に長銀がそのまま残っていたとしたら，同じような感じでしょうか？

清水：同じような人事の仕組みでした．私の弟が開銀に勤めていて，開銀のことはよく知っていますが，全く同じような人事制度であり，運用をしていました．ただ違う点は，OB の処遇については開銀の場合，限界がありました．OB の処遇はもちろん取引先に頼んで，一定年齢まで指定ポストみたいなことで雇用を維持してもらう仕組みを作っていましたが，長銀の場合，関係会社を含めたポストのキャパシティーが大きく，終身雇用で一生面倒を見てもいいと

いった点が違っていました．

司会：制度的にはもちろん転籍するわけですね？

清水：定年までに転籍します．

司会：出向というわけではありませんね？

清水：そうではありません．役職定年は比較的早く，同期が役員に昇格する年次で，全員外に出て，55歳では銀行と縁を切る制度です．開銀も同じです．

司会：行った先が比較的良かったということでしょうか？

清水：取引先のほかにも，子会社で人を抱える能力がたくさんあったということです．

関口：40歳のところで選抜が行われ，次長から部長になる人達がいますが，そうならなかった方は，この次長止まりということですか？

清水：現実には，少しずつ遅れて資格昇格はあります．完全にステイという人は少なかったですね．給料は少しずつ増えるようにしていました．

関口：ほとんどの方は，資格でいうと，どこまでいけますか？

清水：定年時に副参事というところが多かったように思います．参事になれる人は少なかったように思います．

「ジョブ型」の試み

関口：もう1つ．人事部にいらっしゃった時に，ジョブサイズシステムを入れられました．海外拠点の中で，外国人の採用，国内で大量採用に転じたことと，ジョブシステムには直接の結び付きはないのですか？

清水：直接的な結び付きはありませんが，同じ時期でした．外国人を含む多様な人材の確保のために必要でもありました．

関口：ジョブシステムを1988年に入れた時は結構早かったと思います．しかし，結局，最終的には手続きが非常に複雑だったりして，実際の運用はかなり難しいものですか？

清水：私は，理念はものすごく良いと思いますが，ジョブサイズを決める手法が未完成でした．そこがやはり運用を難しくさせている原因だったと思いま

す．ジョブサイズが客観的に決められれば，もう少し透明性もできるし，運用上楽でしたが，ジョブサイズを決めるのは非常に難しかったです．

関口：ジョブサイズを確定する際に，一番難しかったことは．

清水：ジョブサイズは，頭取を1000点にして，全ての職務を点数化します．ある職務が500点，別のが550点とし，その差の50点があるとすれば，その理由が一体何かを客観的に透明化することが難しかったということです．頭取の仕事は1000点で，この仕事は頭取の半分の能力しかいらないということを証明する絶対評価も難しかったということです．

　批判的に言うと，仕事に貴賎をつけたという弊害がありました．それを透明化すればするほど，同じ部長のポストでも800点の部長さんもいれば，400点の部長さんも出てきて，仕事に貴賎が出てきます．貴賎という言葉は良くなくて，軽重という言葉に言い換えると，仕事に軽重があってもおかしくはないと思いますが，そのことが赤裸々となり非常に大きな弊害にもなりました．

関口：資料3の中ほどに，ジョブサイズが過小評価されると，モラルが下がっていったと書いてありますが，そのことでしょうか．

清水：そういうことです．

銀行の仕事——日本とアメリカ

谷口：日本の銀行の仕事の仕方と，アメリカの仕事の仕方はずいぶん違う感じがしています．日本では，清水さんのような方が入られ，オン・ザ・ジョブ・トレーニングみたいな形でいろいろなことをやりながら言ってみれば，「長銀特殊的な」，ある種知識みたいなものを身に付けながら出世をしていくという形．それと，いつごろからというのはよく分かりませんが，アメリカなどは，MBAみたいな形で，ファイナンスか何かやった人達が，早い時期から上のところに入ってきていて，ある意味で非常に専門的な知識で勝負していくみたいなところがあると思います．これはそういうように理解していいのですか？

清水：1つは，アメリカの場合はオフィサーとクラークが非常に明確に分かれています．オフィサーはオフィサーで，クラークはクラークです．ですから，

クラークは 20 年やろうが，30 年やろうがクラークです．

　日本の場合は，そこが比較的混在しています．若い頃はクラークの仕事，事務的な仕事をします．クラークの仕事をしてからオフィサーになるというイメージかもしれません．ですから，独自の企業文化の習得とともに，余計なパスを踏んでいるかもしれませんが，それはちょっと分かりません．

　もう 1 つ言えるのは，欧米は流動性が高いということです．銀行員は金融業だけにいるのではなく，おっしゃったように，メーカーの財務担当をやった人が銀行員になったり，オフィサーになったり，証券会社のオフィサーが銀行のオフィサーになったりと，流動化がかなりありますから，人の育ち方が全然違うようには思います．

　ただ，私も基本的にはそういうように理解していますが，バンカーズ・トラストやゴールドマン・サックスは流動性が低いとも言われています．もちろん日本の金融機関に比べると流動性は高いですが，案外 20 年，30 年と勤めあげるオフィサーも結構多くいます．そういう意味では，日本の銀行のエリート行員の歩みと似ている部分もあるという感じが指摘されています．なお，長銀の場合でも，高度な金融技術の獲得は常に大きな課題でした．

谷口：日本の銀行は，例えば長銀の場合だと，長銀からほかの銀行に移ることはありますか？

清水：バブル崩壊前までは，外銀への転職はありましたが，邦銀から邦銀は，100 パーセント近くありませんでした．

銀行の人材育成

関口：アメリカの銀行のオフィサーと日本の長銀の正社員の総合職の話が出ました．以前，こういう研究会でお話しされた方が，アメリカの MBA を取った後，現地でメリルリンチに入っていて，入った途端に投資部門に回され，とにかく難しい仕事が結構あったそうです．そうすると，アメリカの学部卒がいたのですが，対応ができずになかなか大変で，MBA の知識が役に立ったという話を伺ったことがあります．

例えば，このキャリアを見ていても，それぞれの仕事にかなり専門的な知識が必要だと思いますが，そういうことは基本的にどういう形で身に付けていくのか，あるいは身に付けてこられたのでしょうか？

清水：私の場合は，そういう意味では，どちらかと言うと，企業審査や企業融資に特化したキャリアだったかもしれません．国際化，証券化の話をしましたが，国際化，証券化の流れの中で，特殊な知識を必要とする業務は銀行の中でたくさん出てきましたが，そのための専門の要員を特化して養成していました．

例えば，端的な例はディーラーという職業です．為替や証券のディーラーです．このディーラーはディーラーでないと務まりません．私達がディーラーになるわけにはいきません．ディーラーになる資質があり，合っている人が，例えば5年とか修行して初めてディーラーとして一本立ちすることができるということでした．

ですから，金融も専門性がだんだん要求されるようになると，そういう特化された業務が幾つか出てくるようになってきており，そういう専門家を目的意識を持って養成するやり方でしか育ちませんでした．

日本の銀行が弱かったのは，そういう人達が少なかったからです．ですから，必死になってアメリカの銀行に人材を送って，また，合弁会社を設立したりして，技術を身に付けさせ戻してくる形で技術を取り入れようとしてきた面があります．

関口：大卒で採用された人の中から選抜されて，そういう知識を身に付けさせる．そういう方のキャリアパスは，ほかのそうでない人達とは変わってくるわけですか．

清水：全然違います．専門家として育ちます．

関口：専門家として育った場合，例えば先ほど言った，こういうキャリアの階段を上がっていく時に，それがプラスにいくのか，マイナスにいくのかということについてはいかがですか？

清水：これは1つの大きな問題です．尺度が全然違うわけですから，違う尺度

でものを測らないといけないというジレンマはかなり生じるようになっていました．しかし，私の時代はまだそういう人たちを旧来の制度に無理やり押し込もうとやっていた時代です．今は，例えばディーラーで5億円儲けた人は，5億円は出さないかもしれませんが，ボーナスを相当はずむという形で，給料体系の弾力化を図らないと，そういう人達に能力を発揮してもらって，引き止めるということは難しくなってきているのではないかと思います．

関口：日本の企業は専門職の位置付けにずっと困っています．しかし，いろいろな分野で専門的な技術と知識が必要になってくると，その辺りから日本の金融システムを根本から考え直していかなければいけないところが出てくるのでは？

清水：これはまず外国人採用の問題が1つあります．外国人採用をしようと思ったらグローバル・スタンダードに合わせた給与体系でないと無理です．

　日本の従業員の場合は，為替ディーラーで腕があって，5億，10億儲ける人でも，自分が一生そういうパフォーマンスを上げられるとは思いません．ですから，例えば転職して外銀に行き，一時的に数千万円の給料をもらう代わりに不安定な身分を選ぶのか，それとも今は給料がそれほどなくても，自分がくたびれて，40歳，50歳になってディーラーができなくなってからもきちんとした給料をもらえる道を選ぶのかという選択をするわけです．私の時代は，終身雇用を選択したという感じです．

久保：1990年に第一證券に行かれました．これは都市銀のモニタリング機能の一環なのか，あくまでも産業育成の一環として出向されたのですか．要は，長銀に都市銀行で言うようなモニタリング，メインバンクで言うところのモニタリング機能的な要素があったのですか？

清水：ありましたね．モニタリング的な要素はありますが，この時は第一證券の社長は，長銀のOBですし，もちろん第一證券のプロパーの人が役員の大部分を占めていますが，重要なポストは長銀OBが占め，私はそのサポートをやる位置付けも含めた役割でした．モニタリングという機能もありますが，問題解決がウエイト的には多かったと思います．

司会：他には質問いかがですか？

佐々木：商学部4年生の学生です．先ほどの話の中で，仕事が専門化されていき，そのために特化した職種，キャリアを育てていくという話がありました．この仕事が専門化していった過程はいつ頃から，なぜ専門化していったのでしょうか？

清水：専門化しないと対応できない仕事は幾つかあげることができます．先ほどあげたディーラーや，証券の受託業務，M&A，リース業務などがあります．リースにはいろいろな業務がありますが，ファイナンス・リースの特殊のものなどが例としてあげられると思います．

　日本の銀行がこうした業務を本格的に始めるようになったのは1980年代です．先ほどから言っているような証券化，国際化を進めていかなければならないニーズがあり，一部証券業務が解禁される中で新しい業務として出てくるのですが，旧来の銀行の中ではなかった業務で，専門家を別途育成していく必要が出てきたということです．

含み損処理の苦労話

司会：最後に1つだけ．苦労話になるかもしれませんが，バブル崩壊後に，関西地区不良債権の回収・整理という仕事をされています．この仕事をされた時に，先ほど言われた5,000社，8,000社にして総合金融機関にしていくということでした．そのことと関わらせて，この時の印象といいますか，苦労話を少しお聞かせください．

清水：私が管轄していた関西地域の不良債権は金額にすると全部合わせて約2000億円でした．そのうち最終的に損失がいくらになったかは，結果は全然分かりませんが，私の当時の試算では半分でした．額面で2000億円，ネットで1000億円程度の損失になるのではないかと見ていました．

　「思ったより軽く，大したことないね」というのが私の印象で，1000億円自体，大きいといえば大きいのですが，想像していたよりは小さかったということです．関西地区はもっと踊っていたという印象で，一番気になっていたの

は，暴力団がらみの話ですが，大阪には建設会社で暴力団がらみの話はたくさんありました．そういうことで内容がひどいのではないかと思っていましたが，金額は先ほど言ったようなことで，内容的にもシンプルなものが多く，面倒な案件は少なく，この程度あれば，銀行の体力の中で十分に解消できる範囲だという印象を持ったのは事実です．

司会： 貴重なお話を長時間にわたって，ありがとうございました．

第4章　長期信用銀行におけるミドルマネジメントのあり方　193

資料1　日本長期信用銀行 年表

日本長期信用銀行の特徴

- 長期信用銀行法（昭和27年）に基づく長期金融の専門銀行（期間5年の金融債，設備投資金融）
- 少数精鋭による効率的経営（指定大学制度，ピーク時で従業員8千人程度，資金量30兆円）
- 国の産業政策との密接な関係（鉄鋼，電力，海運，流通，情報・通信など政策の要請に応じた傾斜融資，役所との密接な関係）
- 産業調査の充実による先進的な情報発信（製造業からサービス業への時代の先取り，タレント性のあるエコノミスト）

年	頭取	主要項目	コメント
1952年(S27)	原　邦道 （大蔵）	12月1日　設立（九段）	副頭取浜口巌根（池田蔵相と第五高等学校同窓）
1953年(S28)		1月大阪支店，2月札幌支店 3月外国為替業務認可	勧業銀行が母体であるが，北海道拓殖銀行と東京銀行から人材支援を受けて業務基盤を整備
1955年(S30)		12月資金運用部の債券応募純増停止	事実上の国の資金支援の停止〈民間銀行へ〉
1956年(S31)		9月（八重洲）東京ビルに移転	
1957年(S32)	浜口巌根 （勧銀）	11月株主総会で頭取交代	大蔵省からの自主独立
1958年(S33)		12月名古屋支店	
1959年(S34)		12月福岡支店	
1961年(S36)		7月大手町新本店完成	
1962年(S37)		設立10周年預金の増強開始	資本金90億円，従業員1千人，債券4500億円 杉浦業務部長
1963年(S38)		3月外国部設立（海外事業室が昇格）	
1964年(S36)		10月ニューヨーク事務所 11月第一証券に専務派遣・支援	証券会社による債券（ワリチョー）の個人消化強化
1965年(S40)		（5月山一証券事件）	
1966年(S41)	宮崎一雄 （勧銀）	6月金融制度調査会開始	制度見直し議論開始（高度成長からの転換期論を踏まえて）
1967年(S42)		金融債が日銀オペ対象から除外	3月債券発行残高1兆円超え

1968年(S43)		6月個人消化の開始 7月第一次長期経営計画	個人消化部100名体制 金融債の自力消化による量的拡大
1970年(S45)		4月東証2部上場（資本金240億円） 7月金融制度調査会答申	「一般金融機関のあり方等について」既存の枠組みを確認（周辺業務について競争原理導入）
1971年(S46)	杉浦敏介 （勧銀）	2月東証1部に昇格 3月債券オンライン稼働	8月ドルショック
1972年(S47)		設立20周年	資本金340億円，債券2兆3600億円，預金4600億円，従業員2,400名
1973年(S48)		4月武藤常務逝去 7月ロンドン支店 11月アジア長銀（香港） 日本リースに役員派遣	1969年入行（MOFからの最後の取締役） 10月第一次オイルショック
1974年(S49)		1月長銀財形貯蓄開始 12月日本ランドシステムを改組（日本ランディック設立） サービス産業・国際業務重視を模索	オイルショックによるインフレで利金債9％（公定歩合最高9％に引き上げ） 「厚木パークシティ」の失敗（S52宅地開発公団に売却）
1975年(S50)		12月第一住宅金融設立	野村証券との合弁
1976年(S51)		9月融資オンライン稼働	
1978年(S53)	吉村勘兵衛 （勧銀）		12月第二次オイルショック
1979年(S54)		6月金融制度調査会「金融の自由化」答申 9月長銀インターナショナル（ロンドン）	金融の自由化や業務範囲の弾力化に向けて動き出す
1981年(S56)		11月リッチョーワイド発売	
1983年(S58)		4月長銀経営研究所	経営コンサルティング業務（財務分析サービス）
1984年(S59)	酒井 守 （勧銀）	6月公共債ディーリング開始（資金営業部）	1983年の国債窓販開始を受けて（社債受託に次ぐ本格的な証券業務）
1985年(S60)		4月第五次長計スタート 8月三光汽船倒産	水上常務企画部長（金融自由化の下で投資銀行への転換，貸出資産の圧縮を企画・提言）

第4章　長期信用銀行におけるミドルマネジメントのあり方　195

		9月プラザ合意	円高誘導
1986年 (S61)		4月前川レポート 東京支店新規開拓専門部 (営業第四部)	超金融緩和（バブル）の始まり 優良中堅企業をターゲットとした取引 企業数の拡大
1987年 (S62)		首都圏店舗での新規開拓 班の増強開始	
1988年 (S63)	増沢高雄 副会長	新卒大量採用方針開始 5月マッキンゼーのコン サル（リテール・証券業 務の育成，人事における 能力主義） 6月グリニッジキャピ タル買収	（1989年4月入行者から）
1989年 (H1)	堀江鉄弥 (プロパー) 増沢会長	2月大規模機構改革 4月第六次計スタート 不動産担保融資の急拡大	大野木取締役企画部長　規模の拡大， 3グループ制（投資銀行，営業G，業 務G），審査機能の弱体化，与信権限の 下さげ
1990年 (H2)		1月株価暴落 10月湾岸戦争による世界 的株価暴落	
1992年 (H4)		6月「金融制度改革法」	業態別子会社方式による相互参入
1993年 (H5)		1月共同債権買取機構の 設立 7月長銀証券（証券業務 への直接参入） 9月内幸町に新本店 10月大阪支店営業第六部 設置	イーアイイー向けなど不良債権回収へ の本格的取組開始 関西地区の不良債権整理・回収
1994年 (H6)		12月二信組経営破たん	「東京協和」「安全」の経営責任を問わ れる
1995年 (H7)	大野木克信	4月頭取交代	大野木頭取が経営方針として守るより 証券業務・国際業務の収益拡大で不良 債権問題を乗り切ることを表明
1996年 (H8)		住専国会・金融3法（早 期是正措置等）	6月に法案が成立し8月に住専の整理・ 解散
1997年 (H9)		7月SBCとの提携発表 10月営業機構改革でSBC 連携を強化 11月三洋証券・山一証券 の破たん	 以降，資金繰り危機が半年以上継続

196　第Ⅰ部　オーラル・ヒストリー「日本の大企業における大卒エリートのキャリア展開」

		株価暴落・店頭に債券顧客の払い戻しラッシュ 12月SBCがスイスユニオン銀行との合併を発表	
1998年(H10)	鈴木恒夫	2月金融安定化二法成立 小西常務辞任 3月公的資金導入申請と佐々波委員会 3月SBSが「破たん条項(distress)」を要求 4月執行役員制度導入 6月月刊「現代」に長銀破たん記事 長銀ウォーバーグ証券が140万株売り注文，株価100円を割り急落 「金融システム改革法」 参議院選挙で自民党過半数割れ（大敗） 7月金融監督庁検査開始 8月小渕内閣・臨時国会 9月日本リースなど会社更生法 10月28日金融機能再生緊急措置法による特別公的管理・国有化決定	申請2000億円，注入1779億円 6名の取締役会に縮小（箭内氏辞任） 4月「長銀UBSブリンソン投資顧問」 6月「長銀ウォーバーグ証券」発足 UBSとの合弁子会社が盗られる(distress条項) 住友信託との合併交渉不調 金融監督庁が3月末での実質債務超過を発表

第4章　長期信用銀行におけるミドルマネジメントのあり方　197

資料2　報告者職歴

年　　月	職　　務	職　務　内　容
1972 (S.47) 年 3 月	京都大学経済学部卒業	
同　年　4 月	日本長期信用銀行入行 融資第一部3班	電機，機械，造船重機の大企業融資担当
1974 (S.49) 年 10 月	札幌支店　融資担当	ガス，放送，観光，3セクなど
1977 (S.52) 年 12 月	融資業務部　業務担当	制度金融・住宅ローン担当
1980 (S.55) 年 6 月	通商産業省出向	機械情報産業局通商課
1982 (S.57) 年 10 月	営業4部　部長代理	商社（伊藤忠商事グループ）担当
1985 (S.60) 年 3 月	営業企画部　副調査役	企画担当責任者
1987 (S.62) 年 4 月	人事部　人事担当調査役	管理職職員の人事
1990 (H.2) 年 10 月	第一證券　経営企画部長	経営全般の企画・管理
1992 (H.4) 年 4 月	国際企画部参事役	国際業務の企画・業務管理，海外全拠点管理
1993 (H.5) 年 7 月	大阪営業第3部長 同第6部長	関西地区不良債権の回収・整理
1995 (H.7) 年 12 月	営業第3部長	電機・通信・情報・機械等の 大企業取引
1997 (H.9) 年 10 月	営業第4部長	流通関連大企業取引
1998 (H.10) 年 10 月	同行依願退職	（特別公的管理（国有化）へ移行）
同　年　12 月	(株)ルーグウェル 代表取締役社長	マンション・オフィスビル開発，ホテル・健康ランドの運営
2000 (H.12) 年 5 月	同社退社（社長を辞任）	
同　年　10 月	(株)マシンウェア設立 取締役社長代行に就任（同時に米国 VX 社取締役）	CAD/CAM ソフトの開発・販売 （VXCAD/CAM アジア総代理店）
2001 (H.13) 年 12 月	(株)日本規格総合研究所起業 代表取締役を兼務	ISO 規格に関るコンサルティング （情報セキュリティ，環境，品質，内部統制など）
2010 (H.22) 年 6 月	(株)日本規格総合研究所 代表取締役を辞任 同社清算人に就任	（同社の営業譲渡，清算に伴い辞任）
同　年　10 月	(株)マシンウェア 取締役社長代行辞任	（同社の営業譲渡に伴い辞任）同時に米国 VX 社の取締役辞任
2010 (H.22) 年 11 月	(株)ティ・エイチ・アイ CFO	建設機械のオークション，各種システム開発
2011 (H.23) 年 11 月	(株)ティ・エイチ・アイ退職	（業績悪化）

資料 3　長銀の人事制度

　長銀の給与・処遇は，興銀および都銀トップレベルを手本とし，それに追い付くことを目標とした．新設銀行であり，当初は収益力が十分でなく，資本や資産の蓄積も無かったことから，従業員の給与や処遇も同業トップレベルに比するとやや見劣りがしたものと思われる．しかし 1980 年頃には，トップ昇格者の年収水準では概ねキャッチアップでき，一流銀行の仲間入りが出来た．

　若い銀行であったので，昇進年齢ではむしろ興銀や上位都銀より少し早く，若い部長や取締役が選抜され，モラルアップの要因になっていた．最若手の部長・支店長は，参事の資格が与えられる 43 歳ごろに選抜され，取締役の第一選抜は，入行後 28 年目，49 歳であった．ちなみに同期の第一選抜役員が誕生するまでに，役員候補者以外は銀行外の子会社に出向となり，銀行内の役職からは全員が外れるように運用されていた．この考え方は，役員には先輩や同期に気兼ねなく力を振るうためにも，また人事の若返りを確実に図って行くためにも，理想的な人事運用であったが，キャリア官僚の昇進モデルを下敷きにしたのかもしれない．しかし，この理想的な人事モデルを実現するためには，役員になれない 90% の行員の受け皿が確保されなければならず，成長企業で多くの周辺ビジネスを持つ企業などにしか出来ない仕組みである．また長銀の場合には，こうして銀行外に出向・転出した従業員を含めて，高卒男子行員を含めた全員を 65 歳まで，実質は希望する限り終身，雇用保障していた．長銀に就職する限り一生の生活の安定を保証したものであり，古きよき時代のモデル的ケースであったと思われる．尤も，長銀が危機を迎えた 1990 年代以降は，受け皿となっていた関連会社（ノンバンクが多かった）の経営が傾き，この仕組みは大いに危うい局面を迎えていた．

　人事制度や職制は何度か変更されたが，学卒採用者には概ね次のようなキャリアステップが存在した．

自然年齢	資格		最小滞留年数	役職名
22 歳	書　記	書記 3 級	3 年	
		書記 2 級	4 年	
		書記 1 級	4 年	
33 歳	副主事		4 年	部長代理，調査役
37 歳	主　事		3 年	次長，主事
40 歳	副参事		3 年	次長，副支店長，副参事役
43 歳	参　事	参事 2 級	3 年	部長，支店長，参事役
		参事 1 級	3 年	
49 歳	参　与			
49 歳	役　員			

　（注）　上表は，記憶にあいまいさがあるため，一部不正確な情報があるかもしれない．

長銀の人事制度を語る上で欠かせないのが, 1988年にスタートした新人事制度である. これは米国のヘイ・アソシエーツをコンサルタントにして, ジョブサイズとパフォーマンスに応じた給与制度への変更を骨格とし, 当時急速に拡大していた海外拠点と海外（外人）採用への対応を念頭に置いたもので, グローバルスタンダードの人事制度に一歩を踏み出したものと言える. バブルで「行け行けドンドン」であった国内の中小企業営業開拓気運にも乗り, 業績連動型給与の考え方が時流に乗ったが, 一方でジョブサイズが小さく評価された受信部門（個人向け等の金融債販売）や事務管理部門のモラルが低下する弊害が指摘された.

新人事制度は, 個人別の厳密な業績評価を必要とし, 毎年ジョブサイズを見直す委員会を開催するなどの維持の手数が掛かり, またバブル崩壊で守りの経営に入る必要があった などの理由で急速に形骸化した. その後, 制度の変更は行われなかったが, 運用面では極端な業績主義は排され, 新人事制度以前の評価制度に近い運用が行われた. 破綻後には, この新人事制度がバブル融資を煽ったとして非難する見方も多く言われた.

人事評価（人事考課, 業績評価）は, 個別評価項目と総合評価に付いてS, A, B, Cなどの評価点を付けて行った. 勿論個々人で評価点は違うし, ばらつきが色々あり, 個々の評価が昇格や賞与に反映された. 多くの大学卒男子行員にとっては, 入行時から出世競争が始まるのだが, 昇格ペースが出世のメルクマールであり, 書記の段階では大部分のものが最小滞留年数で順調に昇格するが, 管理職に当たる副主事になる頃から, 徐々に昇格が遅れるものが増加し始める. 昇格は人事発令時や役職名で公表されるため, 誰が昇格し誰が遅れたかが分かる仕組みになっていた. 一旦昇格が遅れたものが, リカバリーでトップに追い付くことは殆ど例が無かった（とは言うものの新人事制度導入ごろには, 固定化された「印象評価」を打破するために, 意識的にリカバリー人事を若干作り始めていたが……）ために, まさに生き残りレースであった. 一旦昇格が遅れたものは, 出世レースから脱落したものであり, ライバルとは認められなくなり, スローライフに人生観を変えて自分の生活をエンジョイするようになっていった.

人事部人事担当になって初めて知ったことだが, 実は固定的にS評価の人が何人かおり, 経営側から見ると, S評価の人を絞って行くのが人事評価の目的でもあった. 最後までS評価を維持したものが, 第一選抜の取締役になるのだ. 一般に評価は, 上司との相性, 仕事の適正, その時の環境などにより左右され, Sの時もあればAやBもあると考えるのが自然であろう. 確かにS評価の人でも, 20代の若い頃の評価は, その様にばらつきがある人もいたであろう. しかし管理職になる頃に徐々に同期トップ（集団）と言う評価が固まり始めると, 人事部は人事異動に際して「エースを送るから」と説明し,

多くの場合人事部からその人材を与えられた部長や上司はその人物をその様に見，また評価に当たっては「Sの人を傷付けないよう」にS評価を付ける傾向があったようだ．極端なケースでは若い頃からSS（スーパーS）と言うのが定着していたものも何人かおり，将来の経営幹部と目されていた．大物であった尾見常務営業企画部長は，営業企画部に配属された管理者はS評価者しかいないはずだと，全員の評価を全項目S評価にしていたのを見た記憶がある．勿論人事部人事担当に配属されるものは，S評価のものに限られていた．全人事記録を見ることが出来る立場にあったので，自分の評価がS以外であれば自信を喪失することになり，また経歴に傷を付けた元上司に複雑な感情を持つことを妨げ得ないとの判断からであった．この様なトップのものしか配属されないエリート部やエリートセクションとしては企画部，人事部，営業企画部などがあり，それは公然と認識され，そこに配属されたものは同期のトップ中のトップと目されるようになっていた．トップ昇格者は，37歳の主事に昇格する時点では約半分位になり，参事では20％，最終の役員昇格時には10％程度に絞られた．

解　題

清 水 克 洋

　日本長期信用銀行（以下長銀）の破綻と，それに伴う長銀行員達の受難は，戦後団塊
の世代の大卒エリートホワイトカラーのキャリアと仕事の解明にとって，避けて通るこ
とのできない，同時に，極めて重い課題である．今回，元長銀行員清水ヒロシ氏から長
銀勤務時代とその後を聞くことができたことは，得難い成果である．

　清水ヒロシ氏は，1972 年京都大学経済学部を卒業して，日本長期信用銀行に入社し，
融資業務を経験した後，優秀な若手行員を官庁に出向させるという当時の長銀のポリシ
ーに基づき，1980 年から 2 年半通産省に出向して，プラント輸出推進に成果をあげた．
長銀に戻り，伊藤忠商事グループを担当してプラント輸出を中心に融資を拡大し，最大
の融資銀の地位を実現した．氏のキャリア展開は極めて順調であった．しかし，しばし
ば指摘されるように，長銀を含む，三長期信用銀行の金融債の発行による基幹産業への
融資は，すでにその社会的役割を終えていた．石油危機以降の低成長への転換，国債の
大量発行，都銀の長期資金市場への進出，大企業の証券市場からの直接資金調達など，
日本における資本市場が大きく変化し，1977 年に出された『日本長期信用銀行二十五年
史』は，「当行は歴史的転換点に立っている」と書いている．さらに，変動相場制への
移行，オイルマネーの蓄積は，アメリカ，イギリスの銀行を先頭に世界の金融市場の自
由化に帰結し，日本でも金融自由化，市場開放が進められようとしていた．長銀内部で
は，インベストメントバンクか「総合金融会社」かの方向選択が議論され，1985 年から
営業企画部に所属した清水ヒロシ氏は，後者を推す立場でかかわっている．しかし，折
からのバブル景気は，このような改革を頓挫させ，長銀は，貸し先のなくなった資金を，
ノンバンク，建設会社，不動産会社に流し込み，バブルがはじけると巨額の不良債権を
抱え込むことになる．清水氏は人事部を経た後，42 歳で第一証券に出向し経営企画部長
となる．それは，順調な昇進の継続ではあったが，そこでの主な仕事は，株価下落に伴
う含み損処理であった．その後長銀に戻ってから本店営業部長まで昇進した．従来の慣
行からは取締役になるところであったが，難局に対応するための機構改正で参与に止ま
る．仕事も，不良債権の回収・整理など事態の収拾のためのものとなっていた．結局，
破綻と同時に長銀を退社することになる．氏は，第二の道をマンション，オフィス，ホ
テル，健康ランドなどを擁する不動産会社の経営に見出したが，ここでも不良資産の処
理に追われ，結局はこの道も断念せざるをえないことになる．したがって，氏のキャリ
アは，バブル景気とその崩壊期の長銀と文字通り運命を共にしたものと言える．一方で
順調な，同期の中でも先頭を行く昇進を遂げ，将来は取締役から，経営トップを展望す
るものであっただけに，氏の話からは無念さがうかがえる．他方で，不良債権，不良資

産の処理という，後ろ向きの，しかし，個別の企業にとっても，日本経済にとっても果たすべき重要な仕事をやり遂げたという確信も強く感じられる．氏の話は，団塊の世代の大卒エリートの軌跡であるとともに，長銀破綻にかかわった行員の語りとして耳を傾けていただきたいものであり，これが，今やリタイヤの時期を迎えている多くの長銀行員たちの語りの始まりであることを願う．

第5章 総合自動車メーカー マツダにおける
仕事とキャリア

経 広 孝

元 マツダ株式会社 関連事業本部第一関係会社部部長

本章の元となったヒアリングは，以下の日時，場所，参加者で実施された．

日　時　2013年10月3日（木）15時00分〜17時10分

場　所　中央大学研究所会議室3

参加者

経広　　孝　（元 マツダ株式会社　関連事業本部第一関係会社部部長）

関口　定一　（中央大学企業研究所研究員・商学部教授）

谷口　明丈　（中央大学企業研究所研究員・商学部教授）

熊倉　広志　（中央大学企業研究所研究員・商学部教授）

斎藤　　叫　（中央大学企業研究所研究員・商学部教授）

清水　克洋　（中央大学企業研究所研究員・商学部教授）

宇山　　翠　（中央大学企業研究所準研究員・商学研究科（当時））

佐藤　　登　（中央大学商学部4年（当時））

磯貝　健人　（中央大学法学部2年（当時））

経広と申します．本日，私の経歴を話すということで，私が会社で経験してきたことを，これは一方的な見方になっているかも分かりませんが，そこはご容赦願うとして説明させていただきます．

1. マツダにおける経歴とマツダの経営

外国為替相場に振り回されたマツダの経営

　まず，図のほうで，概括的に会社の説明をさせていただきます．私は1972年の入社ですから，この年まで固定為替レート制でした．その後現在まで，為替レートは一番ひどい時は，75円ぐらいまでなっております．360円から75円ぐらいまでですから，円の価値が約5倍くらいになったわけです．

　マツダという会社は，国内販売が非常に弱い会社です．大半が輸出をしていた会社ですので，輸出企業から見れば，5分の1になったということです．ですから，同じ量や価格，コスト，そういうもので売っていては，同じものを売っても，売り上げはこの40年ほどの間に5分の1に自然となるところだったのですが，これにどう対応していくかということでやってきたのが，会社や従業員の最大の目標であって，また苦労でもあります．この会社，こうした円高への対応に忙殺されていたという感じを受けております．

　章末の資料に当期利益という欄がありますが，私の入った頃は東洋工業と言っていましたが，半期決算でしたので，半期で40億程度の利益だったと思い

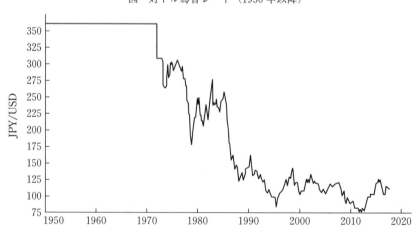

図　対ドル為替レート（1950年以降）

ます．したがって年間で言えば，80億ほど出したのだろうと思います．

　その後，1975年にマイナス170億となります．この時は，円高というよりはオイルショックの影響で，非常に販売不振になりまして，それで赤字が出たということになります．

　それから，1980年の頃は192億，そしてそれ以降，1993年まで黒字経営が続きました．この間は，一応円安，円が多少持ち直していたということです．円高にはなっておりますが，コストの面での対応ができていましたので，一応黒字が続いたのです．円も安定していたので，黒字経営でしたし，何と言っても，この時はバブルの時代でしたので，高く売れたりしたのだと思います．

　それから，1994年に489億の赤字で，以降，1998年までの5年間，赤字経営が続きます．この時の為替の推移を見ていただきますと，ぐっと100円近辺まで円高が進んでいます．これは，また対応できなかったということがありますし，バブルの崩壊というのも，主な出来事です．

　この頃，以前の黒字経営が続いていた時に，何とか国内販売を立て直そうということで，新しい販売チャンネルを作ったりしております．それが，相当な資金がいるのですが，それにうまく対応できなかったということで，バブルの崩壊とともに，こうした販売面での設備投資が裏目に出まして，相当な経営危機が続きました．

　それから，2001年に1552億も損失しています．ここで，2001年に早期退職を実施したということです．この時，退職希望者が殺到いたしまして，募集受け付け開始10分でこれを打ち切っています．このまま募集を続けていたら何千名出たか分かりません．

　その後，こうした人員削減の効果もあったりしまして，一応黒字になりましたが，2009年，また715億の赤字，この時も非常に円高が進んだということです．

　結局，一番初めに言いましたように，この会社は円高に対応しながら，円高が急激になってきたら，それに対応しきれないというようなことで赤字が出て，というようなことでした．通算しますと，私が勤めていた時の半分ぐらい

が赤字じゃないかと思うんですね．決して楽な会社務めではなかったと思います．日本の輸出企業の大半が，こうした中でやっていたんだと思います．今回のお話をいただいて，この資料をつくりながら，あらためてよく会社が持ったなと思っております．

それで，最近安倍政権になって，円安になったり，というようなことで，マツダもおそらく1000億以上の利益が出ると思いますが，相当なコストダウンと，コストへの抵抗力ができておりますので，多少円安になれば，一気に黒字になるような体質にはなっているだろうと思います．

マツダ入社——経理部配属，そろばん記帳

概略はこのような感じですが，私の職務との関係で，あらためてもう少し詳しく，この資料に基づいて説明させていただきます．1972年に私が入った時は，主な出来事の欄に社員数，3万6000人と書いていますが，それぐらいおりました．この頃，当時はロータリーを世界で初めて車に実用化したということで，会社も非常に元気だったというような状態でした．

皆さん，覚えておられますか．松田耕平さん．この会社は松田家というオーナー会社でしたので，この方が新入社員に教育で出てこられまして，「今，多少不景気なので，百万台体制を作ろう」「チャンスだから，設備が安く買えるから百万台を作るんだ」というようなことでした．私は新入社員でしたが，多少不安を感じた覚えがあります．世の中，景気が悪くなりかけているのに，増産というのもよく分からないな．これが，オーナーというものなんだろうな，と思いました．

同時に，職務歴の欄に書いておりますが，経理部の会計課というところへ配属されまして，販売費および，一般管理費の記帳などをやりました．この頃，記帳というように書いていますように，まだそろばんで集計をして，それから帳簿にはつけペンで記帳するような時代です．こうした記帳をするのでも，人数が何人かいまして，机を並べて会話があったりして，今から思えばのどかなものでしたね．楽しい時代です．私は，大学時代経理の勉強をしたことがなか

ったので，慌てて本を1冊買いました．付け焼刃で勉強したという思いがあります．

その後，記帳というものはペンから電算機になっていったり，相当進みます．当時から，経理部の中で原価計算課というのが別にあり，この車の原価を計算するほうは電算化，コンピューター化はだいぶされていましたが，全面的になったのはこの後ですね．

オイル・ショック，全社的予算管理の開始──社長室予算管理課へ

先ほども利益の欄で少し説明しましたように，オイルショックがあり，ロータリー車の燃費が悪かったものですから，急激に売れなくなりまして，過剰在庫が表面化して資金繰りに行き詰まり始めたというようなことがあります．この時，住友銀行，住友信託も含めて，役員さんが派遣されてきました．松田耕平さんというオーナーも退任されたということで，松田家の影響力もなくなっていったということです．

資金繰りが中心の経営危機でしたので，賞与の3分割支給とか，生産調整のための臨時休業など，結構やられたりしました．これに対応するために，コストコントロール部というのがつくられまして，いろいろなコスト削減を，そこが中心になって全社的に進めてきました．私もこの時，この部の中に予算管理課ができ，そこへ配属になりました．

それで，部門別の予算管理というのは，売り上げや原価や経費，損益管理，全般的にここで導入したということです．これまで，マツダにはそうした損益管理がなくて，販売費および一般管理費について，部門別に多少の予算管理はありましたが，全社的な予算管理というものはなかったのです．経理部で予測をしていたということですね．

私も，その前が経理部におりましたので，こうした予測業務はやっていたのですが，単に予測をして，後は経理部長なり，経理担当重役のほうで対応をどうするかというようなことをやっていたレベルだと思います．まだ新入社員の段階ですので，そんなには詳しくは分からなかったのですが，ここで初めて部

門別の，会社を数字でコントロールするというような体制ができ上がっていったと思います．

　それで，住友銀行が入ってきていますので，結構厳しい対応でした．私が直接担当してたのは，稟議書についてですが，この稟議に書かれたこの案件は年間でどれだけの予算があって，これまで幾ら使ったというようなことを付けて出したり，予算外の項目がきますと，その経費はどこの予算を減らして対応するか，そういうことを，部門に義務付けられたわけです．そして，住友銀行の人に回すというような感じでした．今で言えば当たり前のことなのですが，それまでマツダという会社にはそうした管理がなかったと思います．

　次に，社長室予算管理課というところへ配属になりました．この経営危機を受けまして，社長室の名前で長期の経営計画を担当する，あるいは設備投資計画を担当する部門ができ，それと，短期の経営計画，予算管理を一緒にしていこうというようなことで，部門が移ったということです．

　この頃，1975年ですが，オールマツダセールスマンということで，セールス出向が開始になりました．最初は，5,000人ぐらいが一度に販社に行ったと思います．36,000分の5,000ですから，7人に1人ぐらいが出ていきまして，工場の人から開発の人まで，もうこれはどの部門によるかにかかわらず行きました．最初は1〜2年で終わる予定でしたが，延べ17,000人ということで，1982年まで続きました．

　この間，私はこのセールス出向は断って行かなかったのですが，その代わり残された者も結構朝から晩まで忙しく，昼飯を食べたり食べなかったりというような感じで仕事をしていましたので，結構大変でした．

　ここから私の会社生活も多少変わってくるのですが，なかなか黒字予算が組めないものですから，私の業務としては，各部門に経費削減の要請をしっぱなしということで，もう自分で多少嫌気がさしてきたのです．

　少し戻りますが，主な出来事という欄に，フォード25パーセント出資ということが，1979年に行われています．この頃，自動車産業の自由化ということがありまして，マツダは輸出比率が高いものですから，円高が進む中で，単

第5章　総合自動車メーカー マツダにおける仕事とキャリア　209

独では生き残れないだろうということで，1972 〜 1973 年頃からフォードとの
出資の交渉が行われていたようです．いったんは中止になったのですが，あら
ためてこの時点でフォードが経営権には口を出さないというようなことで，25
パーセントの出資を受け入れたということです．

　実際，こうした交渉は私達には関係ないのですが，後から聞いたり，最近，
これを機会に他の資料も見てみますと，今言ったようなことで，経営権には口
を出さないというようなことで，取りあえず出資を受け入れたということでし
た．

　これによって，マツダはフォードへの部品の輸出などが進んだりして，メリ
ットを受けたと思っています．フォードから来られた人は，専務クラスの人が
派遣されたようですが，実際には神戸か横浜に住んでおられて常勤しているよ
うなこともなかったと覚えています．この当時は，フォードの影響はありませ
んでした．

　それで，フォードの出資予算編成時に，部門と，どういう業務をやって，そ
れでどれだけの金を使うという業務計画書を読みながら，この経費はもっと減
らせないのかという話をするのですが，何分こちらより，業務については向こ
うの方が当然分かってるわけですので，もうこちらは何をしているのか分から
ないような感じになってくるのです．これはもう少し実際の会社実務の勉強を
しなければいけないなと思いまして，出向させてくれと言っていたのです．

　そして，資料にもありますが，ジャトコという会社への出向が決まりかけて
いたのですが中止になり，マツダ興産へ出向しました．このジャトコという会
社は，日産とフォードとマツダが合弁して作った会社でした．それまでは，若
手社員の研修の場，育成の場として，ここへの出向が位置付けられていたので
すが，ちょうどこの頃フォードが出資を引き揚げまして，日産とマツダとの 2
社合弁になって，今までのような研修の場としての位置付けから，もう少し実
際の経営権を含めた，実務的な人間を出す方がいいということになり，私の出
向は中止になったのです．それで，私はいきがかり上，出向を要請していた
ら，マツダ興産へという話があり，出向しました．

マツダ興産へ出向

それで，私のマツダ興産への出向なのですが，職務歴のところへマツダ興産への出向，エンジニアリング本部の経理および収益管理というように書いていますが，その下にグリーンボーイ，ロボコン，プラント，2段式駐車場とあります．これらが主製品です．グリーンボーイというのは，ゴルフ場でキャディーさんが運ぶバッグをグリーンボーイという無人搬送車に乗せて，キャディーさんの仕事を楽にするというようなものでした．

それから，ロボコンというのは，工場内の工程間の部品や資材の自動搬送システムで，これも一応車両ですが，そこへ自動で部品をある工程からその車に受け取って，次の工程へ持って行って，また新たに下ろすという，そうした製品もつくっていました．

それからプラントというのは，マツダ向けのプラントなどが中心でしたが，設備工事をやっています．

その後，2段式駐車場をやったりしていました．これは，マツダに工務部という部門がありまして，工場建設などで，工場の保守などを担当する部門がありましたが，そこの一部が電気技術などの知識を利用して始めた新規事業で，マツダ興産の仕組みで育成するという位置付けでやっています．

マツダ興産に関しては，マツダの従業員や家族を市場にした自動車保険とか生命保険とか，それから一戸建て住宅や土地を斡旋したりするような会社で，相当儲けていた会社です．そこの仕組みを利用して，新しい事業をやっていたということです．

この右側にありますが，今はつぶれていますが三洋電機や，日立の名前で，新神戸電機というようなところと，あるいは自動搬送車では，松下や東洋運搬機等々と競争したりして，規模の割にはけっこう厳しい市場でした．

赤字経営がずっと続いてましたが，最終的にはエンジニアリング事業の縮小決定ということになりまして，一時は廃止ということになって，注文を現に受けているお客さんとか，過去のお客さんのところへ連絡し，やめることになりましたということで断ることもありました．マツダというブランドで製品を売

っていましたので，作りっぱなしの，放りっぱなしになりますので，ブランドが損なわれるということで，縮小ということで，メンテナンス等を中心にやりました．

　この下に，「赤字は罪悪との考え」と書いてありますが，このマツダ興産という会社は複数の，先ほど保険や不動産と言いましたが，それ以外の事業部もございます．こうした儲けている部門の中で，赤字の部門があるということは，相当周りから悪く言われるものです．赤字を出すことは大変なことだということが，十分身にしみました．

　出向そのものは，私が前のコストコントロール部，予算管理業務をやってきた中で，これはもうちょっと自分なりに知識と経験を身につけて，出向した後にもう1回帰りたいと思っていたのですが，そういうことは実際にはありえませんでしたね．

出向の位置づけの変化

　当時，マツダには本業関連の重要関連会社が少なく，職務暦の右の中ほどにも出向は珍しいというように書いていますが，自分から出向させてくれとかいうような人間も，例がまずなかったですね．少し自分に思い上がりがあって，こうした行動をしたんだろうと思っております．

　ただ，だんだん，エアコンをつくる会社を松下と合弁でつくったり，自動車用の電気部品製造会社を NEC とつくったり，それから先ほどのジヤトコとか，そうしたことで，自動車をつくる本業と直接関係した関連会社も設立してきましたので，そういうところでは出向というものの位置付けはだいぶ変わってきたのですが．販売関連を除くと，この当時重要な会社はほとんどなくて，55歳定年から60歳定年になる時，社内分社化を進めるんですね．そこで設立したような会社が結構ありました．別会社と言いましても，将来的にはプロパーと取りかえて人件費差額，人件費のコストダウンを狙うというような会社が中心でしたので，出向の意味合いもだいぶ違います．

　そのエンジニアリング本部の時は，相当苦労して，あまり良い感慨は，経験

はなかったと言いましたが，自分自身は何とか黒字化したいというようなことで，十分やりがいはありました．縮小決定というのがなければ，そのままいたと思いますが，何分にも事業をやめようかというところにいても仕方がないので，帰ることにしました．そのままいたら，その会社の出向先に取り込まれそうな感じがしましたので，帰してくれと自分で言って，帰っていったのです．

本社復帰　関連事業部

それが1987年ですから，44歳前ぐらいで帰りました．職務暦に関連事業本部に帰任ということで，まず「① 関連会社の間接部門の分社化，企画推進」というのを書いています．ずっと円高で，経営自体は黒字は続いていたとしても，絶えず合理化を進めていかないといけませんので，55歳から60歳の定年延長で分社化した業務があるのですが，それ以外の業務もどんどんしようということで，当時の担当役員が，3,000人を分社化するんだと大きなことを言って，分社化に取り組みました．

会社の警備部門とか，それから社内運送業務で，社外の下請け，部品メーカーから運ばれてきたものも，今度は社内でいろいろ運送したりする業務，こうした業務を分社化しました．

あと特許の管理，それからサービスマニュアルの出版業務の分社化を行いました．それ以外も，いろいろあったような気がします．

これの狙いは，先ほどから言っている，どうしても必要な業務ですので，すぐ外へ委託するというのも，今度は人の首切りというような問題が生じますので，分社化してマツダの仕事を基盤にして，少しでも社外の類似業務の仕事をマツダに取り込むということで，雇用維持を図ろうというものです．

それから，こうした部門はもともと高齢者の人を集めていましたから，だんだん時間とともに定年がきますので，その一部をプロパーに，若手社員を雇って人件費を下げるということ，それから，相変わらず他の部門からも高齢者が出てきますので，そういう人を受け入れるという，ミックスしたような形の会社をつくっていったようです．

私自身としては，こうした業務を分社化した後，リーダーになる方と一緒に進めていったのですが，そうした人達と触れ合うことができまして，なかなか大した人が多いなと思いましたし，いい経験でした．

関係会社の収益管理

その下に「② 関係会社の収益管理」とあり，その右に，従来購買や運輸などの，マツダの担当部門が管理していた関係会社の管理を集約し，管理というように書いています．少し分かりにくいですが，購買とかいうところは，広島の地場の会社に対して，そこへ33パーセント，重要事項の拒否権を持つだけの出資を進めていました．それから運輸会社も，地場のオーナー会社を徐々に買収というか，出資を増やしていって，結構大きな運輸会社をつくっていました．それを結局，購買部門と運輸部門が，自分の部門の都合がいいようにやるわけです．

それはそれで，否定されるべきものでもないでしょう．マツダ，親会社の立場から見れば．しかし，それだけでは，そうした会社の収益管理がうまくいかないし，そこに多少癒着なりがあります．それから，この会社自体をもっと自立させていきたいとか，その会社のマツダに対する不満も相当あるでしょうから，そうしたものを断ち切ろうというようなことでしょう．この関連事業部の方へ管理を移管しまして，それを収益管理をするということで，一応，発注部門の立場とは直接的には切り離した形で，育成しようということになりました．私としては，マツダなどの窓口として関係会社と発注部門との間を，調整するというようなことでした．

フォード流の厳格管理下で精神疲労

これが，資料の主な出来事のところで，1996年にフォードが33.4パーセントの出資ということを書いています．ちょっと調べたら，それ以前，1993年，フォードとの戦略的協力関係構築発表というようなものを見つけました．この1993年頃から，フォードの役員さんが相当入ってきたし，フォードの社員さ

んも入ってきていました。

それで，その頃から，先ほどの収益管理というのは，相当厳しく行われました。とくにフォードの管理という面で私が感じたのは，1つはその年の目標利益というのは，どんな手段をとってでも達成する，そうしたものすごい強烈な意識がありました。私達なら，理由を付けて，こうだから今回は駄目なんだなというようなことを，言い訳をしていましたが，その点は，もう絶対に許さないというような感じで，これは強烈なものがありました。

それから，もう1つはキャッシュフローですね。ちょっと忘れたのですが，投資回収の年数とか，その辺りが非常に厳しかったです。その辺りを，マツダの関係会社へ出ているトップの方々と話していると，やはり短期の収益，投資回収を早めるということは，どうしても投資活動そのものが小さくなりますから，長期の視点でというのができないということで，自動車部品へ出た会社の方などは，そこはだいぶ抵抗されていました。それも両方分かりますが，何分にも親方が短期主義でしたので，だんだんそういう方の考えも変えられていきますし，そういうことで，フォード流は貫徹していきました。

赤字関連会社の売却・解散処理

それから次に「③ 関係会社の統合売却」とありますが，これは先ほども言いましたように，1994年に500億ぐらいの赤字になって，以降5年赤字経営。それからその下に，1999年から2000年は黒字とありますが，これもまた説明しますが，実質は赤字でしょう。

2001年の大赤字，あらゆる資源を本業に集中する以外はないというようなことで，それまで売れるものはすべて売るというような方針でした。それで，私達の部門でも，株式や土地の売却も総括を私達の部門でやりました。マツダが結構土地を持って，販売会社に貸してたりしていましたので，不採算拠点を整備して，その土地を売るとかですね。それから株式も，住友銀行以外のものはほとんど，売れるものは売ったような感じです。

その一環で，会社も売っていくと。先ほど話しましたが，地場の会社に3割

ずつぐらい出資していましたが，それももう引き上げるとかいうようなことを
やったりして，冗談で，「車は売れん．売る物，車はいくらでもあるんだけど」
ということを言っていましたね．

　その後，三菱自動車が経営危機に陥りました．あそこは実態は分かりませ
んけど，三菱グループの経営支援が何千億という単位ですから，非常にうらや
ましい気がしましたね．

　そうした時，銀行というのは，住友銀行なんか絶対貸してくれませんよね．
ですから，大口の資金を調達するのに，この時点では防府工場は結構広い面積
ですが，そこも実際はもう売っているのです．売って，資金を調達して，再リ
ースし，そのまま生産する．

　それから最近は，去年までまた赤字が続いていましたから，実は本社工場と
いう広島にある工場の方も売っているのです．それで資金を調達して，再リー
スするということで．ですから，マツダという会社は，あまり外に言ってもら
っては困るのですけど，もう何にもない．あるものはもう技術ぐらい，車を売
る以外ないんです．そういう感じですね．

　こういう中で，私も関係会社を売却したり，解散したり，それから社内分社
化をしたり，いろいろしました．この部門に十何年いて，関係会社との関係も
愛着がありましたので，実際は売却したくなかったのですが，それが方針です
から，従わざるをえないということでした．１～２度，計算上，売却しても儲
からないという数字が出て，売却を止めたようなこともありました．そういう
ような流れで，大半の関係会社を解散に持って行ったのです．

　人についても，出向社員はまた帰るわけですから，それでいいのですが，プ
ロパーの方が結局仕事がなくなるということがありますので，私も何とかプロ
パーの再就職とか，譲渡先へ何とか人数をできるだけ受け入れてもらおうとい
うので，これは相当苦労しました．半分ぐらいは何とか引き受けてもらえまし
たが，半分ぐらいはやめざるをえないというような状態でしたね．

マツダ産業出向——早期退職へ

私自身も，ここに少し精神疲労と書いていますが，実際はうつ病に近くなりました．もう体もふらふらになりました．

それで，2001年の早期退職募集というようなことで，私も応募する予定でした．そのことは，実際に言っていたのですが，これで健康保険も使えなくなるし，長年，ちょっと体が悪いところがあったので，ここで治しておこうと思いまして入院していましたら，マツダ産業という会社へ行かないか，フォードもこの会社にいないし，やれるんじゃないかということで話がありました．

実際問題，まだ51〜52歳でしたから，52〜53歳かな？　再就職も必要でしょうし，子どももこの頃，まだ大学へ行っているか，受験するかという頃でしたから，出向しました．

あとは，あまり話すことはないのですが，マツダ産業という会社も，初めの60歳への定年延長を機会に分社した会社でしたが，この頃は特装車，分かりやすいので言えば，車いすなどを乗せて運ぶ福祉車両のことなんですね．これをスズキの軽自動車を買ってきて，福祉車両に改造して売ったりしていました．

それから，設計業務，マツダへ設計者を派遣する．これも派遣社員をここのマツダ産業で受け入れて，教育をして，3DCADかな，あの教育を実施して，派遣するということです．

一方で，独自の設計者も雇っていたのですが，それが結構大きな規模になり，1,000人はいたと思います．なかなか儲かる会社でしたね．派遣業というものは，かなり儲かるというようなことが実感できました．

このマツダ産業へ出向して，経理・総務，人事担当というようなことで，3〜4年やりましたが，何分にも，先ほどのうつ状態が進んできましたので帰任しました．こうして勝手に帰ったりしたものですから，今まで販売というものには一切関係なかったのですが，今度は国内自動車販売本部，郷心会に出向させられまして参りました．

郷心会という組織

郷心会という組織がありまして，これは，十何年前にできている組織なんですが，マツダというのは広島県での存在というのは，経済規模で2割以上ありますから，地域に与える影響は非常に大きいのです．逆に言えば，マツダへ納入する，あるいはマツダが調子悪くなったら影響を受けるという方もたくさんおられますので，県とかが中心になってマツダを支援する会をつくりました．年会費1万円の会費制で，各地域の商工会議所ごとにつくりました．それなりの組織で，マツダ車を購入しようという運動をやっている組織です．

こうした組織というのは，他には当然ないでしょう．そこで，そうした郷心会の事務局ということで，実際の活動は親睦組織で，カープの試合を見に行ったりとか，各地に親睦旅行をしたりして，その世話をするような仕事でしたので，長くはやっていられないなと思って，58歳でやめました．

そして，1年休職を取りまして，59歳でやめました．

決して明るい会社生活ではなかったようなことを，報告したと思いますが，自分では，精一杯やってきたように思います．

2.「総合自動車メーカー マツダにおける仕事とキャリア」を めぐって

マツダ入社

清水：経広さんが入られた時には大卒，高卒も含めてですが，どのぐらいの入社だったのですか？

経広：はっきり分からないですが，大卒の文科系は，40人ということでした．

清水：文科系は，40人．

経広：はい．それから技術系は，70～80人いたと思いますね．40人の文系は，それ以前に比べると少なくなったはずです．

清水：少なくなったのですか？

経広：はい．というのが，マツダというのはこの4～5年前，私達より6年ぐらい前，入った人の話を聞きますと，軽が中心でしたけど，結構売れていたん

です．その後，だんだん，トヨタ，日産が伸びてきたので減っていって，私達の時はそれで採用人数も少ないのです．

谷口：マツダって，マツダはファミリアですね．あれがすごい売れたんですよね．

経広：そうですね．

谷口：ファミリアは，経広さんがいる時ですか？

経広：いや，ファミリアという名前は，それ以前からありました．おそらく谷口さんが言われているのは，このセールス出向が始まった後ぐらいに，赤いモデルでものすごい売れたことがあります．その頃のことですね．

谷口：だから車というのは，一種の博打みたいなもので，一発当てれば何とかなるんだみたいなことを言っていたような気がするんだけれど，いや，実はそうではないんだという．でも，マツダはこれからかなり回復したんですよね？

清水：これは今回もお話があったのではなかったでしたか？　ロータリーで．

経広：ロータリーでうまくいくと思って，いろんなことをしていたのですが，それが，オイルショックで全部駄目になって．今回この話をいただいて，マツダの資料を出してみたのですが．労働組合の文書の中に，1981年に大ヒットしたファミリアで，業績が改善したと書いてあります．

　それから，1985年にアメリカへ単独で工場をつくっています．その後，このアメリカの工場はフォードと合弁になりましたが，今どうなっていますかね．フォードも調子悪くなりましたから，また単独になっているかもしれません．

経理部配属，独学

谷口：基本的には，会計，経理．管理ということですか？

経広：はい，そうです．

谷口：この部門をずっと歩いてこられたというふうに考えていいわけですね？

経広：はい，そうです．

関口：そういう管理，経営の仕事は独学ですか？　会計の知識とか．

経広：もう独学ですね．深く勉強したわけではないです．実際に実務をやる範囲で，必要な範囲だけ勉強したということです．

谷口：最初は自分で経理に行きたいという希望ですか？　それとも，お前行ってこいっていうことですか？

経広：そうです．行け，いうことです．

谷口：そうですか．最初に配属されると，文系の場合は，マツダではだいたいそこでずっといくという感じですか．

経広：そうです．

清水：同期では何人ぐらいの方が行かれたんですか？

経広：5人．販売部門へ行く人と，それ以外の事務系に大きく分かれていましたね．

谷口：営業とそれ以外という感じですか？

経広：はい．それ以外というのが人事だとか経理，購買ですかね．

関口：管理部門と営業部門の人の人事の交流などはあまりないのですか？

経広：ないですね．結局，専門職を育てるということでしょうね．経験を積まないとできないことが多いですから．

わがまま出向

谷口：そして，マツダ興産に出向されたのが，1981年ですか？

経広：はい．

谷口：1981年から1986年ということは，6年ですか？

関口：新入社員で入って，いろいろな職位があると思うのですが，だいたいどんな感じで昇進，昇格しているという感じなんでしょうか？

経広：主任というのが，役職では一番初めの役職なんですが，これがマツダ興産にいる頃だったと思います．そんなに遅れてはいなかったと思いますが．平均だと思います．それから課長になったのが，マツダへ帰ってからですね．

谷口：関連事業本部でですか．

経広：はい．課長になったのは，1年ほど遅れているんです．

清水：結構ご自分の意思で，出向したり，戻ったりしておられる感じがするのですが．

経広：わがままですね．

谷口：わがままが許されたりする方っていう？

経広：ですから，あまりいい会社生活ではなかったけれど，自分の思うようにした気分はあります．

谷口：ありますよね．

清水：出向のときは，ちょっと特殊な，そういうところに行ったのは珍しいと言っておられましたが，一般的にはやっぱりそういうふうに動くのは少ないということですか？

経広：その頃は，関係会社自体が大して重要な会社ではなかったですからね．ですから，説明の中で，自分の思い上がりということを言ったと思いますが，自分はそうしたところで勉強してもう1回帰って，もう少しマツダの計数管理を良くしたいという気持ちもありましたから．それが，そういう気持ちで出してくれと言って出て行ったのですが，出て行ったらそんなものではなかったという．

　関連事業部に帰って，マツダの中を見てみましたら，管理がいろいろな部門へものすごく発展していましたね．だから入社した頃なんかは，その頃から思えば管理というものはなかったのと一緒みたいなものですね．ですから，逆にそのままいたほうが良かったのかなって，後から思ったこともありますけどね．

　マツダのガバナンス

関口：マツダみたいに十分大きい会社でも，1970年代ぐらいにはそういう管理の状態にあったんですね．ちょっと信じられないような感じもしますけれどね．

経広：まあ当時は新入社員ですから，私達が肌で感じたのはこの書いているとおりです．

谷口：オーナー会社だから，結構短期の判断というよりも，「行けるだろう，やれ」というような，そういう感じではなかったですか？　最初に入った時にショックを受けたとか，大丈夫かと思ったという印象．まずプロフェッショナルな管理をやるというよりは，管理で企業を動かすのではなくて，企業家としての勘とか，精神面とか，そういうところで会社を動かすという，まだそういう時期だったのでしょうか？

経広：当時は新入社員なのでそうはっきり言えませんが，そういうような気はしますよ．アメリカでロータリーエンジンが10万台はありました．私が会計課に配属された時に，そうした在庫の数字はくるんですね．それを私が記録していたので，もうびっくりしましたね．それは，アメリカで1万台しか2万台しか売れてない時に，最高10万台も持ってですね．それでやっているわけですからね．びっくりしましたよ，もう．まあ今こそそんなことはないですが．

「社風」，会社の「雰囲気」

熊倉：個人的な感覚として，企業の戦略というのは，社風に従うんじゃないかと思っているのですが．ずっとサラリーマンをやっていたもので．ちょっとマツダの社風っていうのは，あまりイメージにないので，今，その1万台しか売れないのに10万台と言われましたが，その社風というのは，どのような社風なのかを教えて下さい．

　それから，最初はオーナー企業で，次に住友銀行が入ってきて，フォードが資本参加してという感じで，要は経営者が変わっていきましたよね．その過程で，社風というのは変わっていったのか，それとも根っこの部分は変わらなかったのか，その辺りのところはいかがですか？

経広：社風というと，どういうふうに言っていいか分かりませんが，私が会計をやって感じたことは，決算期末に売り上げを上げるために，経理部の人間が，大勢動員されて，車を船に積み込む．すると，船に積み込んだら売り上げなんです．信じられないのですが，それをずっとやっていたわけですね．信じられないでしょう．そうした会社ですから．利益に非常にこだわっていたので

す．少し無理をしていた．

谷口：それはどうしてですか？

経広：やはり銀行で金を借りるためだと思うんですけどね．

谷口：そういう雰囲気というのは，自動車会社の雰囲気なのか，それは何なんですか．やっぱり車，技術屋さんの雰囲気なんですかね．

経広：その頃の広島では，やはり大きな会社でしょう．そこで地場での付き合いとかいろいろあるでしょうから，体面ですかね．ちょっと考えられないという気もしますけどね．

清水：何か話を聞いていると，やはり車って，先ほども出てきましたが，当たり外れが大きいから，当てたらいいんだという考えでしょうか？

谷口：それもあるかもしれない．やはりマツダはロータリーエンジンにかけたというところがあって，技術屋としての技術，燃費の問題は別にして技術的に考えたら，やはりロータリーエンジンが一番良いエンジンだという，そういうこだわり．こだわり続けているわけですね？

経広：いや，技術面はそうだったのでしょうけどね．まあ，私が属した経理から言えば，今みたいなことで，その後，変わるにつれて，これはもうそこから直していきましょうということで，うその数値というものは，一切排除するという．うその数字だったんですから．それは，意識は変わりましたよ．住友さんとか，そうした資金繰りで苦労したということから，そんな曖昧な数字で経営をしても仕方がないわけですから，悪いことは悪いというようなことで対応して，そういうふうな社風にはなっていったと思います．

　ただ，住友の時はフォードが入ってきて運営した時ほど，厳しくはなかったと思いますけどね．フォードはきつかったですね．

谷口：ただ，そういう一種の計数管理が非常にきつくなってくる．そして，フォードも非常に短期的な，あるいは部門別の利益とか予算がある．それが非常に強烈になってくる．そうすると，実際の車をつくる，売るという，こちらは，やはり変わってくるのですか？　それとも，皆さん，昔ながらの車づくりをやっているのか？

第5章 総合自動車メーカー マツダにおける仕事とキャリア 223

経広：これも直接は経験していませんが，組織，部門を眺めていても，いろいろな部門ができていますからね．だから，長期的に製品，商品開発の計画とかというのができていったと思います．ですから，きちんとした会社になっていると思いますけどね．ただ，この円高が，NTT とか公務員さんとか，円高に関係ない会社がうらやましかったですね．

　ですから今は，おそらく軽く1000億の利益は出ていると思いますね．これだけ対応していけば．まあどの会社もしているのでしょうけれど．

　「郷心会」とは

関口：最後におやめになった時には，販売会社の組織ですかね．

経広：いや，社内の組織です，マツダ郷心会．事務局はですね．

関口：郷心会に入っている企業は，マツダの関連会社ということですか？．

経広：いや，違います．

関口：サポート会社？

経広：いえ，もっと幅広いです．結局，商工会議所という，地場のいろいろな業者ですね．この業種の方が相当数，4,000 ～ 5,000 社は入っているのではないでしょうか．ですから，ここへ何とか車を買ってもらおうと．ただ，お互いに入るということも，1つの付き合いですね．だから，お互いがいろいろな思惑で入っておられるでしょうからね．

谷口：これは広島だけですか．それとも，全国的ですか？

経広：いや，広島だけです．

関口：関連する部品会社とか，そういう会社がたくさんあると思うのですが，やはり，これもマツダ独自で，広島，中国地方にそういう関連企業をたくさん持っていたわけですか？　経営を支えた企業を，マツダ自身がたくさん持っていたのでしょうか？

経広：郷心会の会員企業の大半はマツダとの直接的取引はないですね．

オイル・ショック，円高不況，出向セールス

関口：思いだしましたが，私は1975年から77，78年頃，この近くの多摩のアパートに住んでいました．そのアパートの空室に，広島弁で話す人達が数名越してきました．ある日，話を聞いてみると，マツダで自動車をつくっていたのだが，工場の操業が縮小され配置転換で，東京に来て，車の販売をしているということでした．売れますか？　と聞くと，大変だ，と言っていたのを記憶しています．確かに，全く違う土地と仕事でさぞ苦労が多かろう，と思いました．

経広：それは大変ですけどね．中には向いていた人もいますし，人によりけりです．ですから，最終的には販売店に残った人もいますよ．それはほんの少数ですけどね．

関口：大部分は，また戻っていったわけですよね．

経広：ええ．

関口：でも，まあそういう形で雇用を維持するという形になるわけですね．

経広：そうですね．

斎藤：よろしいですか？　セールス出向ですが，この社内的な評価というのは，どうだったのですか．その後1980年以降，黒字に転換するみたいなのですが，これはやはり為替との関係は強いんですか？

経広：ええ．基本的には，多少為替が良くなって，それが落ち着いているということと，コストダウンということをやっていますから．セールス出向への評価は，一般的には，開発の人がお客さんと直接会えるので，お客さんの立場に立った設計ができる，車の開発ができるとか，そういうことを言ってますが，それは，むしろ社外からそういう言葉を聞きます．社内的には，あまり評価うんぬんはなかったですね．

斎藤：そうですか．

経広：いや，それは私が社員同士の中で，あれは良い制度だ，動きだったというような話はなくて．結局勤めている者が，自分が辞めるか行くかの選択ですから，業務として行ったというのがあるとは思います．

　ただ，その中で何人かで行っていますから，人間関係をつくって，その後も

ずっと親しく付き合えたとか，そうしたことは良かったんだろうと思います．しかしこれ自体は，販売店もそれなりに経費の負担をしていますから，それに見合う車の売り上げがあったかどうかと言ったら，あまりなかったのではないかと思います．公式にそうした統計というのはないでしょうけれども．

斎藤：延べ17,000人というのは，この1975～1982年の7年間ですか？

経広：はい，そうです．

斎藤：大体実数だと2,000～3,000人ずつというような計算になるんですか？

経広：でしょうね．でも，最初は5,000人，8カ月ぐらい行ったんじゃないですかね．それから，販売会社のほうも，そんなに来られてもというのもあるでしょうから，調整して行ったんだと思います．

清水：5,000人出して，8カ月で戻してるわけですか？

経広：ええ．それは，もう行きっぱなしにしたら，生活から全部破綻しますからね．

清水：ともかく行って？　たぶんそんな戦略もなくはないけれど，戦力にもなっていない仕事を，それは仕事はくれるかもしれないけれど．一時帰休とあまり変わらないですよね．

斎藤：そうですね．

経広：だから，雇用の維持的な面もあるんですよね．

谷口：今だったら，やらないですよ，今だと，難しいでしょう．

清水：今だったらね．

経広：でもこの会社，最後に2,000人していますけどね．それから，早期退職制度というのは，前から制度としてはあるのですが，これをもうやめるから，割増金をもらえるのはこれが最後だから，応募しなさいとかですね．そういうようなちょこちょこした，人をやめさせることはやりましたよね．

　それから，どこの会社でもやったのでしょうが，いろいろなところへ人を斡旋するとかですね．そうした努力はずっとやって，雇用の維持にはずっと努めてきたと思います．ですから，この辺りは非常に苦しかったですが，結構優しい会社だったと思います．ボーナスもまあそれなりの額が出ましたからね．

早期退職

関口：2001年の3月の早期退職は，応募者が殺到と書いてありますが，いろいろな会社で希望対象を募ると，やめてほしくない人が手を挙げてしまうということが結構ありますが，やはりそういうケースもありましたか？

経広：9時から始まって，職場のそれぞれの部でその場で出すでしょう．そして人事に電話するんでしょうね．もう10分でこれだけになりましたと．ほとんど大半の人が，もうやめようと思っていました．それだけフォードのやり方はきつかったのです．

清水：この2001年の早期退職の募集の際の応募殺到はもうあらゆる世代からですか？　やはり集中的にある年の人達がですか？

経広：あのおりは退職の条件が非常に良かったですからね．56歳ぐらいから上の人は確かやめたら，全部定年まで働いたのと同じくらいもらえたのです．それ以下はだんだん少なくなりましたけれど．若い人達は再就職できるだろうということでしょうね．

　会社から，あなたはとかいうような指名とか，そうしたことはなかったと思います．まんべんなく，早い者順です．

清水：つまり，みんながどっと行っちゃったということですね．

経広：どう計算しても，定年まで一緒に働いたのと同じくらい56歳以上の人はもらえたのですから．

関口：働く必要もなく．

清水：よく分からないですね，そんなに良い条件を出してもよかったわけですね．辞めさせたかったということですね？

早期退職のコスト・カット効果は？

経広：うーん，辞めさせたかった．それはもう，V字回復を狙ったんでしょうね．

清水：ということは，56歳以上の人が60歳まで働いて退職金を払うよりは，少しは会社として経費を圧縮できたということですか？

経広：まあ，それはそうでしょうね．保険料負担も減るし．

清水：そんなに圧縮になるんですかね．

経広：そうですね．

谷口：本人に払う金額以外に，人件費は4割ぐらいかかると言いますよね．もっといってるかもしれない．

清水：普通，そういうふうに言いますよね．

関口：マツダぐらいの会社だから，所定内給与の2.5とかね．総人件費があるから，もっと払わなくてはいけない．

熊倉：あと，早期退職をさせてしまえば，その年でまるごと全部，損を出せる．それ以降，業績は回復する．フォードとすれば，業績は急回復するわけです．

関口：ああ，そうなると，できるかもしれないですね．

谷口：人事だったら，考えつく話だと思います．コストカッターとしてですね．

経広：ですから，元は取れているのです．この2001年の大きな損失も，実際はこれは退職給付債務ですよね，あれも積み立て不足を一度に出しているんです．だから，悪いものはみんな出して，後の負担をなくして，運営しようということにしたんですね．

住友銀行との関係

清水：基礎的なことかもしれないですが，フォードが来てからは，住友との関係は切れたんですか？

経広：いいえ．それは，経営者が来ているとかいうことはないですが，金融面は住友になっていますから．

清水：ではトータルに言って，住友神話の1つのような気がするのですが．アサヒビールを再建したり，東洋工業を再建したりというように，トータルに住友が入って，ずいぶん改善されたということになるんですかね？　銀行としても手を入れて，経営成果を上げたということになるんですか？

経広：それは，金融面で支えてくれたというのは間違いないですね．

清水：しかし，住友が投資をしたわけじゃないでしょう？

経広：それはないですね．金が足りなくなったら直接貸してやろうとかいうことはないです．まあ，貸してくれるんですよ．でも，防府工場を担保に取っているようなものですね．からくりは分かりませんけど，特定目的会社を作って，そこへ，住友のリース系の会社とか，ああいうところが入って，資金を出していると思いますからね．防府工場の資産が住友に移って，経営はどこか分かりませんけれど移って，その代わりそのお金がこちらに来ていますからね．困っているから貸してやろうとかというのはあまりないでしょうね．

　ですから，あらゆるものを持って行ったという感じですね．向こうも商売ですから．

谷口：債権をどうやって回収するかということですね．

清水：まあ，そうですよね．

　役職者のキャリアパス

谷口：すみません．キャリアの話ですが，それで，1988年に課長ですよね．それでその後というのは，どうなんですか？

経広：次は次長ですね．

谷口：課長が1988年ということは，幾つですか？

経広：ああ，40歳ですね．だから，次長になったのは44，5歳だと思いますが，ちょっと正確には覚えていないです．

谷口：その後は，何ですか？

経広：最後は，まあ部長にはなりましたけどね．

谷口：これは，マツダの場合には，昇進ルートですよね．最近は，資格制度があるんですよね．そういう人事制度になっていますね．

経広：はい，そうです．

谷口：それで，昇進でいくと，部長から次というのはどこになるのですか？

経広：本部長です．

第5章　総合自動車メーカー　マツダにおける仕事とキャリア　229

谷口：本部長になると，もう役員ですか？

経広：いえいえ，そんなことはありません．本部いっぱいありますから．

谷口：本部長の上は何なのですか？

経広：本部長の上は，役員ですね．

関口：本部はどういう単位であるのですか？　事業部とは違うんですか？

経広：事業部ではないですね．人事なら人事関連の部署をくくったのが，本部なんですね．

谷口：技術は，技術本部みたいな？　車両本部とか．

経広：はい．だから，人事で言えば教育もあるし，それから労務関係もあるし，そうした福利厚生もですね．そうした範疇を含めたのが本部です．それで，本部長の中で，今は執行役員がいますが，それになる人もいるし，なってない人もいるし．

谷口：そうすると，じゃあ，経広さんは何部長だったんですか？

経広：この関連会社の中が，関連事業本部，いろいろ名称が実際変わったんですけれど．その中の一つの部の部長です．

ロードスター誕生

清水：学生さんは質問ありませんか？

佐藤：ありがとうございます．卒業論文で，今，社風とかについて調べていまして，その中でも御社を取り上げて，主に具体例として研究しています．

　例えば最初，戦後の頃から技術の何かこだわりというのが強い会社だと思うんですけれども，いろいろ節目，節目を終えて，今で言うと，例えばその技術だけではなくて，喜びとか感動とか，何かそういったことを強く企業として訴えられているように，何か変化したように僕は感じています．

　じゃあ，実際それがどこで起きたのかなっていうのも，いろいろ調べているんですけれども．そういった何か，最初技術だけだったのが，例えば車を運転する喜びみたいなもの．そういうのも変わったなという実感とかはございましたか？

経広：会社の宣伝のようなことを言えば、フォードさんが入ってこられて、4代目の社長だったマーク・フィールズ。その頃から、『Zoom zoom』とかいうようなことで、感性に訴えるものを前面に出してきました。

佐藤：そこの『Zoom zoom』のメッセージを出したのが、確か2002年だったと思うんですけれども、その10年、13年前までに、走る喜びというのを出して、ロードスターというのを出しているので。

でも、ロードスターの開発の資料とかを読んでいくと、何か最初は社内ですごく反対が多くなっていって、とくに例えば経理部からも採算がとれないとかいう感じで、予算がすごく限られていたんですが、でも、結局、ロードスターがヒットして、今ではそういったものが企業の看板的な存在になっているので、そういう点から言うと、何か経営理念とか社風が、上からこう落ちてきたっていうよりも、下からも自然に変わって、現場が変わっていったのかなという印象なんですが。実際、どのように思われますか？

経広：まあ直接携わっているわけじゃないので。ただ、その当時聞いたことでは、開発の役員さんが、こうした、ああした車をつくりたいということで、相当主導してやられたと聞いています。ですから、計画としてああいう車をというよりも、あの場合は、役員さんの個性が大きかったのではないですかね。

佐藤：なるほど。ありがとうございます。

清水：よろしいですか？　よく勉強されていますね。

関口：ユーノスとロードスターって、いつ出たんでしたっけ？

佐藤：1989年に出て、その後、2台目の開発が、確か1996年にスタートになって、その頃から何か社内の中心的な看板車種として売っていこうという感じの開発に切り替わったというような資料は読みました。それ以前は、役員さんの承認があって、もちろん初代は開発が始まったんですけど、全然資金も人もない状態だったという感じで。

結果として、今、その何か、ロードスターから始まった、お客さんに喜びを提供し続けるというような、そういう社風、理念にまで影響したのかなというのがあります。決して、何かボトムアップ的な、上から下じゃなくて、下から

上の何か社風の変化っていうのは，会社の長い歴史の中であったのかなというのを思うんです．

経広：違うかも分かりませんけれども．マツダは，結構トラックを実際やっていたんですね．2トン車．それで，いつぐらいですかね，トラックから徐々にですけど撤退することを決めて，乗用車に絞っていった．そこで，市場のターゲットをマツダの場合トヨタのクラウンのようなお客さんもいないわけですから，若者向けの商品開発に変えていこうと．そういうようなのが，もう明確に方針としてありましたね．

しかし，ロードスターのような，若者向けの車の中で，ロードスターのああいうスタイルの車をつくるというのは，これはまた個別の感性の問題ですから，そこは言われるように，経理とか反対だったのかも分かりませんが，そこは開発の役員さん，商品企画をする人の個性だと思います．

そして，あの車をつくろうと言って，確かに正式にではなく，ちょっとフライングでつくったようなところがあるのかもしれません．

佐藤：ああ，そうですね．実際，そういうふうに伺っています．

経広：私はそういうのは読んだことはないのですが，そんなイメージは持ってますよ．

佐藤：ありがとうございます．その新しい車とか出す時に，先ほど谷口先生が結構博打的なところがあるというふうにおっしゃられたんですけど，やはり結構，商品企画者の個性で新しい車をつくっていって，それが結局ヒットするかしないかというような，そういう歴史を繰り返してきたとか，そういう感じで受け止めて大丈夫ですか？

経広：個別の車になると，そうでしょうね．商品企画とかは，結局計画屋でしょう．事務屋で見てるみたいなものですからね．しかし，実際の車をしたりするのは，デザインとか，そうした部門ですからね．商品企画の部門というのがあって，現場ではデザインですから．こうした類の車の商品企画のために，技術的な要素をいつ頃には入れた車をつくろうとかいうようなスケジュールはつくるでしょうけれど．それを個別に商品化をするのは，別のセンス，知恵で

すね.

フォード下経営再論

佐藤：すみません. マツダのことはよく知らないので, 初歩的なことかもしれませんが, フォードが経営に入って, 1999 年, 2000 年に黒字になったのは, また, 2001 年に赤字になったのはなぜですか？

経広：これは先ほど言おうと思って忘れていたのですが, ここで資産売却をずっと進めていますから, この折の売却が一番大きいのです. それは古い土地とか, 古い株ですから安いんですけどね.

佐藤：それ以降, 2008 年まで黒字ということは, フォードが入ったことによって, 経営改善されてという感じでいいんですか？ 2009 年に赤字を出すまで, ずっと黒字が続いたんですか？

経広：いや, この頃から, もうフォード自体が調子が悪くなっていると思いますよ. フォードは, 当時は大型車, トラックのエンジンを使うような乗用車ぐらいしかできなかったですから.

それで, その頃アメリカの会社が小型車をつくるというのは, フォードの場合はマツダが実際は開発をしていたのです. だから, この赤字の頃も, 開発が忙しかったですね. その頃から, だんだんフォードも悪くなって, 2003 年までフォードの下にいただけですからね.

為替レートの図で見ると, 多少円安が戻っているでしょう. こうなれば, やれるんです. ところがまた 75 円ぐらいまで円高になっているでしょう. 為替レートと経営成績, これはものすごい相関関係なのです. どの会社もそうなんでしょうけどね.

佐藤：先ほど, フォードが入られた時に, その年の目標は必ず達成するとか, そういうのが徹底されたというのが, そのフォードの社長がいなくなった後のマツダ自体に残ったのでしょうか？

経広：私も, ほとんど社内にいなかったのですが. それは, そうなるでしょうね. 残った人は, そういう流儀は身につけていると思います. 今後, いい会社

になります.

「販売」の弱さ

清水：最後に1つだけ．先ほど販売のことを言われましたけれども，やはり同期で入られた方も販売が多かったということですよね．この販売の方達というのは，もちろん販売会社に行かれるわけではないですよね，行く人もいるのかもしれないけれど，本社で，販売会社との関連で，販売を担当するという，そういうお仕事ですよね？

経広：ええ，基本的には．しかし，販社とのあいだを行ったり来たりで，経験を積んで自動車販売の業界のことを学んでいく．それを繰り返しながら，基本的にはマツダの販売本部には販社を管理するというのがありますから，そういうふうになっていくのです．

清水：ただ，最初に，国内販売が非常に弱いというお話があったんですが，それはどういうことなんですかね？

経広：入った時から弱かったから．でも，初めは経営は良かったんですからね．私達が入った時には，もうすでに弱かったから，そこは分かりませんけれど．その後，自動車業界が良くなるにつれて，トヨタや日産がますます良くなりますよね．

　マツダも1980年以降，14～15年黒字が続いた折に，何とかしようとしてユーノスという新しいチャンネルをつくったり，オートザムをつくったり，5チャンネル．それは，何とかしようとしたわけですよ．ただ，たぶん，圧倒的にホンダ，トヨタ，日産に対抗できなかったのですよ．

　それと，おそらくでしょうけれど，地域の販売店をやっている人というのは，その地域の有力な人なんですね．ですから，自動車販売を始める前に，それなりに成功した事業を持っているのです．つまりその人が資金力を持っているんですね．マツダの場合もそういう人をうまく，早くつかんでいるか，つかんでいないかというのが大きな差だとは思いますね．

清水：それが，他社との違いだということですね．

経広：ですから，広島や山口のトヨタを経営している人は，サンデーサンって分かりますかね？　もう最近はないですが，外食産業で，それを経営している人で，その人が山口や広島のトヨタディーラーをだいぶやっていますしね．

その方は，もとは備後絣というのがあるのですが，福山市を中心とした絣織物業界で，その事業をやっていた方ですからね．ああいう方が，自分の事業を転身させていったのではないかと思います．それだけでもすごいですよね．マツダの場合は，山口については，まあそういうことが大きな差の1つだと思いますね．だから，オートザムという経営のチャンネルをつくった時には，そこにあまり大きな会社は手を出してきていないですからね．

それから，方針が，もう遅れてしまってるから，はたから見ていて，焦りがあったんじゃないかと思うんですね．販社用の看板をよく変えるんですよね．それを変えたら，それだけで何十億とかかります．1つのイメージが徹底するまで頑張ればいいと思いますけれどもね．

谷口：なにしろ地主さんとか，ずっと説得していくわけでしょう？　それで，販売をつくり上げていくという．後から来ると資金力がないから，自動車会社の資金をつぎ込まざるをえないという側面があるのでしょうね．まあホンダは，オートバイですし．

経広：ホンダの場合は，そうですね．オートバイの店から，良いのが生き残ったんですね．案外私は，その谷口さんが言われたように，先に行って良いところをつかむということが大きな差になっているんじゃないかと思います．

清水：さて，そろそろ時間です．本日は貴重なお話をどうもありがとうございました．

資料　職歴と当時のマツダの沿革

年度	主な出来事	当期利益	職務歴		社長等
1972	・社員数3万6000人（2013年2万500人）	40億程	東洋工業（現マツダ）入社		松田耕平
1972～1974	・第1次オイルショック（1973）による経営危機（資金繰り）・住友B役員派遣・賞与3分割支給、臨時休業		経理部会計課　販売費及び一般管理費の記帳	配属され慌てて会計知識を習得　当時は算盤、つけペンでの業務　急速に経理業務の電算化進展	
1975～1977		▲170億（1975）	コストコントロール部予算管理課　短期損益予算管理の構築及び運営	部門別予算管理導入（売上、原価、経費）・これまでMCには損益管理がなく経理部で予測をしていた	
1978～1980	・セールス出向（1975～1982）開始　延べ1万7000人・フォード25%出資（1979）	192億（1980）以降1993年まで黒字経営	社長室予算管理課　短期損益予算管理の運営（・長期経営計画と短期経営計画の一体運営）	・黒字予算が組めず部門に対し経費削減要請のみで嫌気・係数管理以外の会社運営の実務を知りたく出向要請（ジャトコへの出向中止とマツダ興産への出向）	村井副社長（住銀）
1981～1986			マツダ興産㈱出向　エンジニアリング本部の経理及び損益管理　グリーンボーイ、ロボコン、プラント、2段式駐車場　工務部の一部が始めた新規事業で興産の資産で育成	・三洋電機、日立（新神戸電機）、松下等と競争・赤字事業の連続と最終的には事業の縮小決定、（赤字は罪悪との考えが身に染み込む）・当時MCには本業関連の重要関連会社が少なく出向は珍しい・黒字化を目指してやりがいはあった	

1987～2000			マツダ関連事業本部に帰任 ①間接部門の分社化企画推進	・事業の縮小を受け帰任 ・余剰人員の仕事確保策の一環で間接業務管理（警備会社、社内運送業務、特許管理、サービスマニュアル出版等）	和田社長（住銀）1991年
	・バブル崩壊（拡大路線特に5CH化が裏目に出る）と円高による経営危機	▲489（1994） 以降1998年まで赤字経営 1999, 2000年は黒字	②関係会社の収益管理	・従来購買、運輸等のMC担当部門が管理していた関係会社の管理を集約し管理（販売部門を除く）	
	・フォード33.4%出資（1996）		③関係会社の統合・売却・解散の推進	・関係会社の売却、解散に伴う余剰人員の再就職、継承で精神疲労 ・解散、売却に抵抗を覚えながらも推進	ウオレス社長 1996年 以降2003年まで4人のF社長
2001～2004	・2001年3月2113名の早期退職実施（応募殺到）	2001年1552億の損失 2002年以降2009年の715億の赤字まで黒字経営	マツダ産業（株）出向 経理・予算管理・総務・人事担当 特装車政策と開発設計。実験受託で1000人規模	・希望退職に私も応募する予定だったが、マツダ産業への出向を紹介される ・精神的疲労が継続。強引帰任	
2005～2007			国内自動車販売本部郷心会に出向 担当エリア（広島県府中市、三原市）の郷心会事務局	・不向きな仕事なので継続困難。退職	
2007（9月）			＊郷心会とは県内各市の商工会議所が中心となりマツダを支援するという趣旨で作られた地場企業の会 退職		

解　題　　　　　　　　　　　　　　　　　　　　　　　　谷 口 明 丈

　トヨタ，日産，ホンダに次ぐ中堅自動車メーカーである東洋工業（現在，マツダ）は，日本の自動車産業の発展の様々な局面を他社と並んで経験すると同時に，その競争上の位置から同社独特の軌跡を描いてきたことも，また確かなことである．

　経広孝氏は 1972 年に京都大学経済学部を卒業後，同社に入社し，その後一貫して経理・予算管理の分野を歩んで来たと言えるが，そのキャリアパスはやや風変わりなものであり，そこに氏の意志が強く働いたことは氏の話から強く感じ取ることができるが，それでもなお，同社の足取りが氏のキャリアに大きく関わっていたことも間違いのないことであろう．

　経広氏は冒頭に為替レートの趨勢を示して同社の 40 年間を概括的に総括されたが，自動車産業さらには日本の輸出産業の趨勢を根底で規定してきたこの与件の厳しさを現場で身にしみて感じてこられた氏の本音が示されており，なるほどそうだったのか，という思いがした．

　氏が入社した頃の東洋工業は，創業者松田重次郎の孫の松田耕平が 1970 年に社長に就任し，ロータリーエンジンを武器に業界に新風を巻き起こそうと意気盛んな時期であった．氏も述べているように，良くも悪くもオーナー企業であり，意思決定のスピードと大胆さと，管理機構の未成熟さを合わせ持っていたと言える．不況期における積極的投資などは前者を象徴する事例と言えるが，氏が配属された経理部の実態は後者を示すものであろう．近年，オーナー企業のメリットが再評価されており，この時期の東洋工業のガバナンス構造の評価は面白いテーマであると思われる．

　オイルショック後も松田氏は強気の経営を続けたが，1975 年に 173 億円の赤字を出し，住友銀行から役員を受け入れ，松田家は経営から退いて，1977 年に山崎芳樹が社長に就任した．経広氏がコストコントロール部予算管理課に配属されたのはこの時期であった．この当時行われたセールス出向は製造現場の労働者が営業所のセールスマンとして出向させられるということで，社会に大きなショックを与えたことを覚えている．経広氏は経営計画と予算管理を統合した社長室予算管理課に移り，経費削減の過酷な仕事に取り組んでいた．

　実際の会社実務の勉強の必要性を痛感した経広氏は出向を希望し，1981 年にマツダ興産へ出向することになった．このあたりのエピソードは氏も述べているように，当時のエリート社員の「わがまま」を許した企業の雰囲気を示していて興味深い．

　1987 年にこれもまた氏の意志によって本社に復帰することになるが，氏の復帰先はマツダ関連事業本部で，間接部門の分社化や関係会社の収益管理ならびにその統合・売

却・解散の推進を行った.

経広氏が本社に復帰した時期は,住友銀行の管理下での再建が軌道に乗り,世の中はバブルの絶頂を謳歌していた時期であった.しかし,バブル崩壊はマツダの経営を一気に悪化させ,1979年に資本参加していたフォードは,1996年にその出資比率を33.4％に引き上げ,社長を送り込んで経営の再建に乗り出すことになる.氏が余剰人員の整理を含む関係会社の処理に奔走したのはこの時期であり,その重圧は氏の健康を損なうほどのものであった.そこで氏は2001年に早期退職に応募することを決意したが,たまたまマツダ産業への出向の話があり,それを受け入れることになった.しかし,氏の健康が回復しなかったこともあって,2004年に本社に戻り,国内自動車販売本部郷心会に出向することになった.そこでの仕事は氏の意に沿うものではなかったので,退職を決意し,農業を始めることとなるのである.

経広氏はエリート社員の出世物語の語り口ではなく,そこから外れたものとして自身を語っているように感じた.しかし,それでも氏は,部長にまで昇進しており,氏の苦闘が随所に語られているにしても,団塊の世代のエリート社員には比較的恵まれた環境が用意されていたのだなと思わざるをえない.

氏の話の中で特に興味を惹かれるのは次のような点である.第一に,東洋工業（マツダ）がオーナー経営者の時代から,銀行の強いモニターの下にあった時代,外資の支配下に置かれた時代と3つの異なるガバナンスの時代を経験したことである.これが氏のキャリアに大きく作用したことは間違いない.経理畑を歩んできた氏にとってはとくにそうであったと思われる.第二に,それとも関連するが,いわゆるリストラのあり方と,それを実行する当事者の心労が生々しく語られている.第三に,関連会社の実態とその管理について多くの情報を与えてくれる.

経広氏の誠実と意思の強さを感じさせるこの物語は,これ以外にも多くのことを読者の心に浮かばせるに違いない.

第 II 部

考察「団塊の世代の仕事とキャリア」

第6章　組織人としての団塊の世代
──組織内キャリア形成の分析──

1．はじめに──二つの小説から見る団塊の世代

　本章の目的は，団塊の世代の仕事とキャリアについて，主に労働調査の先行研究の成果と団塊の世代の5人のオーラル・ヒストリーから考察することである．

　はじめに，団塊の世代の定義を確認しよう．団塊の世代とは，1947～1949年に生まれた「第一次ベビーブーム世代」を示す．他の論考でも指摘されているように，団塊の世代という言葉が社会に広まったのは，堺屋太一著『団塊の世代』(1976年，講談社) による．

　小説『団塊の世代』は，堺屋氏が得意とした近未来予測小説である．当時通産省官僚であった堺屋氏は，1975年に『油断』(1975年，日本経済新聞社) というオイルショックの近未来予測小説で作家デビューをしていた．現在 (2018年) からこの小説を眺めると，近未来小説が書かれた時点の〈未来〉は，すでに我々の〈過去〉となっている．読者には，過去の目線から「過去の未来」を読むことが求められる．

　堺屋氏の回想によれば，団塊の世代とは，厚生省 (現在の厚生労働省) の官僚で，後に大学教員となった吉田寿三郎 (よしだすみお) 氏の指摘による[1]．堺屋氏は，分析的想像力を発揮して，この指摘を団塊の世代の高齢化による雇用，年金，医療の問題群として極めて具体的に予測したのである．

　この小説は，ミドル層となった団塊の世代が，経営側から，さらには国家からも「余剰人員」と見なされる1980～1990年代の厳しい競争を描いている．

242 第Ⅱ部 考察「団塊の世代の仕事とキャリア」

主人公たちは，本オーラル・ヒストリーの対象と同じ大卒ホワイトカラーである．終身雇用や年功序列という日本的雇用慣行が暗黙の心理的契約として成立していたのは，厳密には大企業のみであり，中小企業では長期雇用を前提としない働き方が中心だったと考えると，人余りで昇進できないという不安は，大企業勤務の大卒ホワイトカラーを中心に共有されたものと言えよう．

　団塊の世代は，はじめに消費者として高度経済成長と併走した．大学卒業は，ほぼ 1970 〜 1972 年になるので，団塊の世代の大卒者が労働者として活躍する頃には，高度経済成長は終わっている．しかし，1970 〜 1980 年代は，国際的にも日本経済は好調であり続けたので，彼らは，バブル経済崩壊まで日本経済を企業人材として支えたと言えよう．要するに，団塊という人口の膨らみは，学校卒業の前は有効需要の担い手として，卒業後は安価な若年労働力として経済成長に貢献したのである．

　加えて，日本的雇用慣行が多くの企業で広まったのは，戦後の高度経済成長時代であることを考慮すれば，団塊の世代の大卒ホワイトカラーは，ホワイトが『組織の中の人間』で定義した大企業・経営家族主義の中で生まれた組織人（オーガニゼーションマン：organization man）そのものであり（Whyte（1956）），本人たちの主観的予測では，日本的雇用慣行の下での安定した組織内キャリア（organizational career）を歩むと思われていたと考えられる．

　他方，団塊の世代以前の人達は，日本的雇用慣行と組織内キャリアを前提していなかったと言える．多く人は，何らかの形で戦争を経験した世代である．とくに戦中に成人していた者は，団塊の世代以降とは隔絶した仕事観を持っていたと考えらえる．その分断を読み解くために，ここでもう 1 人の小説家を取り上げ，団塊の世代の輪郭をより明確にしよう．戦中派の代表的作家である司馬遼太郎である．

　司馬氏は，小説家デビュー前の新聞記者時代に本名の福田定一として『名言随筆サラリーマン』(1955) というエッセイ集を執筆している[2]．このエッセイ集で司馬氏は，自分のことを「スジメ卑しき野武士あがり」と書いている．つまり，戦争帰りが，戦後社会のどさくさに紛れて大手新聞社に中途採用され，

第 6 章　組織人としての団塊の世代　243

人事制度が未整備の時代に 1 人の職人記者として働いていたという自己卑下の
言葉である．だが，その一方で会社ではなく「職業」に対する強い自負を表現
しているとも言えよう．司馬 = 福田氏は，徐々に整備されていた組織と人材を
次のように書いている．

　　「今ならそうはいかない．採用は，毎年新卒者に対して行う入社試験一
　　本槍である．その入社生をその社の組織と体質に適うように規格化する．
　　実力はあっても，その社の秩序のよき部品となりえない記者は，無用の産
　　物という時代なのだ．(司馬 2016, 188 頁)」

　実際のところ，団塊の世代は，司馬氏が生み出す小説群の主な読者であっ
た．例えば，『坂の上の雲』という勃興期の明治日本の物語に，世界経済の中
で大きな位置を獲得していく日本企業と自分たちを重ね合わせていたと言えよ
う．
　しかし，国民作家となる前の司馬氏は，組織人 = サラリーマン社会の批判者
であったことに留意すべきであろう．
　司馬氏は，サラリーマン社会の起源を平和の時代のサムライに求め，乱世か
ら平和への移行期，徐々に居場所を失う忍者を主人公にしている．つまり，司
馬氏は，忍者を独立した職業人として描き，記者時代の自分自身の姿をそこに
見たと言えよう．1959 年に発表された『梟の城』（新潮社）では，秀吉暗殺を
企てる最後の伊賀忍者にならんとする葛籠重蔵を「乱世の技術者」として定義
し，「おのれの習熟した職能に生きることを，人生とすべての道徳の支軸にお
いていた．」と記したのである．
　もちろん司馬氏が，作家的想像力で予測したサラリーマン社会の到来は，彼
がサラリーマンエッセイ集や忍者小説を書いていた 1950 年代後半に成立して
いたというよりも，徐々に進行しつつあったと言えるであろう．例えば仁田
(2003) は，1950 年代末から 1960 年代初めにかけて，「年功賃金」と「終身雇
用」の慣行や概念が確立したと指摘している．すなわち，団塊の世代とは，サ

ラリーマン社会の完成後に学校から会社に入ってきた最初の世代である．言い換えると，団塊の世代，とくに大卒ホワイトカラーこそは，戦後初めて組織人（オーガニゼーションマン）が抱える理想と現実に直面した世代と言えよう．

2．本オーラル・ヒストリーの特徴

本オーラル・ヒストリー（「団塊の世代の仕事とキャリア」）は，京都大学経済学部という同じ大学・同じ学部の卒業生，なおかつ 1972 年卒業という同じ学年の 5 人のビジネスキャリアに関する語りを聞いている点に特徴がある．京都大学という学歴エリートに限定したからこそ，大企業内の整備されたキャリア管理の中で将来の幹部候補がどのような思いを持ってキャリアを形成したのかがうかがえる内容になっている．同窓会名簿を使った卒業生アンケートなどによる量的分析はあるが（例えば，松繁編（2004）参照），入社から定年退職までの極めて長いキャリアのパーソナル・ナラティブを分析できる点が希少である．主な就職先をあげると，株式会社日立製作所（千代雄二郎氏），旭化成株式会社（秋山博氏），伊藤忠商事株式会社（富田博氏），マツダ株式会社（経広孝氏），日本長期信用銀行（清水ヒロシ氏）という日本を代表する大企業であった．

3．組織内キャリアの数量的把握

本節では，1970 年以降の日本の大企業における大卒ホワイトカラーのキャリア形成の特徴を先行調査から確認しよう．

(1) 遅い昇進慣行

まず，日本のキャリア管理の特徴としてあげられるのが，小池和男が指摘した「遅い昇進慣行」である（小池（2005））．欧米と比較して日本企業における選抜は遅く（課長昇進で約 15 年），結果的に昇進競争の結果（勝ち負け）が明らかにならないので，大多数の従業員の誘因設計ができていると考えられる[3]．一方，決定的な選抜が遅いということは，米国企業で観察される特急組のように早期選抜に基づくエリート教育ができないという人材育成上の弱点もある．

このような昇進慣行を検証するためには，企業内の人事データを収集し分析する必要がある．例えば，ある時期の新卒同期入社のその後の昇進を追跡する分析方法はキャリアツリー法と呼ばれているが，そのためには同期社員の数十年の職位の変遷を把握する必要がある．筆者も，ある大手製造業G社の人事データを分析した経験がある．そこで本節では，横溝・梅崎（2011）の分析結果を紹介し，団塊の世代がどのような組織内キャリア管理の中で働いていたのかを確認しよう．

まず，図1に示したのは，1975年入社の60名のキャリアツリーである．図中の四角の内部が昇進人数，その上が入社からの勤続年数，四角の下の括弧は退職人数を示す．また，最下段の四角の中の合計数は各資格への到達人数であ

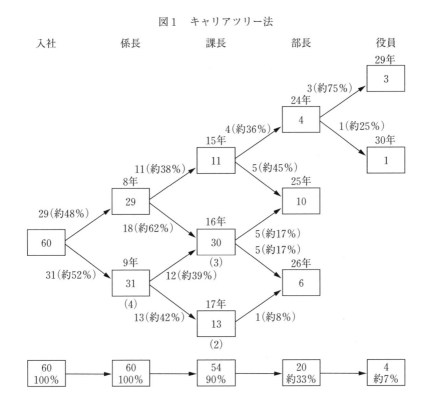

図1　キャリアツリー法

る．合計数の下の数値は，同期入社のうち各資格に何割の人が到達したかを示す「昇進率」である．

このキャリアツリーから昇進競争では係長昇進の 8 ～ 9 年目で 1 年の差が，課長昇進の 15 ～ 17 年目で 2 年の差が生まれていることが分かる．あまり差がつかない遅い昇進と言えよう．

次に示した図 2 は，2006 年時点での大卒ホワイトカラー（男性）を対象にして，縦軸を資格，横軸を勤続として勤続に対する資格の構成比率を示したものである．この分析結果は，かつて今田・平田（1995）が鉄鋼企業で確認した構造と同じである．同期入社間で昇進の差が現れるが，すぐに入社の時と同じように横並びになる（追いつく）．つまり，昇進速度の競争をしていると言える．その後課長昇進以降は，部長昇進していない従業員が確認できるので，ここからトーナメント型の競争になっていると言える．つまり，遅い選抜方式では，徐々にその選抜の厳しさは強まってくるのである．

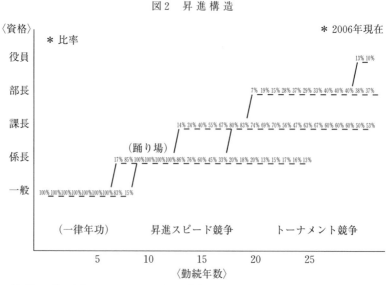

図 2　昇進構造

（出所）G 社の人事マイクロデータに基づき筆者が作成．

(2) 管理職ポスト不足への対応策

「遅い昇進慣行」が長期にわたって維持されるためには，管理職ポストが多いか，もしくは管理職候補者が少ない必要がある．団塊の世代が若手の期間は，問題は顕在化しないが，中堅社員になれば，管理職ポストの不足に直面すると言えよう．

八代（2002）は，この管理職ポスト不足の問題を「役職につかない管理職」の増大として指摘し，企業側の対応を分析した．八代の整理によれば，第一に「退出」を促進すること，第二に別のポストを用意すること，第三に「参入」を制限することがあげられる．図3にあげたのは，日本経済研究センターが提示した概念図である．

まず，組織内キャリアの目標を部下の管理ではなく，専門性での貢献にする

図3 管理職層の人的資源配置に関する概念図

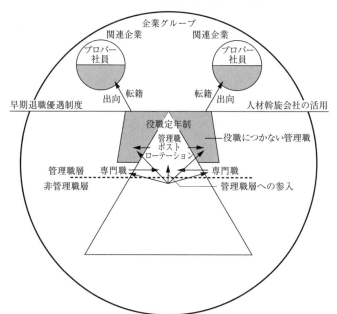

（出所）日本経済研究センター（1995, 117頁），八代（2002, 49頁）．

ために専門職制度を設けている．しかし，制度として専門職を導入できるかどうかと，専門職への希望者がいるかどうかは別の問題である．梅崎（2005）では，実質上，専門職が管理職になれない従業員の受け皿になっていることが確認されている．

次に，部下なし管理職制度の導入があげられる．一般的に企業内資格制度と実際のラインの役職は緩やかに連動している．企業内資格上の課長格や部長格が「資格上の役職」として機能している．部下の管理という仕事内容としての管理職は，むしろ減少しているが，資格や処遇としての管理職は増えていたと言える．

また，役職定年制度を設けている企業もある．例えば，約55歳の時に役職から外れ，その後定年までは一社員，もしくは専門職として働くという人事制度は，後輩社員の昇進機会を増やすと考えられる．

同じく定年前に役職を離れる制度として，出向・転籍制度がある．ただし，このような制度が成り立ちうるのは，出向・転籍先を持っている大企業に限られると言えよう．

さらに，早期退職優遇制度が設けられる企業も多い．リストラという言葉は，本来はリストラクチャリング（restructuring）の略語で，その意味は「再構築」であるが，実際には不採算部門を縮小し，余剰人員を雇用調整する意味で使われるようになった．この雇用調整の対象が中高年層であった．

なお，1990〜2000年代は，日本的雇用慣行への評価が徐々に低下し，人事制度改革が必要とされた時代である．「成果主義」導入の目的は，労働市場における市場賃金とのリンクを考慮しつつ，商品サービス市場において短期で変動する事業戦略に連動した個人の役割や成果を評価の対象とすることであった．中高年となった団塊の世代は，これまでの功績や努力ではなく，現在の顕在化された能力や成果への貢献が評価されるようになった（梅崎（2008））．

以上要するに，1980年代は，日本企業の競争力の源泉として高く評価された日本的雇用慣行であるが，その強みである「長期雇用を前提とした遅い選抜方式」を維持するには，管理職ポスト不足を解消しなければならず，実際，団

第 6 章　組織人としての団塊の世代　249

塊の世代が 30 〜 40 代になった 1980 〜 1990 年代には，競争は激化し，役職に
就けない中高年も増加したと考えられる．

4．語りの中に表れた行動と心理

　続けて本節では，前節で明らかになった組織内キャリアの競争の変遷を前提
にして，団塊の世代の行動と心理をオーラル・ヒストリーの中から当事者の語
りとして紹介し，解釈を加えていく．

(1)　遅い昇進の「認識」

　典型的な遅い昇進慣行について語っているのは，金融機関に勤めていた清水
氏である．以下のように，勤続 11 年間で格差が付かず，差が生まれたとして
8 割は昇進するという昇進慣行が説明されている．本格的な振り分け（選抜）
は 40 歳，つまり勤続約 18 年目と証言されている．また，千代氏も 40 歳前後
の選抜を証言している．

　　　清水ヒロシ：一般的には新卒採用者は最初の 3 年，次に 4 年，さらに 4 年
　　の計 11 年間，兵隊をやるわけです．この兵隊のあいだは，基本的に昇進
　　のふるい分けはあまり行われません．病気をしたり，事故を起こすなど特
　　殊なケースを除くと，おおむね 11 年間は平穏無事に，みんなが共通して
　　一緒に足並みをそろえて歩んでいくということになります．33 歳で副主
　　事の管理職になるところで 1 回目の本格的なふるい分けがあり，例えば 8
　　割ぐらいの人がここで昇格するけれども，2 割ぐらいの人はステイするこ
　　とになりました．第一弾のふるい分けが行われます．（中略）多くが 33 歳
　　で管理職になりますが，本格的にふるい分けが行われるのが 40 歳の副参
　　事になる時です．(178-179 頁)

　　　千代：遅いというか，学卒が 40 歳前で例えば課長になるとすると，やは
　　り 40 歳とか 43 歳とか．それぐらいの差ですけどね．(47 頁)

250　第Ⅱ部　考察「団塊の世代の仕事とキャリア」

　なお，遅い昇進慣行であるが，清水氏の資料によれば，本格的にふるい分け
に遅れた場合，追いつくことは難しいことが分かる．ただし，実質上，トップ
に追いつくことはほとんど例がなかったと発言されているが，競争自体がなく
なるわけではない．良い出向先の獲得を目指した競争は続いていくと考えられ
る．

　一方，オーラル・ヒストリーの中でも，遅い昇進慣行の下でポスト不足に悩
まされていたことも確認できる．以下の千代氏の語りでは，部長代理，担当部
長，および担当副部長という役職が「部下なし管理職」として増やされたこと
がわかる．

　　　千代：部長代理という名称は，なぜ課長という名称がないかというと，<u>課
　　　長という名称をつくると，課をつくらなければなりませんよね</u>．だから，
　　　何人か部下を付けないといけない．部長代理だったら部下は要らない，と
　　　いうことで，部長代理という職制にしてあったのです．
　　　清水：まず，この 40 人の中でですけれども，40 人の中で部長が 1 人いて
　　　部長代理は 1 人？
　　　千代：部長代理が 4 人ぐらいいるのです．（26-27 頁）

　　　千代：そうです．人が多くなり始めて，ポストがない時代になってくる
　　　と，先ほど言ったように，<u>無理に担当部長とか，担当副部長とかいう職制
　　　をつくり始めてきたのです</u>．（28 頁）

　同様に秋山氏や富田氏も同じようにポスト不足から資格上の管理職を増加さ
せていたこと，とくに富田氏はその原因が団塊の世代が昇進対象年齢になった
ことが原因だと語っている．これらの語りは，数量的な分析結果とも一致す
る．

　　　秋山：そうです．少子高齢化もそうですが，年次で自動的に上がったら，

むしろ半分近く課長資格となってくるわけです.（86頁）

富田：課長役から上というのは残業が付かない，いわゆる管理職レベルなのですが，私達の組織で，7割近くが課長役以上だったのです.（中略）上のほうが団塊の世代.我々の頃は新入社員が300人ずつぐらい毎年入っていた時代です.最近の新入社員の数というのは大体100人とかそれぐらいですから，圧倒的にどんどん団塊の世代が上に上がっていくにつれて，先ほど言ったような昇格管理ですから，上のほうの人が膨れ上がって，下が痩せていく.（111頁）

(2) 管理職以外への道

オーラル・ヒストリーでは，先述した管理職ポスト不足に対する対処としての専門職制度や出向転籍制度について語られている.はじめに，銀行勤務であった清水氏は，同期入社のキャリア管理の中で設計されていた出向転籍制度を説明している.

清水：役職定年は比較的早く，同期が役員に昇格する年次で，全員外に出て，55歳では銀行と縁を切る制度です.開銀も同じです.
司会：行った先が比較的良かったということでしょうか？
清水：取引先のほかにも，子会社で人を抱える能力がたくさんあったということです.（186頁）

さらに千代氏も，出向転籍制度について関連会社との関係を踏まえて語っている.そして同時に，このような出向先の関連会社との関係には変化があったことも指摘している.先述した図3を参照すれば分かるように，関連企業を抱えている大企業は，出向先を確保できる.ところが，以下の語りによれば，団塊の世代が出向転籍対象者となる時には，誰でも何人でも受け入れるという状況ではなく，「欲しい人」だけを受け入れるという状況であった.出向転籍も

252 第Ⅱ部 考察「団塊の世代の仕事とキャリア」

厳しい競争の下で行われるようになったと言えよう．

> 千代：言葉が悪いですけれど，要するに昔の関連会社は，コロニーだった
> んです．ところが私達が出る時には，もう相手から選ぶという時代だった
> んですよ．まあ，来てくれなくてもいいですよ，と．というのは，もう関
> 連会社のプロパーが，どんどん育ってきていて，幹部候補なんか，もう掃
> いて捨てるほどいるんですよ．わざわざ給料高い人に来てもらわなくても
> いいということです．今，転属しようとすると，ものすごく大変です．
> （56頁）

このような団塊の世代への対応として導入された人事制度の限界について
は，富田氏は以下のように指摘している．スペシャリストとは専門職制度を意
味しており，従来のやり方を変えて人数制限を設けるようになったと語ってい
る．

> 富田：多くの会社で失敗するのは，スペシャリストという美名の下に年功
> 的にそういうように配置していくというのは失敗になる．我々の会社で
> は，そこは厳しくやります．（142頁）

さらに，追い打ちをかけるように管理職ポスト自体が減少してくる．富田氏
は，担当管理職という部下なし管理職を増やしていたが，それをある時期に取
りやめたと発言している．千代氏は，組織のフラット化が進み，管理職ポスト
数が減少している事実を次のように説明している．さらに，管理職ポストを減
少させたフラット化は，管理職の仕事内容も変容させたと考えられる．1人の
管理職が多くの部下を管理しなければならないし，秋山氏の語りによれば，管
理職はプレイングマネージャーになっていたのである．

> 富田：団塊の世代は大変つらい．そこそこの等級になって，お給料も等級

に基づいて払われて，「ポストにも就きたいんだけれども，ポストはない
から仕方がないな．担当職だけれども，課長ではないけど，課長役といっ
たらお給料は課長と同じぐらいもらえるのだから我慢しよう」と思ってそ
れまできていたのが，いよいよ背に腹は代えられないということで，新制
度でドカンと移って，大変かわいそうなことをやったのです．(114頁)

千代：フラット化です．フラット化全盛で，とにかく，フラット化の効率
がいいということです．しかし，これまでの処遇があるから，名前は残そ
う，だけど，もう，1対nでやってくださいという風潮でしたね．(55頁)

秋山：昔，私が会社へ入った時，課長といったら，いつもドーンと踏ん反
り返って，新聞を読んで，暇そうでね．私もああいうイメージが課長だっ
たのですが，年を取れば取るほど，「コピー，そんなのは自分でやってく
ださいよ」とか，完璧にそんな感じになりましたよね．(87頁)

(3) 競争の中での負担

多くの団塊の世代の人達は，組織内競争の中を生きてきたと言えよう．そし
て，その競争は，勤続とともに厳しくなったと言える．彼らの仕事人生を考え
ると，最初の20年間は順風満帆であったが，管理職昇進前後で日本経済自体
が失速するので，管理職ポスト数の減少が加速し，昇進が困難になった．1990
年代以降には人事制度も成果主義となることによって，50代から定年までの
競争の厳しさは苛烈であったと言えよう．企業ごとのその経営状態には違いは
あるが，すべての語り手の企業が経営規模の再編（リストラクチャリング）を経
験している．とくに日本長期信用銀行は，バブル崩壊後の不況で経営破綻を経
験し，マツダ株式会社は，フォード・モーターの傘下となって厳しい経営合理
化を進めた．清水氏が配布した資料によれば，日本長期信用銀行では，すでに
1980年代後半に成果主義への移行が行われていた．清水氏の以下の語りによ
れば，金融では専門性がだんだん要求されるようなったが，その専門家の採用

に関しては，グローバルスタンダードに合わせた賃金制度にする必要があった．

> 清水：ですから，金融も専門性がだんだん要求されるようになると，そういう特化された業務が幾つか出てくるようになってきており，そういう専門家を目的意識を持って要請するやり方でしか育ちませんでした．日本の銀行が弱かったのは，そういう人達が少なかったからです．（中略）これはまず外国人採用の問題が1つあります．外国人を採用しようと思ったらグローバル・スタンダードに合わせた給与体系でないと無理です．（189-190頁）

また，経広氏は大量離職につながるリストラについて語っている．団塊の世代の職業人生の後半がいかに厳しいものであったかが分かる．

> 関口：2001年の3月の早期退職は，応募者が殺到と書いてありますが，いろいろな会社で希望対象を募ると，やめて欲しくない人が手を挙げてしまうということが結構ありますが，やはりそういうケースもありましたか？
> 経広：9時から始まって，職場のそれぞれの部でその場で出すでしょう．そして人事に電話するんでしょうね．もう10分でこれだけになりましたと．ほとんど大半の人が，もうやめようと思っていました．それだけフォードのやり方はきつかったのです．（226頁）

5．おわりに──組織人たちの隠された語り

前々節や前節の分析を通じて，団塊の世代は，組織人として日本的雇用慣行の下で組織内キャリアを形成したことが説明できた．団塊の世代の組織内キャリアは厳しい競争とともにあった．さらに，その厳しさは徐々に強まっていた

第 6 章 組織人としての団塊の世代　255

ことが確認された．仮に 1972 年（23 歳）の入社と想定すれば，1990 年には 41 歳，2000 年には 51 歳，2010 年には 61 歳になる．職業人生の後半の 20 年は，バブル経済の崩壊，経営合理化，成果主義導入などを経験し，苦労したと考えられる．

　しかし，これらの組織人たちの負担は，本人たちはもとより，他者によって語られることが少なかったと考えられる．その理由の一つとして，中高年に比べて若者達はもっと雇用状況が悪化したからであり，むしろ中高年の雇用安定が若者の雇用不安の原因とされていたからである．玄田（2001）が指摘した「置換効果仮説」のように，中高年の雇用による若年の雇用機会の置き換えがあれば，組織人の苦労の語りは，贅沢な悩みとして語り難かったと言えよう．例えば，早期退職制度に関しても，「経広：あのおりは退職の条件が非常に良かったですからね．56 歳ぐらいから上の人は確かやめたら，全部定年まで働いたのと同じくらいもらえたのです．それ以下はだんだん少なくなりましたけれど．（226 頁）」という今から考えると恵まれた条件を確保していたと言えよう．

　しかし，そもそも新卒無業の苦労と厳しい競争にさらされた組織人の苦労は，質的には比較不可能であろう．そうであるならば，本稿で試みたように，これまで隠されてきた語りを一時代の組織人の経験として記録し，組織内キャリアの経験を語りの中から解釈することは，社会的価値があると言えよう．これからも，我々が働き続ける限り，組織と個人の関係は問題であり続けるからである．本稿はその語りを掘り起こすという小さな試みであるが，今後も団塊の世代の仕事史の研究が広がることを期待したい．

注
1）　「「私が「戦後生まれの巨大な人口の塊」に注目するようになったのは，42 年に通商産業省（現経済産業省）の官僚として，日本万国博覧会準備室で日本政府の大阪万博出展を各省庁と協議していたときです．厚生省（現厚生労働省）の技官，吉田寿三郎氏が「敗戦直後の出生数が極端に多く，これが将来の社会の重しになる」と力説され，人口問題の分厚い資料を届けてくれました．当時，厚生省の人口問題

256　第Ⅱ部　考察「団塊の世代の仕事とキャリア」

研究所の見方は「間もなく終戦直後に生まれた年代が出産期に入ると，また出生数は激増する．日本の長期問題は人口が過剰で，土地が狭いことであり，人口全体が少子高齢化するなどとは考えていない」というものでした」(「【自作再訪】団塊の世代」という言葉を世に広めた堺屋太一さん「今，続編を書くなら老人が…」(産経ニュース，2016年12月5日))．

2) 2016年に司馬遼太郎の新刊として『ビジネスエリートの新論語』(文春新書)として復刊されている．

3) 松繁 (2005) は，「長期雇用を促進しつつ，徐々に差がついていく長期競争の世界」をマラソン型競争メカニズムと定義している．

参 考 文 献

今田幸子・平田周一『ホワイトカラーの昇進構造』日本労働研究機構，1995年

梅崎修「職能資格制度の運用変化」松繁寿和・梅崎修・中嶋哲夫編著『人事の経済分析―人事制度改革と人材マネジメント』ミネルヴァ書房，2005年，56-83頁

───「第2章 賃金制度」久本憲夫・仁田道夫 (編)『日本的雇用システム』(ナカニシヤ出版，2008，73-106頁

小池和男『仕事の経済学 (第3版)』東洋経済新報社，2006年

玄田有史『仕事のなかの曖昧な不安―揺れる若年の現在』中央公論新社，2001年

仁田道夫「戦後における日本型雇用システム確立」『変化のなかの雇用システム』東京大学出版会，2003年，11-22頁

松繁寿和編著『大学教育効果の実証分析』日本評論社，2004年

松繁寿和「人事制度改革の多重性とマラソン型競争メカニズム」松繁寿和・梅崎修・中嶋哲夫編著『人事の経済分析―人事制度改革と人材マネジメント』ミネルヴァ書房，2005年，1-15頁

日本経済研究センター『人的資源の高度活用と職業構造の変化に関する調査研究―高齢者の活用を中心に』1995年

横溝岳・梅崎修「製造業における職能別キャリア管理の実態―人事マイクロデータの分析」『キャリアデザイン研究』第7号，2011年，101-111頁

八代充史『管理職層の人的資源管理―労働市場論的アプローチ』有斐閣，2002年

Whyte, W. H., The Organization Man. Simon & Schuster, 1956 (= 1959 岡部慶三・藤永保・辻村明・佐田一彦訳)『組織の中における人間 上・下』東京創元社)

第7章　戦後日本企業の変遷と団塊の世代

1．はじめに

　本章は，オーラル・ヒストリーの対象者となった団塊の世代のホワイトカラーに関する産業史的な位置付けを整理することを目的としている．今回の対象者の特徴のうち本章が注目するのは次の点である．すなわち今回のケースはすべて高度成長期が終わりに差しかかる1972年に京都大学経済学部を卒業して当時の優良企業に採用されたホワイトカラーであったという点である．戦後の高度成長期を含む激動期に青年期を過ごし，有名大学を卒業して幹部候補生の一員として迎えられた企業人が，その企業人生を全うした時期に日本企業が構造的転換点にあったということを整理しておくことは，団塊の世代を理解する一助となろう．

　そこで以下では，第一に有力大学に身を置いた団塊の世代が青年期を過ごした後，就職時期を迎えた当時の日本企業の産業史的な特徴を明らかにしたうえで，就職先として選んだ企業が同時代の中でどのような位置付けを与えられる存在であったのかを明らかにしたい．そして第二に，それら企業の位置付けがバブル崩壊後の構造的な転換点の中でどのような変化に直面していたのかを明らかにしつつ，彼らのキャリア形成がその構造変化の中でどのように評価されたのかを検討してみたい．

2．戦前から戦後への主要企業の変遷と京都大学経済学部卒業生

　団塊の世代は，第二次世界大戦直後の1947年から1949年に生まれ，第一次ベビーブーム世代とも呼ばれる世代を指す．この3年間の年間出生数は1947

258 第Ⅱ部 考察「団塊の世代の仕事とキャリア」

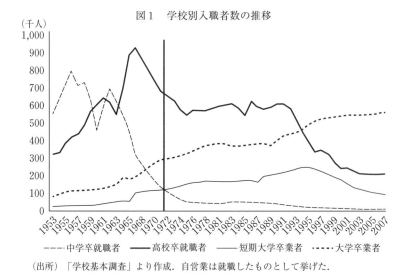

図1 学校別入職者数の推移

(出所)「学校基本調査」より作成.自営業は就職したものとして挙げた.

年が268万人,1948年が268万人,1949年が270万人と,3年間の合計出生数は約806万人にのぼる.これらの世代が過ごした時期が高度成長期にあたる.そこでまず,高度成長期における学校別の労働市場を確認しておこう.図1は学校基本調査のデータをもとに労働市場への入職者の推移を示したものである.中学・高校は就職者の推移を,短期大学・大学は卒業者の推移を示している.同図によれば1950年代半ばにかけては中卒者が主要な採用枠であったが,1960年代にかけて高卒者へと採用者の高学歴化が進み,1970年代以降,高卒者から大卒者へのシフトが漸進的に進んで1990年代半ばにかけて,高卒者から大卒者への転換が完了したことが見て取れる.本書のオーラル・ヒストリーの対象者は中学卒から高校卒へ,高校卒から大学卒へという二段階の高学歴化を横目に見ながら有力大学への進学と優良企業への就職を目指した層であったことを確認できる.

では実際,京都大学経済学部の卒業生は,卒業後どのような企業に就職していったのかを次に検証してみよう.図2は1950年代までの京都大学経済学部の卒業生数の推移を見たものである.1920年代末以降200人から300人で推

第 7 章　戦後日本企業の変遷と団塊の世代　259

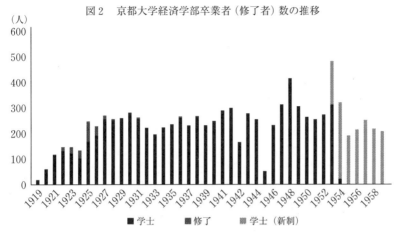

図 2　京都大学経済学部卒業者（修了者）数の推移

（出所）　京都大学経済学部同窓会「京都大学経済学部卒業生名簿」1959 年より作成.

移した卒業者（修了者）は，戦後の混乱期に激減と激増を記録した後，新制期に 200 人前後で安定的に推移していったことを確認できる．戦後高度成長期にかけて卒業生数を抑制的に推移させた同大同学部の卒業生は労働市場が逼迫化する中で，貴重な人材として受容されたことが推測される[1]．そこで次に実際の就職先企業についてその構成比を確認してみよう．表 1 は 1959 年時点における京都大学経済学部卒業生の主要就職先を整理したものである．転職等で卒業後に就職先が変更されている場合もあり，その傾向は時代を遡るほど大きくなるが，大まかな傾向は把握できよう．なお，同表では卒業生が 10 人以上就職している組織名をあげ，1945 年までの卒業生の就職先とそれ以後の就職先を区分して整理し，戦後卒業生の比重が就職者の 6 割を超えた組織については網掛けをしている．ちなみに図 2 のデータを整理すると 1946 年以降の卒業生数の比率は 40％である．

以上を前提に戦前から戦後にかけての就職先の変化を確認してみよう．戦前から戦後にかけて京都大学経済学部卒業生の就職先は大きく変化したことが確認できる．戦前の主要就職先は分散的であり，戦前卒業生の就職先で最大の三和銀行でも 37 人に過ぎない．また朝日新聞（戦前第 2 位），京都大学（同第 4

表1 京都大学経済学部卒業生の就職先一覧 (1959年11月1日現在：10名以上)

(単位：人、％)

No	組織名	総数(a)	1919-1945	1946-1959(b)	b/a
1	三和銀行	107	37	70	65%
2	住友銀行	85	18	67	79%
3	大和銀行	79	15	64	81%
4	伊藤忠商事	60	2	58	97%
5	関西電力	48	17	31	65%
6	日本勧業銀行	45	20	25	56%
7	富士銀行	41	8	33	80%
8	川崎製鉄	40	10	30	75%
9	日商	38	1	37	97%
10	三井物産	38	22	16	42%
11	大阪瓦斯	37	10	27	73%
12	東京銀行	37	14	23	62%
13	丸紅飯田	37	1	36	97%
14	朝日新聞	35	27	8	23%
15	神戸銀行	35	8	27	77%
16	日本興業銀行	35	26	9	26%
17	京都銀行	34	23	11	32%
18	住友化学工業	34	11	23	68%
19	三菱商事	32	10	22	69%
20	大阪市	31	15	16	52%
21	住友金属工業	31	17	14	45%
22	第一銀行	31	10	21	68%
43	京都府	20	11	9	45%
44	倉敷レイヨン	20	8	12	60%
45	住友信託銀行	20	3	17	85%
46	宇部興産	19	4	15	79%
47	大蔵省	19	4	15	79%
48	協和銀行	19	6	13	68%
49	電通	19	12	7	37%
50	三菱造船	19	10	9	47%
51	野村証券	18	2	16	89%
52	阪神電気鉄道	18	12	6	33%
53	日立造船	18	4	14	78%
54	松下電器産業	18	1	17	94%
55	三井金属鉱業	18	10	8	44%
56	伊藤萬	17	3	14	82%
57	東京海上保険	17	7	10	59%
58	北陸銀行	17	5	12	71%
59	兼松	16	1	15	94%
60	京都市	16	8	8	50%
61	日本通運	16	9	7	44%
62	八幡製鉄	16	7	9	56%
63	関西大学	15	5	10	67%
64	中国電力	15	3	12	80%
85	日本長期信用銀行	13	5	8	62%
86	三菱レイヨン	13	2	11	85%
87	立命館大学	13	9	4	31%
88	旭硝子	12	5	7	58%
89	岩井産業	12	2	10	83%
90	大阪市立大学	12	9	3	25%
91	川崎重工業	12	5	7	58%
92	呉羽紡績	12	5	7	58%
93	神戸製鋼所	12	8	4	33%
94	住友海上火災	12	6	6	50%
95	武田薬品	12	5	7	58%
96	東京芝浦電気	12	4	8	67%
97	同和火災海上保険	12	8	4	33%
98	日新製鋼	12	5	7	58%
99	日本合成化学工業	12	1	11	92%
100	農林中央金庫	12	7	5	42%
101	三菱金属鉱業	12	6	6	50%
102	労働省	12	1	11	92%
103	四国電力	11	3	8	73%
104	滋賀銀行	11	3	8	73%
105	住友金属鉱山	11	2	9	82%
106	住友石炭鉱業	11	1	10	91%

第7章　戦後日本企業の変遷と団塊の世代　261

23	三井銀行	31	16	15	48%
24	江商	30	6	24	80%
25	新三菱重工業	30	12	18	60%
26	日本生命保険	28	9	19	68%
27	大日本紡績	27	12	15	56%
28	東洋紡績	26	13	13	50%
29	三菱銀行	26	10	16	62%
30	旭化成	25	5	20	80%
31	毎日新聞	25	9	16	64%
32	帝国人造絹糸	24	7	17	71%
33	東海銀行	24	4	20	83%
34	三井鉱山	24	17	7	29%
35	九州電力	23	15	8	35%
36	日立製作所	23	9	14	61%
37	京阪神急行電鉄	22	12	10	45%
38	大和証券	22	6	16	73%
39	日本銀行	22	11	11	50%
40	防衛庁	22	18	4	18%
41	三菱電機	22	10	12	55%
42	住友商事	21	2	19	90%

65	中小企業金融公庫	15	8	7	47%
66	蝶理	15	2	13	87%
67	東京電力	15	10	5	33%
68	日本放送協会	15	8	7	47%
69	安宅産業	14	1	13	93%
70	大阪国税局	14	8	6	43%
71	島津製作所	14	5	9	64%
72	商工組合中央金庫	14	6	8	57%
73	大同生命保険	14	11	3	21%
74	東洋綿花	14	3	11	79%
75	日綿実業	14	0	14	100%
76	大阪府庁	13	4	9	69%
77	日本鉄道	13	3	10	77%
78	倉敷紡績	13	3	10	77%
79	住友電気工業	13	6	7	54%
80	ダイハツ工業	13	3	10	77%
81	通商産業省	13	3	10	77%
82	電源開発	13	10	3	23%
83	東洋レーヨン	13	1	12	92%
84	日本火災海上保険	13	6	7	54%

107	同志社大学	11	7	4	36%
108	日本開発銀行	11	5	6	55%
109	日本郵船	11	8	3	27%
110	北海道拓殖銀行	11	4	7	64%
111	丸善石油	11	3	8	73%
112	安田信託銀行	11	6	5	45%
113	安田火災海上保険	11	5	6	55%
114	山一証券	11	1	10	91%
115	大阪商船	10	3	7	70%
116	大阪大学	10	7	3	30%
117	鹿島建設	10	7	3	30%
118	近畿財務局	10	7	3	30%
119	甲南大学	10	6	4	40%
120	滋賀大学	10	9	1	10%
121	大東京火災海上保険	10	2	8	80%
122	大日本セルロイド	10	2	8	80%
123	中部電力	10	3	7	70%
124	日興証券	10	3	7	70%
125	日鉄鉱業	10	5	5	50%
126	三菱化成工業	10	3	7	70%
127	三菱鉱業	10	6	4	40%

(出所)　図2に同じ.

位），防衛庁（同第7位）などの大学，省庁のほか，三井物産（同第5位），三井鉱山（同第9位），三井銀行（同第12位）などの財閥系企業の比重の高さが指摘できる．業種では紡績会社（東洋紡績や大日本紡績など）や鉱山会社（三井鉱山，住友金属工業など）が主要就職先となっている．これ対して，戦後の就職先は戦前に比して特定企業への集中が進み，中でも大量の卒業生を受け入れたのは，主として関西に本社を置く銀行，商社，製鉄，ガス，化学，電力などの諸企業であった．特に関西系の銀行と商社は多数の卒業生を受け入れており，銀行では最大の三和銀行を筆頭に，住友銀行（戦後第2位），大和銀行（同第3位），商社では伊藤忠商事（同第4位）を筆頭に日商（同第5位），丸紅飯田（同第6位）などが主要就職先となっていた．そのほか，関西電力（戦後第7位：電力），川崎製鉄（同第8位：製鉄），大阪瓦斯（同第9位：ガス），住友化学（同第15位：化学）などが上位企業として注目される．

　では次に高度成長期にかけて京都大学経済学部卒業生達の主要な就職先であった各社は，日本企業全体で見た場合どのような地位にあったのか．以下では主として山崎廣明（1991）のデータから確認してみよう．なお，山崎（1991）のデータを用いる理由は次のとおりである．企業ランキングを問題にする場合，多くは売上高や資産額が基準として取り上げられる[2]．その結果，データの性格上，鉱工業と公益事業は区分され，銀行業や貿易業は同一の区分では比較検証が不可能となる．しかし，先に見たように戦後の京都大学経済学部卒業生たちの主たる就職先には鉱工業に加えて，銀行や商社が多く含まれており，それら企業も含めた統一的な基準で日本の産業を一括して比較する必要がある．これに対して山崎（1991）は純利益を基準とすることで戦前・戦時の特殊会社や戦後の政府関係機関をも統一的に比較している．なお，同データの基準年は1929年下期（昭和恐慌直前），1943年上期（戦時期），1955年下期（高度成長の始期），1973年上期（第一次オイルショック直前），1987年（バブル経済期）となっている[3]．このうち，1973年はヒアリング対象者が卒業して入社した直後の時期にあたる．

　そこで，まずは表2の主要50社の産業別分類より戦前から戦後の主要企業

第7章　戦後日本企業の変遷と団塊の世代　263

表2　上位50社の産業別構成

業種別		1929	1943	1955	1973	1987
軽工業	ビール	1	1			1
	砂糖	3	2			
	化学調味料			1		
	綿糸	4	3	2		
	生糸	1				
	毛織物	1		1		
	紙	3	1	1		
	セメント	1		2		
	ガラス			1	1	1
	小計	14	7	8	1	2
重化学工業	ゴム				1	
	フィルム					1
	ソーダ		1			
	化学肥料	1	1	1		
	化学繊維				3	3
	石油	1	2	4		1
	機械		2	1	3	
	船舶		1	1		
	電気機械		2	3	7	6
	自動車			1	3	3
	鉄鋼		7	5	4	1
	非鉄金属			1		
	小計	2	16	20	21	12

業種別		1929	1943	1955	1973	1987
鉱山業		3	3	1		
建設業					2	
公益事業	鉄道	6	2			
	電力	9	7	5	2	6
	ガス	2		1		1
第三次産業	持株会社		1			
	金融	12	9	12	18	22
	証券			1	3	6
	外国貿易	1	2		2	
	その他商業				1	
	海運	1	2	1		
	陸運		1	1		
	通信					1
合　計		50	50	50	50	50

（出所）　山崎廣明「戦前・戦後の日本の企業—50社利益ランキング表の考察」米川信一・下川浩
一・山崎廣明『戦後日本経営史』第1巻，東洋経済新報社，1991年，8頁より再掲.

の構成の変化を確認しよう．同表から分かるように日本の産業構造の中心は戦
前の繊維産業や鉱業から次第に重化学工業へ，そしてその重化学工業も，高度
成長期の終わりにかけて素材型や労働集約型から加工度の高い自動車・電機中
心へと急速に移行したことが確認できる．これら企業の変遷は先に表1で見た
京都大学経済学部卒業生の就職先の戦前から戦後にかけての主要就職先の変化
と見事に符合している．

264　第Ⅱ部　考察「団塊の世代の仕事とキャリア」

　また，同表でとくに特徴的な点は，商業や鉱工業における主要企業の変遷の激しさとは対照的に電力業と銀行業の2業種は主要企業として長期に存続し続けた点である．

　そしてこうした主要産業の変化はそれら産業が求める高学歴者への求人の変化と時期を追って対応していた．前述のように1950年代前半から高校・大学への進学者が増加した．他方で，それら高学歴者への産業界の需要も増加したが，そのシフトは産業ごとに時期のずれがあったとされる．上島康弘・猪木武徳（2018）は産業別の求人の学歴間構成の変化を分析し，製鉄業では1950年代半ば以降，化学関係工業では1950年代から1960年代にかけて求人の高学歴化が進んだが，機械工業ではそれらの産業からはやや遅れて1960年代後半から求人の高学歴化が進んだ点を明らかにした．そしてそのズレをそれらの産業内で起きていた生産工程内の技術変化と対応させながら論証した[4]．この各産業での技術変化に起因する求人の高学歴化は，技術変化に基づく生産性の向上によって山崎（1991）が分析した主要企業の変遷とかなりの程度符合することが確認できる．ホワイトカラーに関する労働市場の場合でも，同様な傾向が見られたと考えられ，実際，京都大学経済学部卒業生の就職先は技術変化に起因する高学歴者のニーズに合わせて変化していったことが先の表から確認できる．本書がヒアリング対象とした日立製作所，旭化成，伊藤忠商事，マツダ（東洋工業），日本長期信用銀行は，同時代の産業特性を強く反映していたことを理解できよう．

　ただし，戦前から主要企業であった旧財閥系企業などと異なり，戦後に主要企業のランキングの上位に位置してきた企業では採用される学校（大学）構成が異なっていた．表3は1987年における主要企業の役員の出身学校別構成を東京大学および京都大学比率の高い順に並べたものである．例えばトヨタ自動車工業の場合，純利益のランキングは1955年49位，1973年2位，1987年に4位であるが，東京大学と京都大学の比率は14％と下位にあり，他方，新日鉄は東京大学と京都大学の比率は76％と上位であるが，その順位は1955年に八幡製鉄5位，富士製鉄6位，1973年5位，1987年50位と対照的な状況にあ

表3　主要企業の取締役の出身学校別構成（1987年）

	東大	京大	小計	その他旧帝大	一橋大	神戸大	東京工大	国立10大学計	慶応大	早稲田大	小計	その他国公立大	その他私大	その他	総計
東京電力	76	5	82	3	0		3	87	3	5	8	3	3	0	100
新日本製鉄	63	13	76	13	4		2	95	2		2	4			100
東レ	38	35	73	8			4	85	8		8	8	8	3	100
富士銀行	63	8	71	3	11		0	84	3	3	5	8	0		100
三菱重工業	54	11	65	19			3	87	3		3	5	5	3	100
日本鋼管	62	3	65	8				73	3	16	19	3	5		100
日本長期信用銀行	50	14	64	18	11		0	93	7	0	7	0	0	0	100
住友金属	38	21	59	24		10		93				3	3		100
旭化成	35	21	56	9	9	0	3	76	0	0	0	18	3	3	100
富士通	47	7	54	13	3	3	10	83	7	7	14	0	3		100
住友銀行	38	16	53	11	4	13	0	82	7	7	9	0	9	0	100
日産自動車	41	12	53	5	5		5	68	12	2	19	7		5	100
東京海上火災保険	48	3	52	0	30	0		82	6	7	6	6	6	0	100
日立製作所	37	13	50	20	7		3	80	6	0	7	10	3		100
日本電気	41	9	50	13	13	3	9	88	3		6		6		100
東芝	44		44	4	4	4	20	72	12	3	12	4	12		100
第一勧業銀行	29	8	37	13	5	0	0	55	16	11	26	16	3		100
三菱商事	30	4	34	4	21	4	4	66	16	5	21	2	2	9	100
伊藤忠	16	16	32	6	6	6		50	8	2	10	24	8	8	100
ソニー	30		30	13	7	4	3	53	3	17	20	7	17	3	100
マツダ	13	9	22	11	4	4	0	44	4	2	7	27	2	20	100
松下電器	15	4	19	30	7	5		60	7		7	11	15	7	100
大和証券	7	12	19	9	14		0	47	14	7	21	9	19	5	100
本田技研	11	3	14	14		3		31	9	11	20	26	17	6	100
トヨタ自動車	10	4	14	46	2	12		74	6	4	10	14	2	6	100
松下工	5		5	10		10		25	6		5	33	10	33	100

（出所）前掲山崎廣明「戦前・戦後の日本の企業」48頁および東洋経済新報社『役員四季報』1988年版より作成.

る．産業構造の変化に合わせて主要企業が移り変わる中で，時期が遅れて順位を上げた戦後成長型の企業では，採用の多様化を図っていたことが分かる．このことは日本経済の成長とともに旧帝大，とりわけ東京大学や京都大学の相対的地位が徐々に低下していったことを示していると言えよう．本書が対象とする団塊の世代はその相対的地位が徐々に低下しつつある時期に，同時代で主要企業とされる企業へと職を求めて採用されていった人々という位置付けが与えられよう．

3．バブル崩壊後の企業再編と団塊の世代

　本節では，バブル崩壊後の企業ランキングの変化とその背景となった日本経済の構造変化について検証し，団塊の世代が培ってきたキャリアがその構造変化の中でどのように評価される可能性があったのかを検討していきたい．そこでまず，バブル崩壊後の上位50社の産業別の構成を見てみよう（表4）．1987年と比較した最も特徴的な点は，戦前戦後を通じて主要企業の中核を占めていた銀行の地位が大幅に後退したという点である．他方，鉱工業における自動車と電気機械の優位性は続いているが，構成企業では総合電機メーカーの地位が大幅に後退している．

　こうした企業順位の変遷には1997年以降に進んだ銀行危機が大きく影響しており，この銀行危機を起点として日本型企業システムの見直しが進んだ点が，団塊の世代のキャリアにとって極めて重要な意味を持った．すなわち，1997年に日本では，バブル崩壊後に深刻化した不良債権問題を背景に大手都市銀行，大手証券会社，長期信用銀行などが相次いで破綻する銀行危機が生じ，実体経済に大きな影響を与えることとなった．翌年の経済成長はマイナス2.0％を記録し，1999年から2000年までの短い景気回復局面を挟んで，2001年初頭からは再び景気が減速した．こうした中で，日本経済が構造的な問題に直面しているという認識が広く共有され，IT技術の導入，賃金制度，雇用システム，内部組織の変革など様々な取り組みが進められた．他方，日本経済の構造的調整が進む過程で，失業率の上昇が深刻となった．1998年の景気後退

第7章　戦後日本企業の変遷と団塊の世代　267

表4　利益ランキング上位50社の業種別会社数（2003年3月期）

業　種	会社数	会　社　名
電力	6	東京電力，中部電力，関西電力，九州電力，東北電力，中国電力
機械	5	キヤノン，任天堂，リコー，三菱重工業，ファナック
薬品	5	武田薬品工業，山之内製薬，三共，大正製薬，エーザイ
自動車	4	トヨタ自動車，ホンダ，デンソー，日産自動車
電気機械	4	東芝，松下電器，シャープ，日立製作所
小売	4	ダイエー，セブン-イレブン，イトーヨーカ堂，ファーストリテイリング
消費者金融	4	武富士，アコム，プロミス，アイフル
鉄道	3	JR東日本，JR東海，JR西日本
通信	3	NTTドコモ，NTT，KDDI
化学	3	花王，富士写真フイルム，信越化学
保険	2	ミレアホールディングス，三井住友海上
銀行	1	三井住友フィナンシャルグループ
タバコ	1	JT
ガス	1	東京ガス
ゴム	1	ブリヂストン
陸運	1	ヤマト運輸
住宅	1	積水ハウス
サービス	1	日本警備保障

（出所）　経営史学会編『日本経営史の基礎知識』有斐閣，2004年，8頁より再掲.

局面で失業率が上昇したが，1999年以降の景気反転局面でも継続的に上昇した．2003年以降の景気回復局面でも国際間競争に耐えうる競争力を確保しようとする企業では日本型雇用システムの改編を進め，非正規雇用者の活用を積極化した．このような1990年代末の金融危機と前後して事業再編に対応した制度改革が急速に進展し，戦後高度成長期にかけて形成されてきた日本の企業システムが相次いで変更されることとなったのである．

　他方この時期，企業をめぐる法制度の改革を前提として，グローバル化に伴う国際間競争の激化や規制緩和に伴う新規参入の増加による競争環境の変化に対応した事業のポートフォリオの再編成が進められていくこととなったのである．その際，重要なキーワードとなったのが「選択と集中」である．朝日，毎

日，読売，産経と経済誌の日経の5誌で「選択と集中」を記事検索した結果によれば，1980年代前半は0件，1980年代後半は1988年8月の日経に1件だけで，1990年代前半も14件と少なかった．しかし，1990年代後半に300件近く増え，2000年以降は，ほぼ毎日どこかの新聞で取り上げられる状況となっている[5]．1980年代は高度成長期から成熟期に入り，本業だけでなく，新規事業を探さねばならない多角化の時代であったが，銀行危機が深刻化した1997年以降，日本企業を取り巻く環境が大きく変化していったと言える．

　こうした状況に合わせるように法制度も事業再編を促す方向で整備されていくこととなった．具体的には，1997年に持ち株会社の禁止規定が解除された．これによって事業統合メリットの追求のための持株会社や事業単位の独立性を高める分社化による本社の持株会社化が進展した．また，1999年の商法改正では企業結合のための株式交換，株式移転価格制度が導入され，買収時の株式交換や共同持株会社への株式移転などの条件が整えられた．さらに2000年には同一会社内の事業を別会社に移すための会社分割制度が導入され，2002年にはグループ企業間の損益通算を図るために連結納税制度も導入された．こうした企業の境界の再設定にともなう事業の効率性追求が図られた結果，1990年代末から戦後史上初の大きなM&Aブームが到来した[6]．

　こうした事業再編と併せて企業統治のあり方に関する法整備も進んだ．銀行危機と前後して戦後長く続いてきた安定株主工作としての株式相互持合いが解消され，代わって外国人投資家が増加した．こうした企業の所有構造のグローバル化に合わせて1999年度には連結会計制度に本格的に移行し，子会社の範囲も持株基準から支配力基準へと変更され，グループ経営を展開する企業の実態が会計的に開示されるようになった．また，バブル崩壊後の多額の含み損を顕在化させない従来の取得原価主義に代えて経営成績の実態を反映させる時価会計の導入も試みられた．こうして戦後長きにわたって形成してきた日本型の企業システムは大きく変化していくこととなったのである．

　ではこうした日本企業の構造的変化に直面したことで，ホワイトカラーが企業内で蓄積してきたキャリアはどのように評価される可能性があったのかを次

表5　日米におけるホワイトカラーのキャリアの幅の違い

		人事部長	人事課長	経理部長	経理課長	営業部長	営業課長
アメリカ	11職域の中で経験した数	5.38	4.18				
	5職域の中で経験した数			3.39	2.92		
	数多くの商品群					59.8%	49.2%
	数多くのエリア					72.8%	51.8%
	数多くの顧客群					77.2%	60.6%
日本	11職域の中で経験した数						
	5職域の中で経験した数	5.47	5.04	2.97	2.63		
	数多くの商品群					36.9%	40.1%
	数多くのエリア					50.3%	36.8%
	数多くの顧客群					60.5%	45.4%

（出所）　守島基博「日米管理職の『キャリアの幅』比較」小池和男・猪木武徳『ホワイトカラーの人材形成』東京経済新報社，2002年，279頁より再掲．

に検討してみよう．行論にあたって，同時代の日本のホワイトカラーのキャリア形成の特徴がどのようなものであったのかについて守島基博（2002）の分析から確認しておこう．守島は日本労働研究機構が1995年から1997年にかけて集めたホワイトカラーの人材形成に関する比較研究のデータ（日米独でおよそ3,000人の部課長レベルのホワイトカラーのアンケート結果）を用いて，主として日米のホワイトカラーのキャリア分析を行っている．以下では，そのうち，日米のホワイトカラーのキャリアの幅の比較結果を表5から確認してみたい．同表で注目されるのは，ゼネラリスト的と評されがちな日本のホワイトカラーのキャリアの幅は，むしろアメリカに比して相対的に狭いという点である．とりわけ営業部門の管理職についてはその傾向が顕著であることが分かる．

　この点は，企業がどのようなキャリアを形成してほしいと考えたかを示した表6でより顕著となっている．アメリカでは営業職において数多くの商品を幅広く多様な顧客に対して営業するスキルを学んでほしいと考えているのに対して，日本の場合は，むしろ限られた範囲で専門性を高める営業担当者を育成しようとしていることが分かる．

　このように特定分野に限定して専門性を高める営業職という点に関して，総

270 第Ⅱ部 考察「団塊の世代の仕事とキャリア」

表6 課長育成のための望ましいキャリアの幅

		人事部長	人事課長	営業部長	営業課長	経理部長	経理課長
アメリカ	職能内で，1つの仕事を長く経験	0.0	0.8	0.0	0.9	0.0	1.0
	職能内で2～3の仕事を長く経験	21.2	18.3	14.1	14.5	16.7	23.8
	職能内で数多くの仕事を経験	35.4	33.3	41.3	32.7	62.9	57.0
	少数の職能を経験	36.4	29.4	21.7	25.5	15.2	13.5
	数多くの職能を経験	3.0	8.7	14.1	20.9	1.5	3.6
	その他	3.0	9.5	8.7	4.5	2.3	0.5
日本	職能内で，1つの仕事を長く経験	0.7	0.4	1.3	1.1	0.0	0.4
	職能内で2～3の仕事を長く経験	3.4	7.7	14.6	11.5	10.6	7.1
	職能内で数多くの仕事を経験	4.1	7.3	14.0	17.5	17.4	24.2
	少数の職能を経験	58.1	52.3	56.1	50.6	62.1	59.9
	数多くの職能を経験	30.4	31.5	11.5	16.4	9.2	8.2
	その他	2.7	0.8	0.6	0.4	0.4	0.2

（出所） 前掲守島基博「日米管理職の『キャリアの幅』比較」280頁より再掲.

合商社の背番号制の事例がよく知られている．背番号制とは，戦後に典型的に
見られる総合商社の人事管理の慣行の俗称である[7]．塩田長英（1976）[8]は総合
商社では，特定の商品部への配属が決まると他部門への異動はめったになく，
各部門が独立した中小商社のような専門性を有した人材を養成するとしてい
る．こうした傾向は一般に背番号制と呼ばれている．美里泰伸（1984）は背番
号制とは本籍地制度のことで，入社時に所属した部門で海外店や国内店への転
勤，子会社への出向などの人事考課が行われ，その部門で職業人としての生涯
を終えるとする[9]．現在，美里のような見解は支配的であり，藤堂洋二（1997）
は，自社の経験をもとに入社時の所属グループから他のグループへの移籍は
99％ありえないと述べている[10]．本書で対象となった伊藤忠商事人事部長で
あった富田博氏も，「原籍というのは，戸籍みたいなものです．「あなたは人事
戸籍」と．だから，どこかに移す場合は転籍と言って，よその戸籍に移るので
す．私が部長の頃，人事戸籍の人が100人ぐらいいました．人事部を原籍とす
る人です．その人達がどういうところに配置をされているかというとみんなク
ルクル回る．」と述べている．

第7章　戦後日本企業の変遷と団塊の世代　271

　そしてこうした限定された専門性を高める営業職の存在は，他のヒアリング記録からもうかがい知ることができる．以下では，関連する部分を引用してみよう．

【日立製作所の場合】

- 営業はくくりつけになってきました．それまでは支社長というのが結構権限があったのですが，それからは支社長はあまり権限がなくて，事業会社の社長が営業も全部コントロールするようになりました．査定もです．
- 東京電力の窓口の営業の人が仮に30人いるとすると，10人が火力の担当であり，10人が水力の担当であり，10人が原子力の担当であるというふうに担当に分かれています……東京電力の水力の担当は，その水力の事業部に属するということです．背番号ですね．原子力は原子力事業部に属するというふうな背番号になっている．
- 電力の営業の担当と他の営業がローテーションするかというと，ほぼゼロです．
- 将来，例えば支社長にしたいので，少しほかの営業も経験させたいからということで，1年ずつやるとかというローテーションもありますが．
- これはね，日立の営業だけではなく，私が付き合った東芝さんの営業もそうだったんですが，ほとんど替わらないのです．

【旭化成の場合】

- 旭化成アメリカという現地法人になっているのですが，実態は各事業部の駐在員が集まって，旭化成アメリカが指示しているのではなくて，本社の各事業部長がいろいろ指示して動いているのです．
- 私達の時は最初の3〜4年は自分達の勉強で，その次に替わったところが，大体ずっとそれに関連したようなところに行くケースが多かったですね．4〜5年目に営業へまわったら，大体，営業に行って．ただ，営業の場合は売るものが繊維になる時もあるけれども，プラスチックになる時もあるので

す．大体，決まりですね．

【マツダの場合】

- （管理部門と営業部門の人事の交流は）ないですね．結局，専門職を育てるということでしょうね．経験を積まないとできないことが多いですから．
- （営業の担当は）販社とのあいだを行ったり来たりで，経験を積んで自動車販売の業界のことを学んでいく．それを繰り返しながら，基本的にはマツダの販売本部には販社を管理するというのがありますから，そういうふうになっていくのです．

　1990年代末の銀行再編に伴う企業ランキングの変化やその後の日本企業システムの変化に伴う事業部門の再編は，上記のような日本的な営業部門のキャリア形成を積んだホワイトカラーにとって不利に作用したことは想像に難くない．安定成長期にかけて企業人としてキャリアを重ねた団塊の世代にとって，企業人生の終盤にかけての環境変化は極めて大きなインパクトを与えることになったと評することができよう．

4．おわりに

　本稿は，オーラル・ヒストリーの対象者となった団塊の世代のホワイトカラーに関する産業史的な位置付けを整理するため，有力大学に身を置いた団塊の世代が高度成長期に青年期を過ごし，就職先として選んだ企業が同時代の中でどのような位置付けを与えられる存在であったのかを検討した．

　京都大学経済学部卒業生の主要な就職先は戦前の財閥系企業，貿易会社，鉱山会社から戦後には銀行，商社，製鉄，ガス，化学，電力などへと変化した．これは日本企業の主力会社の構成が戦前の繊維産業や鉱業から次第に重化学工業へ，さらに重化学工業の中でも素材型や労働集約型から加工度の高い自動車・電機中心へと変化したことを反映していた．同大経済学部の卒業生は各時代の主力企業の幹部を担う有力な人材として期待されており，産業の高度化と

第7章　戦後日本企業の変遷と団塊の世代　273

ともにその主力就職先を変化させていった．しかし，高度成長期以降，労働市場が高学歴化し労働市場が逼迫する中で，とりわけ戦後に主力企業となっていった企業では東京大学や京都大学など有力大学の卒業生からその他多くの私大を含む卒業生へとその採用の軸を移しつつあった．団塊の世代の就職時期はそうした変化が徐々に顕在化する時期にあったと言えよう．

　次に，本章ではホワイトカラーとして有力企業に採用された幹部候補生がそれまで培ってきたキャリアは，1990年代以降の日本企業の構造的な変化に際して，どのような位置付けを与えられる可能性があったかについても検討した．1990年代後半には鉱工業や商業における激しい入れ替わりとは対照的に戦前戦後を通じて長く主力企業としての地位を保持していた銀行の地位が大幅に後退した．また金融危機を起点として進められた企業の事業再編によって，戦後高度成長期にかけて形成されてきた日本の企業システムが相次いで変更された．法体系の整備と相まって優良企業はその地位を維持するために事業の分社化やM&Aを積極化し，事業のポートフォリオの再編成を進めていった．他方，安定成長期までの日本のホワイトカラーのキャリア形成の特徴は限られた専門領域内でのスキルを高めることに向けられていた．そのため，1990年代後半以降に進められた有力企業内での事業内容の再編に際しては，厳しい評価を受けうる可能性を持つこととなったのである．

注
1)　この点は秋山博が「旭化成に入社したけれども，なぜ旭化成に決めたかということですが，当時の就活は売り手市場というか，特に京大生などは就職に苦労しなかった……」と発言していることに端的に表れている（秋山博「多角化企業旭化成における仕事とキャリア」）.

2)　例えば，産業政策史研究所『我が国大企業の形成・発展過程—総資産額で見た主要企業順位の史的変遷』産業政策研究所，1976年など.

3)　山崎弘明「戦前・戦後の日本の企業—50社利益ランキング表の考察」米川信一・下川浩一・山崎弘明『戦後日本経営史』第1巻，東洋経済新報社，1991年，2-3頁.

4)　上島康弘・猪木武徳「戦後の労働経済　1945-1973」深尾京司・中村尚史・中林

274 第Ⅱ部 考察「団塊の世代の仕事とキャリア」

真幸『岩波講座　日本経済の歴史』第5巻，岩波書店，2018年，106-114頁.

5)　「シャープの苦境　足をすくわれた『選択と集中』」朝日新聞2012年9月9日，6頁.

6)　橋本寿朗・長谷川信・宮島英昭・齊藤直『現代日本経済（第3版）』有斐閣，2011年，401-405頁.

7)　以下の記述は政岡勝治『総合商社の非総合性研究』晃洋書房，2006年，144-150頁による.

8)　塩田長英『総合商社―日本型多国籍企業の未来』日本経済新聞社，1976年，203頁.

9)　美里泰伸『総合商社の崩壊』番町書房，1984年，195頁.

10)　藤堂洋二『商社マン101の掟』文香社，1997年，152-153頁.

第8章　団塊の世代の仕事とキャリア
──世代論の視点から──

1．はじめに

　本書の元となったワーキングペーパーの「発刊にあたって」という文章には，調査の目的として

　1．大卒エリート社員のキャリアパスを明らかにする

　2．彼らが日本企業の組織能力の形成に果たした役割を明らかにする

　3．バブル崩壊後の彼らの位置・役割を明らかにする

　4．団塊の世代の歴史的意義を明らかにする

の4つが掲げられている．1，2，3については梅崎，大島の両氏がコメントをされ，それをもとに論文にまとめられている．4について何かコメントするということが私の役割であったが，5人の個人的な経験に基づいて「団塊の世代」を世代論として語るということは，とうてい私の能力の及ぶところでないので，ここでは，団塊の世代がこれまでどのように評価されてきたかを，簡単に振り返ることで，5人のヒストリーをより良く理解するための材料を与えられればと思う．

2．世代とは

　「団塊の世代」という表現に含まれる「世代」とは何かということがまず問題になる．ここでは団塊の世代について語っている多くの人が言及しているオルテガ（ホヤ・オルテガ・イ・ガセット）の定義を引用しておく．

276　第Ⅱ部　考察「団塊の世代の仕事とキャリア」

　「世代とは社会学上きわめて重要な概念である．一つの世代はある大き
な出来事を経験することで，それを中心として世代が形成される．多くの
場合はそれに対抗する形で，次の世代が形成される．」[1]

　団塊の世代がオルテガ的意味で世代を形成しているかと言えば，大学紛争な
どはあったけれども，ずっとそのことが後々まで，ある世代をある意味で拘束
するというような，そういう大きな出来事はあまり経験していないのではない
か．したがって，団塊の世代と言われているけれども，オルテガ的意味での世
代ではないのではないかというのが多くの人の基本的なトーンとなっていて，
私もそうではないかと思う．

3．団塊の世代とは

　「団塊の世代」という呼称は，1976年に堺屋太一が『団塊の世代』という本
を書いた時に登場したと言われる．その本の扉には「1960年代の若者の反乱
は，戦争直後に生まれた人口の膨らみが通り過ぎる嵐であった．かつてハイテ
ィーンと呼ばれ，ヤングといわれた，この「団塊の世代」は，過去においてそ
うであったように，将来においても数々の流行と需要を作り，過当競争と過剰
施設とを残しつつ，年老いていくことであろう」[2]という一文が置かれている．
　戦後の出生数は1945年：167万，46年：185万，47年：268万，48年：268
万人，49年：270万，50年：234万，51年：214万と推移しており，団塊の世
代は厳密には1947年から1949年の3年間に生まれた人々を指すが，「戦後五
～六年くらいに生まれた人たちが一つの考え方やスタイルを作りました」[3]と
いうように，一般的には終戦から1950年頃までの幅をとって考えられている
ようである．ちなみに，2016年の出生は98万人なので，現在の3倍近い赤ん
坊が生まれていたことになる．
　この世代は「生まれたときから「第一次ベビーブーム世代」と名づけられ，
その後成長するにつれて，「グループサウンズ世代」「戦無派世代」「全共闘世
代」「フォーク世代」「ニューファミリー世代」「団塊の世代」と，あたかも出

世魚のように名前を変えて呼ばれてきた」[4]．団塊の世代というのは，もともとは自分たちを呼ぶためにつくった名称ではないわけで，最初は他称だったが，今や自分達を団塊の世代と呼ぶことに，あまり抵抗感も恥じらいもなくなっているように見える．他称から自称になったということはなぜなのかということも含めて面白い現象だと思う．

団塊の世代を他の世代区分の中においてみると，これは津田真澂が『新世代サラリーマンの生活と意見』中で書いている区分だが，「戦前世代（1915 年生まれ以前）」，「戦中世代（1916 ～ 30 年生まれ）」，「戦後世代（1931 ～ 45 年生まれ）」，「団塊の世代（1946 ～ 50 年生まれ）」，「モラトリアム世代（1950 年代生まれ）」，「新人類世代（1960 年代生まれ）」，「団塊二世（1970 年代生まれ）」というような流れの中に位置付けられている[5]．

4．団塊の世代の多様性

団塊の世代は確かに団塊をなしているが，塊（かたまり）だと言いながら，やはり 1 つではなく，多様な存在である．1968 年の大学進学率は，男子 23.8 パーセント，女子 14.4 パーセントであるから，このプロジェクトの研究対象である「大学を出た団塊の世代」ということで取れば男子で 4 分の 1 ぐらい，さらに大学の中のエリートを取り上げると，対象はもっと狭いということになる．三浦展（1958 年生まれ）は「団塊世代は高校進学率を増やした世代ではあるが，大学進学率を増やした世代ではないと言えるのである．それでも団塊世代の大学進学率は非常に高まった印象を人々に与える．学生運動などの印象が強いからだと思われる．が，それはひとえに団塊世代の量の多さのためである．」[6]と述べている．三浦によると学生運動経験があると答えている人は，男性でも 19 パーセントを占めるに過ぎない．団塊の世代は全共闘世代というようにも呼ばれるが，それをそうだと受け入れる人は恐らく少数派だろうと思われる．

そのこととの関連でよく引き合いに出されるのが，連続殺人事件を起こした永山則夫である．彼は 1949 年 6 月生まれだったが，中学を出て集団就職のよ

うな形で東京に出てくる．一方でそういう層があり，他方でエリートと呼びうる層がある．そのあいだには高卒者が当然いるわけで，簡単にひとくくりにするわけにはいかない．またこの世代では学歴や学校歴が能力の疑似指標として充分には機能しておらず，学歴は低いが優秀な人が相当いて，混じり合って働いていた，というイメージがある．しかし，やはりいかにも人数が多い．男性の場合，単純に計算すると1949年生まれの32万人が大学に行ったことになり，2016年に生まれた子供の大学進学率を50パーセントほどと考えると18年後，2034年の男子学生数は25万人に過ぎない．女子は19万人に対し25万人ということになる．絶対数で考えれば，相当数の大学生がいたわけである．

各オーラル・ヒストリーの中で1972年の大学新卒の採用者数というのを見ると，日立製作所で700人，旭化成は170人，伊藤忠は300人，東洋工業が110〜120人，長期信用銀行が50人となっている．この数をどう見るかは意見の分かれるところかもしれないが，700人の日立製作所を筆頭に，相当数の大卒者が一挙に大企業，あるいは大企業になっていくような企業の中に入り込んできたということは，間違いないことだと思われる．

5．団塊の世代が生きた時代

団塊の世代が生きた時代は一体どんな時代だったのか．

1944年生まれの野村正樹は，

- 戦争を知らず，上の世代とは一変した戦後の民主主義教育を受けた．
- 日本の復興・高度成長・バブル・不況を現役の社会人として体験した．
- やっと人生が落ち着く中高年になって突然に，IT化や国際化の洗礼を受けた．
- 定年前には，若い頃には思いもしなかったリストラ旋風に巻き込まれた．
- しかも，老後には年金不安や増税地獄などの生活不安が待ち受けている．

こういう人生を送ってきたというのが団塊の世代だと言っている[7]．

団塊の世代（1949年生まれ）の佐伯啓思は12年周期説というのを唱えていて，12年ごとに団塊の世代が置かれた状況を次のように描いている．

第 8 章　団塊の世代の仕事とキャリア　279

「最初の 12 年 (49 ～ 60 年) は団塊の世代にとっては幼年期で貧しくも楽しい時期でしたが，日本社会はというと，戦後の混乱から立ち直って今後の成長の準備段階でした．

次の 12 年 (61 ～ 72 年) は青年期で，どんどん坂を上っていく時代．社会そのものも高度成長期で上り坂でした．

その次の 12 年 (73 ～ 84 年) は，この世代にとっては人生において子どもを持ったり家を購入したりと社会的責任を負うようになる転換期ですが，社会そのものも，高度成長期が終焉を迎え，世界全体が混乱してくる中で，どのようにして次の日本を立ち上げていくのかという転換期であり調整期だったといえます．

そしてその次の 12 年 (85 ～ 96 年) になると，団塊の世代は社会人として重要なポストを任される時期に入ります．

が，社会的には転換の成果が表れた時期です．明らかに，戦後日本社会はこの辺りから大きく変わっていく．プラザ合意でアメリカとの関係が緊密化し，アメリカとの政策協調でバブルが引き起こされ，アメリカの要求で構造改革を進めていくことになった時代に重なるのです．……

さらに重要なことは団塊の世代の子供たちが暴れだしたことです．……団塊の世代は深い失望感，思い通りに行かないという気持ちを募らせていったのだと思います．そしてそれ以降，やる気をなくしてしまった．シニカルというか，ある虚脱感を持ってしまったという気が私はしています．」[8]

1963 年生まれの佐藤俊樹も，同じようなことを言っている[9]．簡単に整理してみると次のようである．
- 団塊世代の人生 ①　36 歳まで順調

団塊の世代が 24 歳になるころ (1973 年) は，石油ショックが起こり，高度成長から低成長へと転換していく時代．

団塊の世代が 36 歳になるころ (1985 年) にバブル景気に突入．

人事政策の面で見ると，大量採用された団塊の世代が係長職とか課長職に昇進していく時期と重なる．管理職的なポストに就いて，いろいろなプロジェクトにリーダーとして入り込んでいった．

・団塊世代の人生 ②　48歳から苦境

自殺者数の急増が挙げられる．

従業員主権で会社を運営していくことの非合理性が顕在化してきた．

・団塊世代の人生 ③　60歳から問題爆発

また，労働経済の専門家である清家篤はその視点から

「団塊の世代はサラリーマン社会の申し子」

「団塊世代の職業人生は，基本的に極めて恵まれたものであった」

「日本的雇用制度の確立期から崩壊期までを経験している」

というように総括している[10]．

「団塊の世代はサラリーマン社会の申し子」ということは，日本の社会が自営業あるいは農業の世界から，みながサラリーマンになって賃金をもらって暮らすという，そういう社会になっていく．まさにそれを大量に，急速に推し進めていった世代だということである．そのうえで，団塊の世代の職業人生は基本的に極めて恵まれたものであったと肯定的に総括しているように見える．しかし，この世代は日本的雇用制度の確立期から崩壊期までを経験しているのであり，終盤に大きな苦難が待ち受けていたことは，他の論者も述べているとおりであり，また，5人のヒストリーの中でも見事とというか，赤裸々に，かなり痛みを持ちながら描かれている．

厚生労働省の第1回中高年者縦断調査（2006年12月公表）によると，「団塊の世代」に相当する年代の男性は，「ひとつの企業・団体等の組織におおむね20年以上勤務」した人が45.1パーセントにのぼり，「同じ分野の仕事」を続けているが勤め先は替わったという男性と合わせると，7割近くが，同じような会社で働きつづけていた[11]，というのが大まかな団塊の世代像なので，まさにサラリーマンで，しかも日本的な雇用慣行の中で団塊の世代は生きてきたということになる．

6．団塊の世代の特徴

　これまで団塊の世代がどういう時代をどういうふうに生きてきたかということを見てきたが，では，団塊の世代とは一体何なんだ，あるいは団塊の世代という人達は一体どんな特徴を持っているのかということについて検討していこう．

　三浦は団塊の世代の特徴を次のように総括している[12]．

- 大きな社会的影響力を持つ世代
- 保守性と革新性を併せ持った世代
- 量が質に転化する世代
- アメリカに洗脳された世代
- 大都市に大量流入した世代
- 恋愛結婚と友達夫婦の世代
- 子育てに失敗した世代

　また，佐伯は，第一に，団塊の世代は昔はともかく，今は元気がなく，第二に団塊の世代は非常に中途半端であり，自分達が擁護できるような強い価値観をつくり出すことには失敗した．そして，団塊の世代というのは，豊かさを「享受」し，「見誤った」世代である，と次のように総括している．

　　「団塊より上の世代は豊かさを作り出してきたが，人生のトータルにおいては貧しさが占めるウェートが大きかった．一方，新人類世代は初めから豊かさを前提として享受している．その間の団塊の世代は豊かになるということをライフスタイルの中で実感できた，唯一の世代であるといえるでしょう．

　　しかしその結果として「豊かさ」の使い方を見誤ったし，また，「豊かさ」以上の価値を提示することができませんでした」[13]．

　1975年生まれの文学者平野啓一郎は，まず「団塊の世代というのは戦争を

経験した若い人たちの子どもである」[14]と言っている．ついで「団塊の世代というのは，エディプス・コンプレックス的な反発の対象である戦争世代との差異化以外に，実質的な内容はなかった世代」[15]，つまり自分の親達と自分を区別するということ以外に実質的な内容はなかったというふうに平野は言っている．さらに「これまでの団塊の世代は，生産者としてのアイデンティティーというところに一生を懸けてきました．けれど，今後，仕事を失っていくことは確実です．生産者でなくなっていくわけです」[16]とし，だから，一生かけてきたアイデンティティーを失う時にどうするのだ，というのが平野の問い掛けなのかもしれない．

　また，苅部直（1965年生まれ）は次のようにいう．

　　　「青年時代の「団塊の世代」は，一方では大量消費社会の落とし子としての甘えん坊という側面を，また他方では，前近代以来の農村の影や，伝統的な心情をひきずった側面を，それぞれに指摘される存在でした．そうした両極性や，世代内部での差異を抱えた集団として，かつては語られていたわけです．」[17]

　三浦も次のように述べている．

　　　「こうした矛盾する二面性の併存は，おそらく団塊世代が敗戦直後という価値観の大転換期に生まれたために生じている．戦前的な古さと戦後的な新しさが，つねに彼らのなかに同居しているのである．」[18]

　これは先にも出ていた団塊の世代の多様性について言及しているわけだが，いくつかの集団に分かれるとともに，個人の中にも分裂がある．つまり集団としての団塊の世代というのは1つではない．2つなのか3つなのか分からないが，1つではないだろうし，個人としても戦前的なものと戦後的なものと，あるいは親の世代の価値観と新しい価値観みたいな，そこのところが入り混じっ

た，そういう存在だと言っている．

山田昌弘（1957年生まれ）も，家族論の視点からではあるが同じことを言っている．

「豊かでない家族の中で育ち，豊かな家族生活にあこがれ，それを作り出したが，子へのバトンタッチに失敗した世代．」[19]

「団塊の世代には，「夫は仕事，妻は家事，2人で豊かな生活を築く」という物語が基軸にあって，消費はすべてこの物語を完成させるために行われてきました．……団塊の世代は，そうはいかなくなった最初の世代になるのではないかというのが私の認識です．物語が完成した人と完成していない人の間に格差が出てきて，それぞれに悩みがあるということでしょう．」[20]

団塊の世代（1949年生まれ）の関川夏央は，団塊の世代をそれぞれの時代のサブカルチャーと重ね合わせて見ると次のように特徴付けられるとする[21]．

「一つはホームルーム民主主義です．……二つに，楽観的であるということです．……団塊の世代は人口圧力の子である．……団塊の世代は「世界復帰」を強く願う子であった．それが四つ目の特徴です．……教養主義が生きていた時代の末端近くに青年期をおくった団塊の世代は，本を読みたがります．……六つ目の特質は，「回想」したがる子，としたいと思います．」

さらに関川は1985年プラザ合意以降のサブカルチャーの大きな転換の中で示された団塊の世代の特徴として，「大衆として二分されている．……団塊の世代の，反教養主義ではなく非教義主義，あるいはヴァルネラビリティー（傷つきやすさ）．……団塊の世代を戯画的にいいますと，25歳までに経験したことや学んだこと，つまり25歳までに入った文化の檻の中から，自由になれな

い存在だということです.」などをあげている.

　そして，現状の団塊の世代を「団塊の世代の特徴——向上心，上昇志向，拡大意欲，競争への耐性，がんばり甲斐，教養主義，意外に古風なサブカルチャー意識，そして人口圧力——といった，自らを育てた環境とモチベーションを，彼らはいま失っています.」とし，「智に働いた末に無用の人.時代に棹差して流された.通す意地などもとよりない.なのに本人は無用とも流されたとも思わず，通すべき意志を通した結果だと信じたがる」というのが団塊の世代の自画像だと，自虐的に示している[22).

　この辺りから，団塊の世代は何かというよりは，団塊の世代の特徴の話に入ってきている.もっとすごいのは，「団塊8悪」(『AERA』1990年3月27日号)で，そこでは次のような特徴が列挙されている.

　① 過剰意義づけ　これがないと動けない
　② 理論過多　周りにいるとうるさい
　③ 押しつけ　自らの主張の行きつく先
　④ 緩急不在　何事にも積極的すぎる
　⑤ 戦略不在　目先の戦術にだけ強い
　⑥ 被害者意識　他世代への加害者意識はない
　⑦ 指導力不足　過当競争の中で忘れてきた
　⑧ 無自覚　以上の点に全く気づいていない

　こうなると，世代論というよりは印象論で，団塊の世代の私としては，そうなんだ，としか言いようがない.

　2000年を過ぎると，団塊の世代がお金は持っている，それから，定年になってくるというような，そういう状況の中で，マーケット，市場としてどうなんだとかいうことが論じられるようになる.次の残間里江子の評価は市場として団塊の世代をどう見ているかということも含めて，これは女性の目から見た印象となっている[23).

第 8 章　団塊の世代の仕事とキャリア　285

　「団塊の世代の特性その一は，何はともあれ自分を「若い」と思ってい
るということです．……団塊の世代の二つ目の特性は，いまも可能性を信
じているということです．……三つ目の特性には，文化の味付けのないも
のは受け入れたくないという「文化志向の強さ」が挙げられます．……四
つ目の特性は「変化が好き」ということ．聞こえはよいですが，要する
に，新しい物好きであるということです．もっと言うと，自分が変化する
ことはあまり得意ではないが，変化させてくれる人が好き．……次に，五
番目の特性は，「人の目」をとても気にするということです．自分の本音
よりも，人から見てどのように思われるかということが常に関心事にな
る．……さらに六番目には，争いごとを嫌うという特性が挙げられる．
……団塊の世代は，まだ見ぬ自分に対する投資と，健康に対する投資は惜
しまない．……簡潔に纏めますと，エネルギーもあり，「若さ」に対して
異常なほどの執着がある団塊の世代には大いに可能性があると私は思って
います．「老い」と「衰え」をあえて前面に出さず，彼らの特性を活かし
たイメージを前面に掲げて彼らを引っ張ることができれば，大きなターゲ
ットたりうるのではないでしょうか．」

　トヨタの社長だった張富士夫がトヨタで団塊の世代は何をしてきたかという
ことを書いているので，最後にそれを紹介しておきたい[24]．

　「従業員数は 2006 年末でおおよそ 6 万 5000 人，そのうち団塊の世代
（1947 〜 49 年生まれ）は 4500 人くらいです．
　勤続年数は，技能職，事務・技術職ともに，他の会社より比較的長い傾
向があると思います．……
　社内での従業員意識調査では，団塊の世代の従業員の 75％が，会社に
勤めていることに対する誇りや会社生活への満足度が高いという結果にな
っています．従業員全体と比較しても「満足」と答えている人の割合が 1
割以上高く，特に技能職にその傾向が強く出ています．……

当時の技能職の入社者の比率は，高卒7割，臨時工2割，企業内学園卒者1割です．このころは生産が急激に拡大していましたから，残業が大変多い時期でした．また，三好工場，堤工場，明知工場など多くの工場がこの時期に建設されましたので，多くの方が新設工場の立ち上げに汗を流しました．

一方，事務・技術職の入社者は，技術員240～250名，事務員60名で，あわせて年間300人前後でした．……

会社生活では，若いころに排ガス規制や二度のオイルショックに直面するなど，あらゆる面で大変厳しい時期を経験しています．その後，事務・技術職は30代半ばで係長に昇進．当時の係長は7～8人の部下を抱えて大変忙しく，会社生活を通して，この時期の残業が一番多かったようです．

そして30代後半になると，会社の海外展開の拡大にしたがって，多くの方が海外事業部門に異動しました．

その後，技能職は55歳で職長を退任し，特命業務を担当するようになります．事務・技術職は53歳で役職を離れて，その後はスタッフ職として活躍するというのが典型的なパターンの一つでした．

団塊の世代の多くの方が50代前半には住宅ローンを完済しています．子供たちは社会人として独立しているケースが多く，現在は夫婦で共通の趣味を楽しむなど，ゆとりのある生活を送っている方が多いようです．……

団塊の世代は，若いころから厳しい時代の中で育ってきましたから，叩かれ強く，会社で明治・大正生まれの大先輩方からの叱時激励にも耐えて，しっかりとその文化を受け継いできました．」

7．おわりに

以上のように，何人かの論者の団塊の世代論を読み比べ整理してみたうえ

で，あらためて5つの個人的なヒストリーに思いをはせてみると，それらが極めて個人的なものであるにもかかわらず，ある同じ空気の中での営みであったのだという，強い感慨に襲われざるをえない．何の因果かは知らねど，京都大学の経済学部に引き寄せられ，そこで友人となった5人のそれぞれのヒストリーはこの世代が生きた時代を見事に反映したものであり，他の世代は決してこのように人生を生きることはないであろうという意味で，この世代に固有のものであった．それは同世代のエリートという塊に過ぎないかもしれないが，張富士夫が示したトヨタの団塊の世代のヒストリーと同様に，団塊の世代の物語を構成しているのである．

注

1) 佐伯啓思「世代の12年周期説」，御厨貴ほか『共同研究 団塊の世代とは何か』，講談社，2008年，14頁.

2) 堺屋太一『団塊の世代』，講談社，1976年.

3) 佐伯 前掲論文，15頁.

4) 長尾三郎『団塊世代まかり通る!!―日本を動かすミドルパワー』，グリーンアロー出版社，1983年.

5) 津田真澂編『新世代サラリーマンの生活と意見―「団塊の世代」から「新人類」まで』，東洋経済新報社，1987年，196頁.

6) 三浦展『団塊世代を総括する』，牧野出版，2005年，19頁.

7) 野村正樹「団塊世代のライフスタイル―その「半生の総括」と「定年後の期待」」，社会経済生産性本部編『団塊世代60年―どう生きてきたか』，生産性出版，2006年，176頁.

8) 佐伯 前掲論文，16-17頁.

9) 佐藤俊樹「「数」から見た団塊の世代」，御厨貴ほか『共同研究 団塊の世代とは何か』.

10) 清家篤「団塊世代の職業人生」，社会経済生産性本部編『団塊世代60年―どう生きてきたか』，生産性出版，2006年.

11) 苅部直「なぜ人は「団塊の世代」を語りたがるのか」，御厨貴ほか『共同研究 団塊の世代とは何か』，64頁.

12) 三浦 前掲書，プロローグ.

13) 佐伯 前掲論文，20頁.

14) 平野啓一郎「「団塊の世代」はこうして作られた」，御厨貴ほか『共同研究 団塊

の世代とは何か』, 47頁.

15) 同上, 49頁.

16) 同上, 53頁.

17) 苅部　前掲論文, 63-64頁.

18) 三浦　前掲書, 13-14頁.

19) 山田昌弘「完成できなかった「家族物語」」, 御厨貴ほか『共同研究 団塊の世代とは何か』, 206頁.

20) 同上, 218頁.

21) 関川夏央「サブカルチャーから読む「団塊」」, 御厨貴ほか『共同研究 団塊の世代とは何か』.

22) 同上, 201-202頁.

23) 残間里江子「団塊の世代これから」, 御厨貴ほか『共同研究 団塊の世代とは何か』.

24) 張富士夫「トヨタで団塊の世代は何をしてきたか」, 御厨貴ほか『共同研究 団塊の世代とは何か』.

第9章 討論 団塊の世代の仕事とキャリア
──5つの事例をめぐって──

　本章の元になったのは，2017年7月9日（日）に開催した，中央大学企業研究所公開シンポジウム 「「団塊の世代の仕事とキャリア：ホワイトカラー・オーラル・ヒストリー」をめぐって」における，質疑，討論の部分である．参加者は以下のとおりである．なお，司会は，清水克洋が務めた．

報告者
　　梅崎　　修　　（中央大学企業研究所客員研究員・
　　　　　　　　　　法政大学キャリアデザイン学部教授）
　　大島　久幸　　（高千穂大学経営学部教授）
　　谷口　明丈　　（中央大学企業研究所研究員・商学部教授）
　　千代雄二郎　　（元 株式会社 日立製作所　社会プロジェクト推進本部次長）
　　秋山　　博　　（元 旭化成株式会社　酒類事業部企画管理部長）
　　経広　　孝　　（元 マツダ株式会社　関連事業本部第一関係会社部部長）
　　清水ヒロシ　　（元 日本長期信用銀行　営業第4部長）

参加者
　　菅山　真次　　（東北学院大学経営学部教授）
　　野村　正實　　（国士舘大学経営学部教授（当時））
　　長谷部弘道　　（杏林大学総合政策学部講師（当時））
　　若林　幸男　　（明治大学商学部教授）
　　市原　　博　　（中央大学企業研究所客員研究員・獨協大学経済学部教授）
　　小林　世治　　（中央大学企業研究所客員研究員・
　　　　　　　　　　元 日本大学大学院総合社会情報研究科教授）
　　吉見　義明　　（中央大学企業研究所客員研究員・中央大学名誉教授）
　　関口　定一　　（中央大学企業研究所研究員・商学部教授）

市村　　誠　　（中央大学企業研究所客員研究員・商学部教授）
清水　克洋　　（中央大学企業研究所客員研究員・商学部教授）

1．梅崎，大島，谷口報告を受けて
　　――千代（日立），秋山（旭化成），清水（長銀），経広（マツダ）からの
　　　リプライ――

司会：それでは，3つの報告を受けて，質疑の形で進めていきたいと思います．まず，ヒアリング対象になった方々に少しお話を頂きます．その後，質問を頂く場合にはお名前と，ご所属をお願いいたします．3つの報告が団塊の世代論というようなテーマになっています．とはいえ，抽象的な議論というよりは，それぞれの企業において働いてこられた中でそういうものをどのように意識されたのかということになろうかと思います．もちろん言い残されたことなども含めまして，お話をそれぞれの方からまず頂いてから，進めていきたいと思います．報告の順番もありますので，千代さんからお願いしてよろしいでしょうか．

千代：それでは私から．日立製作所へ勤めておりまして，56歳に日立キャピタルという会社に転籍をして，それで定年を迎えたという経歴です．

日立製作所の場合
　まず谷口さんから団塊の世代をいろいろ分析した各コメントがあったのですが，まず，私は会社の中で団塊世代という意識はあまりなかったです．ずっとサラリーマン生活を送って，ただ，こういうふうにいろいろな方が分析されていると，確かに，私は昭和47年入社ですけれども，例えば昭和35～36年に入社した人が当時会社で，やはり本当に午前中は新聞を読んでいたという時代もありました．ですから，やはりちょっとうらやましいなという感覚はありましたけれども，自分がそういうふうにしたほうがいいという感じではなかった

です．

それから，10年以降の後輩を見ても，我々と違うというような実感はあまりなかったです．ですから，会社における1972年組というのがすごく特殊な存在だという意識は，自覚はなかったです．

それから，大島先生から最後に少し重いご指摘がありました団塊の世代が何か残したからV字回復になり貢献したのではないかというご指摘なのか，あるいはすごく伸びなかったということなのか，ちょっと分からなかったのですが，それもあまり自覚がなくて，どうでしょうか．

私達のサラリーマン人生の中で，途中で時価評価が入ってきたり，1対nになったりということがあったので，サラリーマン時代の後半，中盤に関してはちょっとアンチというか，やはり組織のラインの重要性を感じていました．というのは，nという組織の中から1になる時がやはり出てくるのです．優秀な人はやはり1になるという時に，仕事の管理もしなければいけませんが，私は人の管理のほうがかなり重要だと思うのです．日立という会社にいたからそうなったのかもしれませんけれども，仕事はできて当たり前なので，その他の人の管理ができるかどうかというところを，先輩も見てきたし，我々も後でいろいろ見てきたので，その1になった時そういう訓練ができていないと，実際かなり問題を起こすケースがやはりあったのです．実際，例えば自殺する人や，犯罪までいかなくてもそれに類するようなことをする人も中には出てきます．そういう人の管理をどうするかということに関して，いきなり1になるともう全然慣れていなくて，やはりラインを経て，そういう管理をするということの重要性も身につきますので，そういうことを強調した時代もありました．

それから，梅崎先生からの仕事における人生観の転換とか定年後のライフプランというのはあまり赤裸々には申し上げませんけれども，私は四十半ばぐらいでライン業務から外れてスタッフ業務のところに行きました．その時には，やはり営業職としては少し外れたなという実感があったのです．それで，どうやってモチベーションを高めていくかというのをかなり模索した時期がありました．そういう部署にもやはり新卒の人が入ってくるので，ただ窓際に座って

いる人を見て，会社が嫌になっちゃうとまずいですから，いろいろな新しいことを仕事として模索したりしたこともあります．

それは必ずしも成功しなかったんですが．その部署は私の日立のサラリーマン生活の中では，同時不況以降赤字が続いた状態の後，やはり事業部単位に営業をくくりつけようという動きになって，全部事業部の背番号制，商社とはまた違う意味で背番号が付いて，その背番号の事業部の管理になった時期で，私がいたスタッフ部門は各事業所からお金をもらって，それでやっているような状況でした．ですから事業部は，重要なことはわかるけれども，お金は出せないというような状況になると，やはりその部署を閉めなければいけないということが53，54歳ぐらいの時点で起きました．

20人ぐらいいた人はもともと背番号のところから出てきてもらったわけなので，その人達は背番号のところに帰っていただいて，自分はどうするのという話になって，呼んでくれたのが日立キャピタルという会社なんですが，かなり日立カラーとは違う会社で，金融関係でした．ここに，長銀の清水ヒロシさんがいらっしゃいますし，それから，経広さんもヒアリングの中で書いていらっしゃいますが，フォードが来た時にかなりきつい目に遭ったということがありましたね．その日立キャピタルへ転籍して2年ぐらいですね，実質100人ぐらいの面倒を見た時がやはり大変でした．日立にいた時はあまり収支管理というのは営業責任がなかったので．

金融会社は当然赤字になればボーナスも払えないというふうになって，そこではかなりつらい経験をしましたが，そこでの経験をもう少し早くしておけば，もう少し違う人生を歩んでいたかと思います．良いこともありました．その収益管理ということを初めてサラリーマンの終盤で味わって，会社経営というのはそういうことなんだなというのが分かったので，今から振り返ると，もう少し若い時にそういうことを経験したほうが良かったかなと思いました．

それから，57歳ぐらいの時に，7歳ぐらい若い役員が私の上に来ました．その下でということになったのですが，私もあまりでしゃばるとやりづらいだろうというのもあったし，その役員さんもいろいろ分かっているので，事務を

やってくださいということになりました．そこから3年ぐらいは，いわゆる不良サラリーマンというか，その時は自分のモチベーションを保つのは結構つらかったです．ただ逆に，居直れば何もしなくてもお金がもらえる，給料がもらえるというような見方もあるので，その時には冒頭に言ったように，後輩とか若い人にライン業務での重要性とか，人を育てる重要性というようなことは仕事が暇だったのでかなり教育をしたつもりです．

司会：ありがとうございました． では，秋山さん．
秋山：旭化成を出ました秋山です．

旭化成の場合

団塊の世代と意識していたかということについて，例えば私が出た中学校なんて1クラス55人ぐらいで14学級ありましたから，1学年だけで700人超えていました．それが3学年で2,000人超えていたので，人が多いなというのは小さい時から思っていました．就職した時同期入社も170人いて，これまた人が多いなという気持ちはありましたけれども，いったん会社で働きだすと，団塊の世代というくくりで判断したとか言われたという記憶はあまりないです．あくまで，A君は，B君は，あるいはA事業はどうだ，B事業はどうだという言い方で，皆話をしていたかと思います．

団塊の世代はあまり意識しない，無自覚であるということが団塊の悪いことなのかもしれないけれども，それを言われるとあの論理はちょっとおかしいんじゃないかなという気はします．ですから，団塊の世代はというのは，ちょっと悪いのですが，学者先生にお任せしたいという感じです．

キャリア展開については，旭化成の中で割とはっきりしています．はっきりしているというのは自分ではっきりしてきたわけではなくて，まず旭化成のナンバーワン，具体的には宮崎さんが，自分が入社した時もナンバーワンだったし，亡くなった時までナンバーワンであったことです．宮崎さんがずっと，主に技術的な連関性を含めた事業展開，新規事業を展開していたのです．

その彼が，右に行くからおまえらも頑張れという感じで，皆どっとそれに合わせて行って，またちょうどバブルの時期もあって，時流に乗ってどんどん繊維の会社から，あっという間に化成品，それから新規事業のヘーベルハウスだとか，エレクトロニクス半導体だとか，医療部門というような形で進んでいき，そういう意味では順調，会社もそうだったし，私のキャリアとしてもうまくいった時代かなと思っています．

ところが，1992年だったか，宮崎さんが亡くなったのです．ちょうどバブルが崩壊したという時で，後任の山口さんは宮崎さんほどカリスマではなかったのですが，人事をうまく握っていました．優秀な人間を手に，いろいろな事業部に持っていったということがうまく当たって，ちょうどその時期にバブルがつぶれて「選択，集中」というような感じになり，わっと展開していたのが割ときちんとした事業に人を投入していったのです．

私達，私だけかな．「選択と集中」というのは経営の人はそういう言い方をするかもしれないけれども，私から言わせたらほとんどリストラと同義語に近いように思います．多分宮崎さんだったらそんなことはしないと思うんだけれども，その時初めて山口さんの意を受けた人達が，人付きで，人を付けて会社を売ってしまったり，事業部を売ってしまったり，あるいは優退加算というか，早期退職加算，通常の退職金の上に3000万とか4000万とか放り込んで，どっと人を減らしたり．その時2,000人ぐらい辞めてしまって，そういう意味では安直な経営だったんじゃないかなと思います．1〜2年はそれで固定費が減って利益が出るということなのですが，私から言わせると，それ以降は並みの会社になってしまったのではないかなと思っています．その時の売り上げと今の売り上げがほとんど変わっていない．事業構成はいろいろ変わっているけれども，売り上げとしてはほとんど変わっていない．むしろ，幾つか会社を買収した部分が膨らんでやっと維持したかなというようなことになっています．

そういうことで，ちょうどその時代で事業の展開が大きく変わったということです．以前なら大卒の人だったら，資格給制度という形で，それにのっとれば，昇進の年齢が遅れる人もいたけれども，一応大体部長職に近いようなとこ

第9章　討論　団塊の世代の仕事とキャリア　295

ろまで行けたのです．ところが，そのちょうど，「選択・集中」，事業だけではなくて，そういう時代の人事制度が資格給的なものから，職位給的なもの，例えば，事業部長だったらこう，課長だったらどうだとか，そういう形で能力があろうがなかろうが，事業にはまったところにうまく理由を付けていったような形になったということです．

　それから，個人的には，ちょうどその「選択と集中」の波に私が入ってしまって，酒類事業部の初めてスタッフ部門，労務とか財務部以外の事業部門に出た．出たのは良かったのですが，ちょうどその直前に東洋醸造という医薬とお酒の会社を買収したというところで，本来は医薬をメインとして買収したつもりが，お酒の事業，ハイリキだとかいうのが付いていた．旭化成の事業展開でいうと，盲腸みたいな，いつでも切り捨てていいようなところの企画管理部長で行って，私はやはり企画管理部長だからそれはそれなりに，頑張ろうというような案を出したんだけれども，急にそこを管轄した担当役員が山口さんの子飼いで，来た瞬間すぐもう売却というような形に決まってしまったのです．反論したら，人事の子会社の旭化成アミダスというようなところに飛ばされて，仕事としたら，急に技術展開などで事業がなくなったりして居場所がなくなった旭化成の立派な技術屋を何とか使って，その人達のモチベーションを下げることもなく，かつ，固定費も下がるような方策を考えなさいと言われ，そういう仕事をやったのです．

　移った途端に，私は定時出社の定時退社．今までそういうことはずっとなくて，何時間も残業をただ働きでやっていたのですが，そこに移ってからはぱたっと，一番先に帰るというような形になりましたし，人材関係の新規事業をするので今は勉強がてらという変な理屈を付けて，いろいろなところに講演会だとかセミナーとかに行って，息抜きをやっていたりしたのですが，給料そのものは落ちなかったというか，むしろ定年退職する直前が私の最高給料，年間最高収入となりました．お酒の事業に行くところで準役員待遇になったから，職制が変わろうと給料は保障しますということになっていたので，割と優雅な生活をして，いわく，逃げ切ったという世代なんだと思います．

司会：ありがとうございます．では，清水さんお願いします．

清水：日本長期信用銀行ということで，レポートを出させていただいている清水ヒロシでございます．

長銀の場合

　私の人生は本当に失敗の連続の人生だったというふうに思っていまして，清水克洋さんからこのスピーチの依頼があった時に，団塊の世代の研究ということで，一体どんなことするんだろう，私の語りが一体どんな役に立つんだろうと，さっぱり分からなかったのですが，失敗した人生の腹いせに愚痴をいっぱい言いたいなというのもあったので，それがレポートになっているというように思います．

　本日のセミナーに参加しまして，3人の先生方から話があったわけですけれども，やはり全然観点が違って，人事制度を中心とするキャリア論のようなことを中心に研究されている方とか，三菱商事の戦前，戦後に特化して研究される，これは経営学の観点だったと思いますけれども，それから谷口先生の話は，団塊の世代論をいろいろまとめていらっしゃる．比較的，文化的側面というのか，社会学的側面が強いようなまとめ方だったような感じがしますし，それぞれの観点がいろいろで，やはりなかなか焦点の当て方が難しい話なんだなというのが正直な感想です．その中でも，3点ほどとくにお話しておいたほうがいいかなというのがあったので，コメントさせていただきます．

　1つは大島先生のほうからストレートな質問として，「人は資産だと言ったけれども，キャリア継承とかそういう観点から人なんてそんなに簡単に育つものではないぞ，その辺はどう考えているのか」ということだったと思います．

　私の感じでは，キャリアの育成というのは確かに非常に難しいことだと思うのですが，人は5年で育つと考えています．育つという意味はどういうことかと言うと，能吏，人に命じられて効率良く働くことができるようになるには5年で十分だと思っています．あるいは選別ができると思います．

　これは要するに，経営的観点で動くのではなくて，人に命じられて効率良く

第9章　討論　団塊の世代の仕事とキャリア　297

動くという人材なんです．これが実は会社においては非常に重要です．部下に
ちょっと気の利いたやつが来ると，ぐっと仕事が良くなるんです．こういう層
の厚みをいかに持っているかというのが非常に重要で，中小企業でも本当にそ
うだと思っています．経営者を育てるのには，その中からさらに10年，20年，
30年とキャリアを積んで，一部の人間しか本当に経営者として通用するよう
な人材というのは育ってこないと思うのですけれども，先ほど言いましたよう
な能吏をつくる，選抜していくという意味では非常に簡単であると思います．
比較的学歴が高くて，幅広い教養と知識を持っている人，あるいは分析力とか
調査能力のある人，この人達は戦力になりやすい，能吏になりやすいです．

　そういった意味で，私は金融業務という観点で人を見ていたわけですけれど
も，優秀な人が採れれば，もういくらでもビジネスはあるというふうに当時は
感じておりましたし，それは今も別に大きく外れていないと思っています．

　それから2つ目は，キャリア継承ということと比較的近い話になりますが，
いろいろお話を聞いていた中で，ちょっと抜けているのではないかなと思った
点は，企業のライフサイクルがあるんです．50年説とか30年説とか，いろい
ろな研究があって，それぞれ当たり外れもあって，定説というのはないかもし
れないのですが，企業にはやっぱり絶対ライフサイクルがあるように思いま
す．初めは，新規起業で挑戦的なステージがあるでしょう．それから，その挑
戦的ステージを乗り切れば高成長が待っている．高成長というのはそう長く続
かないわけで，安定期があって，やはり最後は衰退期になっていくと．

　三菱商事の研究というのは非常にレアなケースなんだろうと思うのですが，
多分三菱商事の中でも，一部紹介がありましたけれども，何度か出直し的改革
をやって，それでライフサイクルを乗り切っているのではないかなと思いま
す．

　どうしてライフサイクルが出てくるのか．これはいろいろな面があると思い
ますが，1つの要素としては，人は企業の中ではどのように選抜されるのかと
いう面白い問題があって，もちろん能力のある人とか業績を上げた人が評価さ
れて偉くなる，選抜されていくということはあるのですが，一言で言うと，社

298 第Ⅱ部 考察「団塊の世代の仕事とキャリア」

風に合った人が選ばれていくと考えています．社風に合わない人は排除されていくのです．

　そのように，実は企業は社風に合う人ばかりをどんどん偉くしていって，純化していくのです．純化していくことによって，企業文化が単一になっていくのです．それは成長期においては非常にプラスになるかもしれないけれども，ある一定の時期を超えると，そのことを守ろうとして，官僚的になって，組織が硬直化して，それで新しいことができなくなって衰退していくのです．要するに，組織というのは，私はこれは別の意味で研究したら面白いと思うのですが，いったん組織ができてしまうと，その組織に合った人を中で選抜していくという傾向があって，異分子を排除していくということをやり続けるのではないかと思うのです．そこでその集団のライフサイクルが出てくるのではないかと，私は思っているのです．勝手に思っているんですけれども．

　例えば日産のゴーンさんが改革できたというのは，これは社風とは全く関係のない人が突然現れて，それで，全く社風に合わないことをやったから改革ができたと，そういう側面があると思っています．だから，キャリアの継承とか，そういうことを考える時に，その企業のステージが一体どこにあるのか，それをまず考える必要があります．どういった人事制度や組織の改革をしたらいいのかは，そのステージで決まっていくと思うので，その視点を抜かしたらまずいんじゃないかなと思います．

　それで，長銀の話に戻ると，長銀の場合は，50年ぐらいで歴史を閉じるわけですけれども，私がいた間にほとんど，高成長期と，それから衰退期全部経験してしまった．サラリーマン時代の間に企業のライフサイクルが終わってしまったという，稀有な例だったのではないかなと思っていまして，そういう意味では，その中で人の育て方だとか，そういうのも局面，局面で全部違っていたのではないかなと，あるいは，比較的若い企業としての特性というのを比較的つぶれるまで持っていったのではないかなという感じがしています．

　それから3つ目は，これは谷口先生のおっしゃった団塊の世代論に関する感想みたいな話ですけれども，団塊の世代は特徴のない世代というのは私は全く

第 9 章　討論　団塊の世代の仕事とキャリア　299

同感でして，団塊の世代という規定をすること自体意味が少ないというように思います．ただ，人口がやたらに多かったと，そういうことだけだったと思うんですよね．ただ，もう少し言うと，要するに戦争を抜きにして我々の世代は語れないわけで，戦後の一番貧しいゼロの時に生まれたんです．若い頃に，みんな非常に貧困を経験しているのです．貧しかったのです．貧しさを 10 歳ぐらいまでに経験するということは，もう三つ子の魂百までで，もう卑しさが骨身に染みています．もう本当に卑しいんです．団塊の世代は．競争しないといけない．食い物の取り合いです，小さい頃から．そういうことを経験してきて，戦争の嫌さというのも骨身に染みて分かっています．民主主義の尊さというのも一貫して教育されて骨身に染みています．

　あえて言うと，その辺りが大きな特色でして，要するに，人数が多いからいろいろなことを破壊しつくして，団塊の世代の後の世代はぺんぺん草も生えないと言われたぐらいいろいろなことをつぶしてきた世代であるのは事実です．それは人口が多かったというだけの話なんですが，これから社会に与える影響を考えると，健康保険がつぶれるとか，大きな社会問題はこれから幾つも起こしていくと思います．

　しかし，その中で重要だと思うのは，政治的保守化という面です．政治的保守化というのは変な話ですけれども，我々は反戦，平和，民主主義が骨身に染みているんです．人によってもちろん思想は違いますけれども，今の時代やはりそういうのを忘れた世代が政治を担っていくということになるわけですから，団塊の世代がいる限り，政治の保守化ということにはものすごく大きな影響力を持っているだろうと思っています．その辺りは社会的影響として，今後指摘されなければいけない点ではないかなと思います．ぎりぎり逃げ終えた世代であるということは間違いないと思います．そのことがこれから，後世の世代の方に迷惑をいっぱい掛けていくのではないかとも思っています．

　ただ，そうは言いながら，幾つか指摘があったように，団塊の世代は人生の後半で非常に惨めな思いもしました．それで，長銀の場合は倒産の悲劇をくぐってきているわけですけれども，我々の年次は，78 人の採用でして，そのう

ち，9人がすでに亡くなっています．12 ～ 13 パーセントになりますか．同世代の他のデータがないので，それがどの程度大きいかというのはよく分からないのですが，多分死亡率としては非常に高いのではないかと思っています．

また，その 78 人のうち，東大卒が 10 人いましたが，5 人がすでに死んでいます．死亡率が 50 パーセント．大体 68 歳から 69 歳になるところですけれども，これほど高い死亡率というのは，私は顕著な社会現象じゃないかなと思っています．はざまに挟まれていかに苦労したかという，団塊の世代の苦悩を，この数字が表しているのではないかなと思っています．

司会：ありがとうございます．では経広さんお願いします．

経広：マツダへ勤めていた経広です．

マツダの場合

　清水克洋さんから報告をしないかと言われて，私も，あまりするようなことは実際はないと思っていたのですが，私の一生が，一生と言っても一部ですけれども，何かの形で文章にでも残れば，いいかなと，そういうようなことで受けたような次第です．

　私自身の報告は，キャリアパスといっても，自分の経歴ぐらいのことだろうという感じで，どういうことをやったかということで，人事制度とかいうことには触れていませんでした．

　と言いますのは，私も早くから会社の中での業務というよりは，社外へ出ていましたし，戻ってからも社外との関係の職場にいましたので，人事制度そのものはありましたが，私は大して気にせずにいました．人事評価で私も評価する側に立ったこともありますけれども，期の初めに目標を設定して，後からそれを達成したかどうかというような評価制度がありましたが，私はもう，私の下の人に終わってから書けばいいですよと言っていたくらいです．

　目標は終わってから，こういうことをやろうと思っていたからということで書いて，それから，それをどうしたというようにやればいいですよと言って過

ごしていましたので，人事制度そのものには，個人的にもあまり興味がなかったということです．

そして，団塊の世代ということ自体は私もあまり意識したことはありません．ただ，会社へ最初に配属されたのが経理部で，そこは実務が主なところでしたので，課長さんは私達の先輩になる方ですけれども，その片腕になる方はまず全員といっていいぐらい高卒の方で，非常に実務ができる方でした．学卒者は実務ができないのが集まっていましたので，そういう意味では課長さんとかは私達をあまり頼りにしていなかったのではないかと思っております．

谷口さんの書かれた中に団塊の世代の多様性ということがありましたが，優秀な高卒者が大量に存在し，学歴は必ずしも能力の指標とはならないという，これはそのとおりの経験でよく分かりました．

それから，大島先生からのキャリアがどう継承されたのかということですが，個人のキャリアというのは継承されていないだろうと思いますが，団塊の世代というよりも，フォードが入ってきて以降，計数管理が非常に厳しく，これは会社の管理，経営という意味でものすごく継承されていると思います．ですから，社風と言いますか，経営のあり方と言いますか，私が入社した頃に比べれば非常に変わっていると思いますし，良くなったんだろうと思っております．

それから，梅崎先生からの90年代以降の仕事や人生観の転換とか，ライフプラン，定年後ということについてですが，私もリストラの中で関連会社の清算とかやりました．先日，広島時代の方が何人か集まる機会があったのですが，そこで関連会社時代の上司であり，副社長までされた方が，一杯飲みながらの話の中で「あなたはリストラする中で人の再就職を結構面倒見ていたな」ということをポロッと言われました．確かに，実はリストラどうこう，会社を清算してどうこうというよりは，その人達の人生がありますので，何とか再就職の道をということで相当動いたのです．それは会社の方針ではなく，個人的にいろいろしまして，それで病気，うつ病になりましたので，それで，50代初めぐらいからは，できれば早く会社を辞めたいと思いましたが，家族のこと

もありますので，できるだけ頑張って勤めておりました．

　その後，報告の中にもありますが，早めに辞めて農業をやりましたが，農業と言っても，元が農家ですので，その土地を利用してやっているというようなことで，サラリーマン時代に比べると非常に健康に良いし，気持ちも豊かになりました．ただ，お金にはなりませんので，息子に世代をつないでいくわけではありません．何かとりとめもなくなりましたけれども，そうしたことです．

司会：ありがとうございました．

2．長時間労働，権利意識，大卒エリートと高卒社員・女性労働者，職業生活の総括的評価

司会：司会者として今のお話をまとめるということはできませんが，3人の先生方へのお答えをそれぞれ頂きました．報告者の方もいろいろ言いたいことがまだおありかと思いますし，フロアの方々からの自由な質問，感想，意見を頂ければというふうに思います．

　団塊の世代論という方向性はあまり考えないで，自由に質問頂いて結構です．質問，あるいはご発言の際にはお名前と所属のほうをお願いします．質問用紙が1枚出ておりますので，優先させていただきます．市原先生，お願いいたします．

団塊の世代での学歴格差と大学間格差

市原：獨協大学の市原と申します．今日は非常に貴重なお話を聞かせていただきましてありがとうございます．

　幾つかあるのですが，先ほど団塊世代は元気がないというふうに谷口先生おっしゃったんですけれども，私は昭和30年，1955年生まれで，ちょうど団塊の世代の下で「羊の世代」と言われていて，我々の世代は団塊世代の方々の下で非常に縮こまって生きてきたという，そういう世代です．我々から見ますと，団塊の世代の方々というのは大変お元気だと実は思っています．ここにも団塊世代の先生が何人かおられますけれども，その上の世代の方々は多分今の

団塊世代の先生方の年代の頃は，もう第一線を外れている方がほとんどだったのではないかと思うんです．今，団塊の世代の先生方は依然として第一線におられて，我々下の年代からするとものすごく重くて，非常に大変です．私の出身の一橋大学に，1950年生まれで，池亨先生という方がいらっしゃって，中世史の方なんですけれども，この方が大学院に入った時に，その上の先生方は全く違う人間が入ってきたとびっくりされたそうです．要するに，現代っ子であると，その上の世代とは全然違うというふうに言われていたそうです．多分団塊の世代の方たちはちょうど大学闘争をやっていた方達ですので，その人達が企業に入る時に，上の世代はびっくりしたのだと思います．

　そういう文章は結構残っていて，その上の世代，昭和一桁世代とはかなり違って，まず私生活を大事にする．それまではどちらかというと，やはり会社に入ったら会社第一みたいだったのに，団塊の世代は私生活重視ということです．

　それから，お伺いしたいのは，そこにおられる野村先生が言われていることですが，学歴社会という言葉が1970年以降広がってきた．学歴社会という言葉は大学間競争を意味していたんです．大学卒と高卒との格差を問題にしたのではなくて，大学の中で，エリート校とそれ以外の大学との格差があり，そこでものすごい学歴競争が生じ，学歴競争はエリート大学への進学を問題にするというところで学歴社会というのが出てきて，その辺りから大学間格差があるのです．

　皆さん京都大学のご出身，言わばエリート大学の方々ですから，1つは皆さん方の学歴競争というのがどのくらいだったのかなということ．もう少し下の世代だとさらに激しくなりましたし，もう少し前の世代ですと，多分国立大学と私立大学で，大手の会社は，国立大学しか採用しないというようなことが多分あったと思うのですが，皆さん方の世代だとどうだったんだろう，一般の私立大学の人達との格差，そういうようなものはどうだったのだろうか．そういう大学間格差をどういうふうに認識されてきたのかをぜひ伺いたいなというふうに思っています．

304 第Ⅱ部 考察「団塊の世代の仕事とキャリア」

司会：分かりやすい質問かと思いますので，お答えいただければと思います．

長銀などでは完全な指定校制度ということで採用されていたというお話をされていましたけれども，その辺りいかがでしょう．

清水：今のお話を聞いてまず思いついたのは学閥という問題だと思うのです．学閥が非常にはっきりしている企業は確かにあると思います．東大閥だとか，そういうのはあると思います．長銀の場合は，まだ若い銀行だったので，そういう意味では学閥というものははっきりとはなかったです．ただ，やっぱりよく分からないですけれども，結果論から見ると，やはり東大，京大卒の人が重い役割を担ったというか，そういう感じが強いです．それが実力とか，先ほど社風に合う人が選ばれると言いましたけれども，そういうことなのか，理由は今のところよく分かりません．私学の人で強烈な個性のある人とか，そういう人がちょっと少なかったような気もします．

秋山：私の同期は大卒170人が入社し，100人が技術屋，あと70人が営業というような感じなんですけれども，技術屋はほとんど東京大学，京都大学の修士ないしドクターばかりでものすごく頭でっかち，ひょっとしたら全員ノーベル賞を取るんじゃないかなという感じの人ばかりでした．

事務系というか，文科系はやはり主要国立大学，若干慶應が2〜3人いるかなという程度で，それは1972年入社で，1980年ぐらいまではそういう採用ができていたのですが，それ以後は旭化成も実力採用だったと思います．それ以降は逆に，会社が選ばれているのではないかなという感じになったかなと思っています．

千代：日立の場合は，私が入って20年ぐらいまでは顕著でした．社長はもう東大というふうに路線がありました．ただ，今の社長は徳島大学工学部ということで，初めて東大とか東工大以外のところの工学部出身の方が社長になりました．ただ，日立の場合は日立工場という，歴史ある工場の出身者が大体固めていたんですが，途中から，いわゆる制御系のコンピューターを扱っている大甕事業所というところの流れが出てきて，特殊な大学の方もその流れで今，社長になっています．要するに，学校間格差はあると思いますが，それを凌駕す

る格好で，事業所格差というか，そういうふうな流れになったのかもしれない
です．

　文科系のほうは国立大学プラス，いわゆる早稲田，慶應，上智とか，その辺
りの方がやはり多かったです．閥ということであれば，営業のほうは慶應が私
大でいうとすごく結束が強くて，慶應閥というのはやはりあったように思いま
す．

司会：すみません．お話のところで，高卒の方も出世されているというような
お話をされていたと思うのですけれども．

千代：私達が入った時には高卒の先輩も相当いらっしゃいました．当時は，商
業高校も普通高校も，それから高専の方も学校で，1，2を争うような人が日
立製作所に入ってくれていました．ですから，私達が見てもすごく優秀で，も
ともと優秀な人が入ってきていました．レポートにも書いてありましたが，例
えば学卒の人が40歳で課長職になるとすると，高校卒業の人が43歳ぐらいで
なるとかいう，若干のスピードの違いはありましたけれども，結果的には，高
卒でも一部の人を除いては関連会社も含めるとほとんどの人が管理職になって
います．

秋山：高卒の人が工場に行くことは，いわゆる現業向きなんですけれども，本
社に来る高卒の方は極めて優秀でした．そこの高校のナンバーワンとかナンバ
ーツー辺りを採用したということで，しかも経理畑が多かったのですけれど
も，要するにそこにずっと何十年もいるから，いろいろ歴史を知っています
し，例えば私も財務部が長かったのですが，財務部の企画の課長というのは高
卒の方がいました．彼が一応ストーリーを書いて「これだけは住友銀行から引
っ張ってこい」と，逆に指示を受けたというような形で，そういう人達は結
局，少し遅れますが，結果的には皆部長職になられました．

経広：うちの会社では，最近のことは全く知りませんけれども，私達が入った
頃では，国立大学優先とかいうのはなかったと思います．ただ，微妙に感じた
のは，最初に配属される時に営業へ行った人は私立大学の方が多く，経理とか
人事へ配属された人は国立が多かったかと思います．まずこれは理屈が立つよ

りは，元気な人とかというような理由で選んだのだろうとは思いますけれども，そういうような感じはしました．

それから，最初も言いましたが，実務が中心のところでは高卒の方と大卒の方の差というのは感じませんでした．日立のように全国から優秀な人が来るということではなかったでしょうけれども，広島県あるいは中国地方では高卒の方も非常に優秀な人ばかり集まっていましたので，実力と，それから勉強，やる気は高卒の方のほうが大きかったんじゃないかと思います．そういうような感じです．

司会：ありがとうございました．団塊の世代論にとっても貴重なお話かなと思います．団塊の世代の大卒・ホワイトカラーというテーマでやっていますけれども，考えるべきことがあったのではないのかなと思っています．他にご質問はございますでしょうか？

大企業における「官僚制」

小林：今日は大変貴重なお話ありがとうございます．

私はこの研究チームに客員研究員として参加させていただいています小林と申します．皆さんの2年後輩にあたります．団塊の次でモラトリアム世代と言っていいかもしれません．多分自分もそういう自覚があるのであたっているような気がします．この研究チームのテーマで，清水先生が言われたように，対象を大卒・ホワイトカラーというようにしてしまうと，多分当時の同じ世代の高卒の方々であるとか，中卒の方々というのが視野に入らないのかなとも思うのです．ただ，大企業でホワイトカラーで，とくに本社採用ということになると，実は高卒の方も結構おられると，当然そうなりますよね．ですから，今お聞きしている範囲だと，優秀な高卒という点では私の素人理解では，割と官僚制と共通理解があると思いました．キャリアとノンキャリアがあって，実はノンキャリアがしっかり支えているから，今の官僚制が機能しているんだと．キャリアのほうは理屈はあるかもしれないけれども，よく現場は分からないが，ジェネラリストとしてよく現場を回すとか，そういう仕組みが民間の場合もあ

ったのかなという，そういう時代のように見受けられます．

　ただ，それ以降の大企業というのが——今も大企業体制だとして——新しい産業分野を含めて見ると，多分そういうホワイトカラーのつくり方じゃないと思います．時代も違いますし．我々とか我々の先輩方がおられた産業の場合は若干古い．

　当時はそういう仕組みを持っていたのだと思うんです．それにしても，多分キャリアの最後の段階では若干崩れてきていて，高卒がだんだん少なくなっているし，大卒といっても，今言われたような学歴的な要素を含んで，ある程度ミックスになっている．それで，なかなか焦点が定めにくい話かなとも思ったのです．ただ，もし先輩方がおられた大企業で，官僚制的なキャリア組のキャリアパスというのが仮に設定できるとすれば，そういう「何も分からない」皆さん方が高卒のサポートを受けて，ちゃんとした経営判断ができた仕組みというのが，実は知りたいんです．じっと長年いれば，何とかなるものなんでしょうか？　ちゃんと自分も勉強したよとか，高卒と違ってこの先やはり違うよというのが，実感としてお持ちだったらお聞きしたいなと思います．

　資料としての日記・女性の地位・高度成長の功罪

司会：もう少し質問を頂いてからまとめてお答えいただくほうがいいかなとも思いますので，他にご質問ある方，いかがでしょうか？

吉見：吉見と申します．この3月に中央大学を定年退職をしました．私が生まれたのは1946年12月30日ですので，2日足らずで団塊世代に入れない，前の世代ということになります．自分の関心としては，専門は日本現代史なので，高度成長期の歴史といいますか，「高度成長期の民衆意識」という本を書きたいと思っているんですけれども，そのことに関連して3つほど質問をさせていただきたいと思います．

　オーラル・ヒストリーというのは非常に重要だと思うのですが，もう一方で，日記がもしあるとすればこれも非常に重要だと思うのです．私もかなり日記を集めているのですが，団塊世代の日記というのは残念ながらまだ手に入っ

ていません．皆さま日記をお書きでしょうか？

　それから，2つ目は同じ世代の女性がどういうライフ・ヒストリーをたどったのかというのが興味のあることですが，もう少し前の世代ぐらいから男性の配偶者は高度成長期に入るとともに専業主婦化していくというように言われていたわけです．団塊世代はそれが変わったのかどうか，企業の中で永年勤続される女性が出始めてきたのかどうかという点をお伺いしたいと思います．

　それから，3つ目の質問は高度成長期に日本人が得たものと失ったものは何かということなのですが，先ほどお話で子どもの頃貧しかったという体験のお話がありました．私も同じ印象を持っているのですが，高度成長期に我々は何を得て何を失ったのかということについて，何かありましたらお話を頂ければと思います．　以上です．

司会：ありがとうございました．

　いかがでしょう．もう少し質問をお聞きしてからのほうがいいかなと思いますが．

長時間労働・権利意識

野村：野村正實と申します．現在は国士舘大学に勤めています．

　秋山さんのお話で，当時は毎月100時間の残業，しかもただ働き残業が当たり前とのことでした．そういうのが1年以上続いて，同僚も皆ばたばたと1カ月，2カ月も入院しましたというふうに書かれています．他の方も同じような労働スタイルというか，残業スタイルだったのでしょうか？

　それから，2つ目は意識の問題として，世代論に関係して言えば，団塊の世代というのは権利意識というのを学校では教えられたわけです．そうしますと，こういうただ働きというのは，ある特定の時間に対して賃金が対応しているという考えからすれば，全く違う世界にいたわけです．少なくとも秋山さんはそうだったわけですが，そういう時の仕事意識というのはどういうものだったのでしょうか？　つまり賃金とは関係なく，仕事というのはこういうものであるという意識であったというふうに考えてよろしいんでしょうか？　そうい

う意識がいつ頃から始まったのか，感覚でも結構ですけれども，教えていただきたいと思っています．

　働き方の問題として，一方で，大学を出て権利意識を持ちながら，他方で企業へ行くとそれを全く忘れて，今でいうサービス残業という問題になるような極端な形でみんな走っていったわけです．そこがどうも私は理解できなくて，皆さんがどういうお考えであったのかということを知りたいなと思っています．

企業内官僚制についての回答

司会：ありがとうございます．では，いったんここで切って，質問の順番で，小林先生からの官僚制に近いものであったのかどうか．そういうことを感じるけれども，どうなのか，それから，それ以降の変化ということですね．

　いかがでしょうか．やはり長銀辺りが官僚制に一番近かったのかなという気がするのですが，いかがでしょうか？

清水：銀行の業務は，確かに出納，要するにキャッシュをもらって，払い出したりする，そういう受け払いとか，実務的な部分というのは結構あります．その部分を支えていたのは高卒の人と女性です．大卒の，いわゆるキャリア的採用の人は，現場的な仕事においても実務が動く上に乗っかっていたということで，実務を担うということはまずなかったです．それは都市銀行と長期信用銀行では少し違うところだと思います．都市銀行では一部のキャリア採用の人達がそういう実務に組み込まれていたというように私は認識していますので，少し違う点かもしれません．また，都市銀行と違って，業務のウエイトから言うと，そういうキャッシュの受け払いみたいな，事務的な仕事のウエイトが比較的小さかったので，全体の銀行のマネジメントを考えると，高卒女性に依存した，いわゆるベーシックな受け払い業務のようなウエイトは総体的に小さかった．他の一般的な会社ではそういうベーシックな部分で支えられているのがものすごく大きくて，それがないと会社が成り立たないみたいな，違った面が多分あるのだろうと思いますが，長銀は少しニュアンスが違っていたというふう

に思います.

司会：ありがとうございました．他はいかがでしょうか．メーカーのほうで何かありますか？

千代：私の場合は営業職がほとんどだったので，営業職で高卒の方も3割ぐらいはいらっしゃいました．それで，学卒も高卒も全く対等で，お客さんには接しているのが現状です．先ほどの，大体高卒の人はほとんど管理職になるというのは，本社組織で入った人の話で，工場へ入った高卒の人というのは，やはり現業ですから，また違う処遇を受けています．

ですから，営業職に関しては全くそういうことはなかったんですが，ただ，お客さんによってメンバーを変えるということがあります．

清水ヒロシさんは長銀でしたけれども，日本興業銀行のお客さまと外食をする時に，日立のメンバーの学歴を出してくれというふうに言われたこともありましたので，それは営業戦略上，お客によって人を選ぶというようなことはありましたが，基本的に対等でありました．

司会：ありがとうございました．他にありますか？

秋山：官僚制という意識は全くなく，たまたまその方が極めて，高卒だけれども優秀だった人なのかもしれないですが，一緒に仕事をしている同僚という意識でした．少なくとも私の周りの優秀な高卒の方をうまく使って，私の手足に使ってということは全くなかったということです．

それから，他の答えになりますが，100時間も働いているって，おかしいのではないかという話なのですが，当時100時間働いていたのは1980年の少し前くらいですが，100時間を分析すると，今ならパソコンとかエクセル計算であっという間にできるのですが，実は私得意な能力があって，暗算ができるんです．例えば新しく退職金年金制度を入れるということになると，年金数理の計算など，そういう単純な計算がどんと私のほうに回ってくるということがあったり，あるいは新しい福利政策，退職金年金制度だとか，財産形成制度を入れるということで，これはどこも頼れるような情報がなくて，一からやっていかなければならないような仕事があったこと，また，旭化成特有の仕事です

が，宮崎さんが明後日 NHK で討論会があるというと，こういうテーマでと，Q&A というか，特殊な想定問答集を 4 〜 5 人全員で徹夜でやるとかというような感じでしたから，もう権利意識とか考える間もなかったというような時だったと思います．

長時間労働と権利意識についての回答

司会：権利意識とかの話に移っていますので，官僚制の話は置きまして，そちらについていかがでしょうか？

経広：先生にご指摘されて，私恥ずかしいと思いました．確かに，学生時代は権利意識が強かったのだろうと思います．しかし，会社へ入って私は思い出してみれば，まだ外へ出る前，予算管理をやっており，全社の残業時間，各課ぐらいの単位で，それの総括をしていました．大半の事務部門はゼロぐらいです．あの頃はオイルショックと，それからロータリーの問題で会社が非常に危機的な状態でしたので，開発部門と工場を除いたら，事務系はほとんどゼロに近いような感じで，そういう統制のことをやらされていたのですが，その時は権利意識がどうこうというのは吹っ飛んでいました．

　先ほど戦前の意識と戦後の意識が混在しているというお話を聞きながら，自分もそんな人間だなというふうに思っていました．ただ，現在のことは知りませんけれども，やはりそうした問題の中で，毎晩手帳に自分が何時に会社へ出たというようなことをずっと書いて，いざとなったらそれを証拠にというような方もおられました．

　ただ，自分はもう，そうした意識がなくなってしまっていまして，やはり全体の中で流されていたのではないかなと，そういうふうに思います．

司会：ただ，経広さんのお話の中で非常に興味深かったのが，当時，あまりみんなしないけれども，自分はちょっと経験をしてみたいから出向を希望して出向をされたり，あるいは出向先で大変なので戻りたいと言って戻られたりとかというお話を聞いて，その時はわがままだったというふうに聞いたのですが，今これを権利意識と置き換えると，やはりある種，仕事の時間の話とかそうい

うのは別とすると，権利意識というのを持って働いておられたようにも思うのですが，それはいかがなんでしょうか？

経広：権利意識ではなくて，その中で自分がより良い仕事をしたい．認められる，認められないということとは別に，もっと幅広く，世の中のことを数字だけではなく，いろいろそこで働いている人がどういうようなことを具体的にやったり，悩まれたりとか，そういうことを知りたいと思ったのです．それに，自分がそれを身に付けていけばもっといい計数管理ができるのではないかという，今思えば軽はずみでしたが，出してもらったのです．

それから，出向先から帰らせてもらったというのは，それはもうその折，出向先は社長さんが結構ワンマンな方でしたので，このままいったら全く自分のキャリアもなくなるんじゃないかというようなことで，権利意識よりはやはり自分がより充実した人生をやりたいなと，そういうような気持ちでした．

司会：ありがとうございました．清水さん，いかがでしょう．

清水：私は自己主張は非常に強いほうで，権利意識はしっかり持っていたと思うのですけれども，働くことに対して上から命じられて仕事をしているという意識を持ったことはあまりなかったです．自分でしたいように仕事をしていました．ですから，今から考えるとオーバークオリティーみたいなことをいっぱいやっていたかもしれないし，残業とかあまり関係なく，休日でも家に持って帰って仕事をしていましたし，スキーに遊びに行ってもそこで仕事をしていました．要するに，私としてはやりたかったということです．ですから，全然普通に思ってやっていました．

それは若い頃の話で，管理職になってくるとだんだん外との付き合いが重要になってきて，残業ではなくて接待で，もう毎晩のように接待して，マージャンして，これは今の感覚で言ったらみんな拘束時間で，実質的残業になるのかもしれないですが，今はそういうことはもう風習としてやらなくなっているからあまり話題にならないと思いますが，要するに，四六時中，休日のゴルフも含めて会社のために働いていました．いや，会社のためにではなくて自分のために，会社の仕事をずっと，普通の感覚でやっていたのです．権利意識で抵抗

感を感じるんじゃなくて，自分でやりたいからやっていたと，そういう人生だったと思います．

司会：ありがとうございます．千代さん，権利意識についていかがですか？

千代：権利意識．私の場合営業が特殊だったので，今清水ヒロシさんの話にも出ましたが，営業はお客さまとお酒を飲むのは拘束時間だけれども，ゴルフに行くのも，それは残業なの？　という話があって，争えば残業になるんでしょうけれども，自分も楽しんでとかと言われると，そういう感じもあるし，ということで，会社の中で営業職の残業をどうするかという議論に一時期なりました．1カ月で一律時間残業を付けると，営業職員については．その代わり残業申請しないでという措置をしたこともあります．今となっては労働法上良いのかどうか分かりませんけれども．

　ですから，営業は特殊だったのですが，例えば本社の経理部門の人達は予算の会社だと言われるくらい，予算が終わるとまた予算ということで，ものすごく大変だったのです．実務で本当に何百時間とかいう残業をやっている人も多分いたと思います．タイムレコーダーは完全になくなってしまいましたが，全くサービス残業だったということはなかったと思います．ある程度はやはり付けていたと思います．

　先ほど清水さんが，自分でやりたいことをやっているので，あまり残業だとか正規の時間だとか関係なく，自分のためにも会社のためにも仕事をやっているという話がありましたが，そういう人は結構います．今はうるさくなって，パソコンの，ログも全部取られますので，家に帰って実務ではなくて頭の中で考えるとか，別に残業付けないで会社の仕事のことをやっている人は今でもいると思います．それは権利意識というのとは違う観点なのです．下命されて残業をやるのは権利意識でちゃんと申告するんでしょうけれども，自分がやりたいようにやっているのは，それに対して会社がお金を払わないというのは，それはそれであまり関係ないことかなという意識ですかね．

司会：ありがとうございます．

314　第Ⅱ部　考察「団塊の世代の仕事とキャリア」

長時間労働の中身——働き方の実情

関口：すみません．中央大学の関口と申します．

　例えば今に比べて皆さん入社された頃は多分，厚生労働省とか，総務省などの統計を見ると，年間総実労働時間は数百時間長いんですね．そうすると，もう何十日分にもなるんですが，それだけ長いと相当仕事がきついということになるのか，あるいは午前中は少しゆっくり仕事をスタートして，だんだん午後からスピードを上げて，夜になったらもう少し続けてやろうかと，そんな感じだったのか，どのような働き方をしていたのか，イメージがつかみにくいのですけれども，どのような感じでしょう？

　例えば，お辞めになる前ぐらいと，入った頃は会社の中でも働き方というのはだいぶ変わっていますでしょうか？

千代：会社に入った頃は今みたいにパソコンもあるわけじゃないし，営業ツールがあるわけでもないですから，伝票もカーボンを何枚も挟んで手書きで一生懸命切っていって，そういう意味で，時間を取られるというのはあったと思います．

　ですから，そういう意味で少し残業が多かったのかなと思いますが，日立の場合で言うと，我々営業職よりも残業が多いのはやはり経理部門だとか財務部門だとか，そういう予算関連部門と，あとは工場の設計部門です．設計部門はやたらと多かったと思います．今でも多分多いのではないですかね．ですから，午前中はちょっと流して午後からやろうかというようなことではなくて，本当に忙しくて，残業があったと思います．図面を書くというよりも収支計算をやるということで多分大変だったのではないですかね．

秋山：会社で泊まり込んだことはざらにあります．明日の7時までに宮崎さんに提出ということだったら，できるまでやらなければいけないし，結果，ずっと寝ずにいたということなどしょっちゅうでした．そのまま，ずっと仕事続けてということは若いからできたのかもしれないけれども，泊まり込みなんてざらでした．

清水：銀行の場合，非常に分かりやすいのは，仕事のスタイルはコンピュータ

ーの導入によるオンライン化で，劇的に変わりました．それまでは全部計算は
そろばんで，利息1円足りとも違っていたら帰れないみたいなのがあって，そ
ろばんで一生懸命やっていました．オンライン化が完成するのが多分1980年
少し前ぐらいだと思いますが，その頃はまだバッチシステム中心だったんです
けれども，オンライン化というのができて，劇的に変わりました．

　しかし，労働の問題というのは，そういうこととまた別じゃないでしょう
か．合理化されたら仕事の中身は全然変わるけれども，変わった状況でまたど
れだけやるかは，またそれぞれの事情であったんだろうと思うのです．

経広：ここまでの話を聞いて思ったことなのですが，やりがいがある仕事なら
時間は構わないという，あまり気にしなかったというような感じの意見でし
た．それは自分もそうなのですが，それが行き過ぎると問題になります．自分
自らやっていく人と，やはりそうは言いながらも，させられる人も多いわけで
すから，ここのところが難しい話になるんだろうなと思います．自分の経験よ
りも，これを聞きながら現在を踏まえてみるとそういうふうに感じます．

千代：仕事も，正の仕事とマイナスのほうの仕事があって，残業も正のほうの
残業だと，賃金はどうでもいいやとまでは思いませんけれども，残業しても楽
しいなということもありますが，赤字になると，仕事が3倍になります．これ
はどこの会社も多分同じだと思うのですが，「原因出せ，対策出せ，あした報
告書どうするんだ」という，こういう負の仕事は，本当に3倍になるので，こ
ちらのほうはやはり避けたいです．そういう意味でも適正な利潤を上げるのは
大変大切です．

資料としての日記・女性労働についての回答

司会：働き方，あるいはその働き方感，それから残業を中心とした，重要な問
題でした．一応これで切らせていただいて，吉見先生のご質問に入りたいと思
います．まず，皆さん方が働いた時に日記を付けておられたかどうか．それか
ら，これは私も感じていたことなのですが，今回もくしくも男性ばかりという
ことになっています．私も同期が220人のうちで女性が1人，上の世代も1人

316 第Ⅱ部 考察「団塊の世代の仕事とキャリア」

だったというような時代で，4年制の大学を出て，大企業に入るという女性は
ほとんどいなかったです．上の世代の方はゼミが一緒だったのですが，「みん
なは，男性はリクルーターが来て，飲めや歌えで就職していったんだけれど
も，私は誰も来なかった」と，何十年もたってからそういうことを言っておら
れました．女性との働き方．そして，それが1985年以降，高学歴女性の就職
が定着して，大きく変ってきていること，そのことについてのお考えをお願い
します．

　そしてさらには，高度成長期ということで日本人が得たもの，失ったものに
ついてのお考えがあればお答え頂ければと思うのですが，いかがでしょうか？
経広：日記は私は付けておりません．残業記録をしていた人がいたというだけ
のことです．私達の時代は大卒では女性はいなかったですね．高卒の方はおら
れました．経理へ配属されており，帳簿付けでしたので，そういう戦力として
は女性はおられました．

　女性の活用とか，よく言われていますが，女性の管理職，課長さん，部長さ
んが出てこられたのは，今から20年近く前くらいから出たのではないかと思
います．私は外に出ていたのでよく分からないですけれども．以上です．
清水：日記は付けていません．1998年に長銀は倒産しましたけれども，その
1年間だけは恨みつらみを毎日付けました．それは覚えています．

　女性の問題は，これは本当に最近の変化が激しいので，私は付いていけてい
ないのですけれども，私達の若い頃，1990年のバブル崩壊までは男尊女卑，
セクハラは職場の常識，いくらでもやりたい放題という時代で，女性は寿退社
を理想のようにしていました．ですから，寿退社するとみんなが拍手で花束を
渡していたと，こういう時代です．

　それは，多分2000年近くまでそういう時代が続いていたのではないかと思
います．最近になって，女は働かないといけないというような雰囲気になっ
て，価値観が変わってきたのだと思うんですよね．したがって，私達の同期の
人は，中学校の同窓会とか高校の同窓会とかで一緒に女性たちと飲み会をしま
すけれども，働いている女性はほとんどいません．医者だとかになった人は別

ですけれども，大体主婦になって，子どもを産んで，平凡な専業主婦の生活をやっているということで，企業文化もそれに沿った企業文化だったと思っています．

司会：ただ，女性のアナリストとかは早期入社したとか，そういうことを前のインタビューで言っておられたというように思いますが．

清水：それは事実です．専門職として女性がエコノミストとして活躍するというのは，広告塔になったのです．ものすごく珍しかったから，取引先にアピールするとか，社会的に注目してもらうためには女性エコノミストというのは一つの看板になったので，長銀調査部はそれを意識して育てていましたが，それは一般論には全く当てはまらないと思います．

司会：なるほど．ありがとうございます．

秋山：日記は付けていないのですが，能率手帳というか，黒革の手帳，あれを38年間ずっと旭化成辞めるまで持っていました．辞めて1週間ぐらいで全部シュレッダーに掛けたのですが，要するに，例えば20年前の何月何日，誰と会ったということなどはすべて記録されているから，それを見たら思い出すことは可能です．ただ，時々A社とかX社とか書いてあるので，そこはちょっと記憶が定かじゃないんだけれども，私の場合記憶にございませんということは全くありえなかったと思います．むしろ日記を結構付け始めたのは，定年後です．今でも，もう7～8年ずっと付けております．

　女性については，先ほど言った大卒170人採用の中では1人もいません．いろいろな配属先に行くと，高卒の人はあくまでアシスタント的な役割でしたが，唯一1人だけ，東大を出たやや特殊な能力を持ったファッションクリエーターというそんな感じの人がいて，英語も堪能だったということで，世界を股に掛けた方で，実力はあるんだけれども，一部広告塔の役割もあったのは事実です．

　あと，男女雇用機会均等法とか，あれ以降はもう，私達はもう分からないです．その1期生が，今からもう20年ぐらいになるかもしれないですが，今会社にはいなくなっているというようです．

318　第Ⅱ部　考察「団塊の世代の仕事とキャリア」

　高度成長で得たものは，やはり経済的な満足感ということでしょうか．みんな貧乏人で，家も持家ではなくて，ぼろの家を借りていたのが，きょうだい全員自前で家を買うようになったとか，子ども達も大学に行かせられるようになったとか．経済的な満足感は十分ですが，多分何か失ったものもあると思いますが，無自覚な世代だから，その辺りは分からないです．

千代：日記は付けていないです．それから，手帳も外に出せないものはシュレッダーに掛けたりしていました．また，私達と同じ団塊の女性で永年勤続した人はいますかということですが，私達の入った頃は一般職の女性ばかりです．いわゆる庶務担当の女性です．まだ総合職が取り沙汰される前ですから．結果的にうちの事業所，営業本部で500人ぐらいいたのですが，定年を迎えた人は2人います．結婚して辞める人もいますが，そのお2方は独身だったので，一般職のままでずっと勤めていたということです．

　その後，一般的に社会が女性の総合職ということでスポットライトを当てられて，日立も何人か，ブームで来ていただいた人もいます．辞めた人も，そのまま勤めている人も，管理職だった人もいますが，後半でやっぱり目立ったのは，ソフトウェアのSE職女性の人が結構入ってきました．その後はどうなったか分かりませんが，まだお勤めで，管理職の人も相当数，多分いると思います．高度成長で，得たもの失ったもの，そうですね．秋山さんと同じです．無自覚でした．

清水：高度成長で失ったというのは，何回か出ていましたけれども，団塊の世代の子育て失敗．これは私はあると思っています．私の友達の同期生でも，私の息子も含めてですが，成長期から，いろいろな問題を抱えています．その原因について，自分達が無自覚で家庭を顧みずに好きなことをやっていたから，家庭が結局犠牲になって，それで子どもがおかしくなったんだというのが非常に分かりやすい結論ですけれども，本当にそうなのかというのは，これはよく分かりません．けれども，事実としてそういうことはものすごく感じています．

司会：貴重なご発言ありがとうございます．

第9章 討論 団塊の世代の仕事とキャリア 319

　もう少し時間がございます．フロアの方でもご質問がおありでしたら，お願いしたいと思っております．

エリート選抜と昇進・昇格

菅山：東北学院大学の菅山と申します．

　私は，戦前の日立製作所の人事管理を研究してきて，そしてサラリーマン的な人事，新卒採用とか，あるいは定期昇給，そうした制度はどのようにできてきたかという研究をしてきました．大島さんの最後のご質問のところに関わるのですけれども，千代さんのところでは，日立製作所は，遅い選抜であると．遅い選抜でよく言われるのは，メリットとしてはモラルが非常に長い間保てる．しかし，一方デメリットとしては，エリート選抜と言いますか，つまり経営者人材を早く選抜することができないので，様々な経験をさせて，10年，20年という長いスパンで，鍛えていくことができないことがよくデメリットとして指摘されています．千代さんのお話だと，日立の中ではある意味で言うと，工場間競争みたいになっていて，特急組をつくっていくというような仕組みがどうもできているらしい．そうすると，他の企業ではどうなのか，やはり何かしらそうしたような経営人材というか，事実上のファーストトラックをつくるような，そうした仕組みがあるのかということが第1点です．

　それから，2点目ですが，やはり選抜ということと関わって，昇進というとイベントになるわけですけれども，日常的なというか，毎年の競争という形だと，定期昇給で実際に少しずつ給料に差が付いていくというようなシステムがあると思います．その査定のあり方について，千代さんのお話では社風に合った人が残っていくというようなお話でしたが，実は私が戦前の日立の定期昇給制度を分析してみて非常に気になったのは，実績に縛られるところが大きいのではないかと．つまり前年度で，高い評価を受けた人はその次の年も高い評価．あるいは逆に，低くなると次も低くなると．例えば査定者が変わっても，なかなか変わりにくいというのは，今までずっと高い評価だった人がある時低い評価になると，逆に今度は査定している側が，これはえこひいきしていると

いうふうに思われやすい構造があるのではないか. これが最近, 戦前の人事資料を分析していて感じていることなんですけれども, そういうようなところについてはどうだったでしょうか？

経営トップの選抜

司会：それではトップの選抜の問題と, あとは査定のあり方がどうだったかということについてお答え願えればと思います.

経広：いや. 経営トップの選抜について, そういう知見は実際はございません. 査定のほうについては, おっしゃられたようなことは十分あったような気がします. やはりその辺りに学歴差別のようなものはあったのではないかと思います. そこの証拠というのはありませんけれども, 自分が感じたところはあります.

清水：経営トップの選抜は, 私の所属していた日本長期信用銀行は比較的若い銀行でしたので, 伝統的手法が確立しているとか, ルールがあったとか, そういうことはなかったと思います. その時々の必要な人材が選抜されたということだろうと思っています.

　それから, 人事考課の問題ですけれども, 私は人事部にいて, その問題は随分考えたこともありましたけれども, 人事考課ほどいいかげんなものはないですね. これは客観的尺度だということはほとんどありえないわけで, その時々の印象評価がどうしても中心になります. 印象評価というのは, 積極的な面をあえて言うと, 人間の第六感というのか, それは案外正しいところがあって, 数量化しなくても, この人できるなとか, この人いい人だなとか思ったら, みんな素直に良い評価を付けるじゃないですか. そういうことも有効だなと思います.

　要するに, 人物評価なのか, 業績評価なのかという, 理屈を言うとそういう話があって, 業績を上げていないのに人間が良さそうだから人物評価で良い点が付いてあの人ずるいとか, 細かい話をするとそういうことにもなってくるのですが, 案外印象評価というのも有効な面が結局はあるのではないかなという

感じはします.

　マイナス面は，努力した人が報われないという，それが負の面としてあって，地味な人で，一生懸命こつこつやる人は，いじめではないのですが，いくら頑張ってもなかなか評価されにくいというような，印象評価だとそういう問題が出てくるのではないかと思います.

　いくら緻密に制度を設計しても，なかなか，人事考課の公平性とかは保てないので，もう本当に客観的にやるなら，売上高とか，決めた数字の，客観的に測れる数値だけでやるということになりますが，それは非常にいびつになると思っています.

司会：努力してもと言われたのは，実績を上げてもという意味ですか.

清水：そうです.

司会：そういう意味ですね. 分かりました. ありがとうございます.

秋山：トップの人事というのは，本当の本当のところはよく分からないのですが，若くしてこいつをトップに育てようという，そういう超特急組をつくって行くということは旭化成にはなくて，ごくごく最後のほうの成績，要するにトップの思惑次第で，こいつはういやつだと言うと，その人が社長になるということですし，役員にするかどうかについては直属の担当役員がやはりういやつだという人が，たまたまそこの事業部が非常に業績拡大をしていったら，もう文句なくそういう方が上がるというようなことですから，はっきり言ってその時の流れというか，時流しかないということかと思います.

　それから，普通の課長クラスの定昇でも，例えば10人いたら，部長が「おまえだったら10×10で100の枠を人事から与える. ただし，5年間ずっと合計累計が何十点なければ課長にはなれない」という決まりで行くと，どうしてもういやつに，その時々の成績はともかく，ちょっとずつちょっとずつ多めに乗せていく. 少しずつ多めに乗せたら，少しずつ少なめにしなくてはいけない人も出てくるということで，極めて主観的なのです. かと言って，売り上げがどうで利益がいくら出たか，とか言いだしたらもう何が何だか訳が分からない世界になっていくこともありますが.

322　第Ⅱ部　考察「団塊の世代の仕事とキャリア」

昇進・昇格の実情

菅山：逆に言うと，昇進とかのほうがあって，それを基にして昇給も行く部分もあるのですか？

秋山：そんな人のほうが多いです．それら全部を放棄した部長は，平均点を全員に付けるということはあるんですけれども．

千代：日立の場合，よくご存知だと思うのですが，文科系の場合はその振り分けが遅いですけれども，社長ユースというのは幾つかの工場の利益代表みたいになっていますので，もう入社2年か3年たったらこの人をその候補にしようかというと，どんどん付けちゃうというような感じのことです．

　それと，査定の話がありましたが，従来の査定の方法というと持ち点制度で，今秋山さんが言ったように，あなたの部は何人だから何十点なので，これは部長さんの持ち点を付けてくださいとなっています．先ほどおっしゃったように，去年付けなかったから今年どうして付けるのという話にやはりなります．清水ヒロシさんや秋山さんが言うように，ういやつだから付けようかとか，そういうこともありがちなのですが，それでその陰に隠れている人，何も悪いことしないのに，しかも頑張っているのに，陰に隠れてしまう人がいるということも事実です．

　時価評価になって非常に良かったのが，それを逆手に取れるということができるようになったので，今までなかなか点数の付けられなかった人にぽんと点数を付けていきなり課長にする．文句を言われても「時価評価です」と一言言えば「ああ，そうか」ということになってしまうので，それは人事方針の思惑とは全然逆に，現場の人間としてはそういうことができたというのは非常にありがたい側面でもありました．

司会：ありがとうございます．

　ほかには何かご質問，あるいはご発言ありましたらお願いします．

職業生活の総括的評価

野村：はなはだ主観的な質問で申し訳ないのですけれども，皆さんの職業的生

涯を振り返った時に，良かったというふうに思っていらっしゃるのか，後悔が先に立つというふうに思っていらっしゃるのか，どちらなのでしょうか？

司会：ありがとうございます．

　では，これをまとめということで4人の方に発言していただいて終わりにしたいと思います．よろしくお願いいたします．

経広：ゆっくりですけれども，私は仕方なかったと思います．今，私は田舎暮らしなのですが，人口はもう5,000人を割った農業が中心の町です．一生そこで暮らせば一番よろしいですけれども，こうした田舎で結婚し，家族を維持して，多少は豊かな暮らしをすることは，それはもう無理なことですから，こうしてサラリーマンをしてきて，今田舎へ帰って，健康と自然を味わいながら暮らしています．仕方なかった人生だと思います．

清水：長銀の26年と，その後の15年と合わせて全部失敗の連続で悔やんでいます．あとは老後を楽しむのみだと思っています．

秋山：難しいですが，一言で言うと，いろいろありましたが，自分の人生良かったねということしか言えないし，悪かったという総括をしたら，自分の人生を否定することになってしまうから，客観的にはそうだったこともあるのかもしれないけれども，どうだったと聞かれれば悪かったとは言えないです．人生いろいろあったけれども，良かったと，一言で言うならそういうことだと思います．

千代：いろいろ反省することはあります．悔いが残ったこともありますし，サラリーマン人生だけ振り返ってみても，あの時点でもう少しこうすれば，また違った展開もあったかなということはいろいろあるのですけれども，もう1回もしやり直せるんだったら，若い時期に，20代後半とか30代ぐらいの時に，出向でもいいので，どこかへ行って，経営の方法をもし勉強できれば，少し展開がまた変わったのかなというように思っています．

　これはとくに日立に特殊なことで，営業部門というのは，収益はあまり関係ないから，もう注文だけ取ってきてというふうにずっと育てられてきたので，今では事業部になって，私が後輩に言っているのは，文化系の後輩に言ってい

るのは，とにかく数字に強くなってくれということです．事業部長というのは設計者から来ていますから，設計者というのは設計もするけれども，収支管理がメインの仕事なので，もうやたらめったら数字に強いわけです．

そういう中で，文科系出身の人が事業部長に例えばなろうとすると，やはり対抗できないんで，とにかく数字に強くなってくれと後輩には言っています．

もしも若い時にそういうふうにしていれば，もう少し違った展開になったかと思っています．今リタイア後はすごく楽しんでいます．

司会：ありがとうございます．

つたない司会で進めてまいりました．3人のご報告も団塊の世代論ということで，それぞれ貴重な報告を頂きました．

また，4人の方には，質問が出るのでそれに答えてくれればいいというように軽く言っていましたが，随分突っ込んだ質問が出て，貴重な，インタビューにプラスするようなご発言を頂きました．それから，こういう形でのシンポジウムでこれだけ人が集まっていただけたというのは非常に良かったのではないかと大変感謝しております．

本日はどうもありがとうございました．

あ と が き

　本書に収録された聞き取りのうち最も早い時期のものは，日立製作所の千代氏にたいするものである．その日付は2012年9月20日となっている．いまから約6年前のことである．したがって，私を含む編者達がこの本につながるオーラル・ヒストリーについてぼんやりした議論を始めてから，おそらく10年以上の月日が経過している．戦後の日本企業の経営にかかわった人達，とくにこれまで個々の意識や行動が記録に残ることのほとんどなかった「サラリーマン」，中でも，ミドルからトップ下で経営と組織の中核的な仕事に携わってきた「サラリーマン・エリート」の人達の意識と行動の記録を残したいという議論は，日頃歴史研究に従事している我々3人の編者の間でわりあいと自然に生まれてきた．

　当時は，我が国の長い不況のトンネルに曙光が見えたかと思った矢先のリーマンショックの大波を受け，さらに不況が継続するという，先行きの見えにくい日々が続いていた．こうした状況は，本書でそれぞれの方に語っていただいた変化に富んだキャリアと仕事が展開された時代の前半と，鮮やかな対照をなしている．

　ここで語っていただいた5人の方々が学卒後にそれぞれの企業に入って，成長し，活躍されたキャリアの前半を送ったのは，1970年代から1980年代であった．いわゆる「高度成長」は終焉したとはいえ，1970年代，80年代と堅調な経済が継続し，欧米諸国が深刻な「スタグフレーション」に苦しむのと対照的に，「ジャパン・アズ・ナンバー・ワン」と称されるにいたる日本経済と日本的経営の「栄光」を築き上げたと思った時代であった．この活気に満ちた，しかし「高度成長期」とは異なる複雑さを感じさせる時代，とはいえ，まだ「右肩上がり」の坂道を上る登坂路がはっきりと見えていた時代であった．この時代に，今回お話を伺った5人は，日本を代表する大企業に入社し，組織の

中核的なポジションに就いてゆく．時間が経過するにつれ，次第に権限と責任は大きくなり，仕事の上での成果もあげ，部下の数も増え，将来のトップマネジメントとなる人々と肩を並べて働くようになる．

　しかし，ふと気が付けば，この5人の方々の40歳代，50歳代の景色は，キャリアの前半とは大きく異なるものとなっていた．1980年代終わり，彼らが40歳代に入る頃，バブル経済は破綻し，少し間をおいて未曽有の金融危機が生じた．気が付けば，あれだけ堅固で，効率的に見えた「メインバンクと財閥系企業集団」，「株式の相互持合い」，「間接金融方式」などがいつの間にか消え去っていた．そして，こうした変化と重なるように，今回お話を伺った5人の方々のキャリアの展開も，その前半とは異なる，少し重苦しい雰囲気に包まれたものになり，全体としての後退戦を戦いつつ，企業組織の再編成，分社化や子会社の分離などの中で，いかに最善を尽くすかという仕事が増えてきたように聞き取ることができた．

　今回の聞き取りは，タイトルにあるように「団塊の世代」という，第二次世界大戦の戦時から終戦後の経験もほとんどない，したがって国民的なレベルでの強烈な体験を共有することのない，大きな人口の塊が，「高度成長」後の日本経済と日本的経営にかかわった歴史の記録である．この間，巷では1960年代後半の大学での経験をもとにした書籍や回想文章が多産されているが，この世代が，どのように経済と経営，組織と仕事にかかわってきたのかという実態をこれだけ具体的に描き出した記録はほとんど残されていない．その意味では本書は極めて希少な書物ということができる．

　同時に，今回の聞き取りは，対象の選択の結果，20世紀後半の時期における「サラリーマン・エリート層」（この言葉は，「サラリーマンの中の上層」というよりも，「サラリーマンでありつつ企業全体の頂点に立つ巨大企業において基幹的な幹部であり，その役割を通して社会全体の中でもリーダー的な存在となる人々」という意味で用いている）とでも呼ぶべき，普段は表に現れることの少ない組織内の高級カードルの意識と行動の歴史的な記録を残す試みとなった．各企業における状況変化と各自の状況判断と見通しによって，入社した企業本体のトップマネ

ジメントに就くことはなかったが，ヒラの新入社員として入社し，その後，紆余曲折はありつつも，「トップ下」とでもいうべき重要なポジション，ミドルマネジメントの最高位に位置づけられた．彼ら団塊の世代のピュアな「サラリーマン・エリート層」が，巨大な企業組織の中で，いったいどのような意識を形成し，どのように行動してきたのか．もちろん，ここに残された証言は，そのほんの一端でしかない．しかし，この一端は，決してペリフェラルなものではなく，物事の中核において生じた事柄であると考えて何ら不自然ではない．その意味では，おそらく今後は出現することのない，戦後日本という状況下における，典型的な「サラリーマン・エリート層」の証言と考えることができる．このような記録を残すことができたのは，まことに幸運であった．

　本書の作成には，聞き取りに応じていただいた5人の方々，研究会形式の聞き取りに参加していただいた企業研究所の研究員，中央大学の教員，学生のみなさん，また，シンポジウムに参加いただいた他大学の教員や研究者の方々，本書への執筆をご快諾いただいた梅崎修，大島幸久のお二人など，実に多くの方々のご参加，ご協力が不可欠であった．また，三浦俊彦所長をはじめとする企業研究所の方々のご理解とご支援ならびに中央大学出版部の編集者の方々のご尽力なしに，本書を完成させることはできなかった．これらの方々に対して，この場をかりて厚く御礼申し上げたい．

　2018年11月

編者　関口定一

編者・執筆者紹介（順不同）

清水　克洋　　研究員・中央大学商学部教授

谷口　明丈　　研究員・中央大学商学部教授

関口　定一　　研究員・中央大学商学部教授

市原　博　　客員研究員・獨協大学経済学部教授

梅崎　修　　客員研究員・法政大学キャリアデザイン学部教授

大島　久幸　　研究会報告者・高千穂大学経営学部教授

報告者紹介

千代　雄二郎　　元　株式会社　日立製作所　社会プロジェクト推進本部次長

秋山　博　　元　旭化成株式会社　酒類事業部企画管理部長

富田　博　　元　伊藤忠商事株式会社　人事部長・執行役員

清水　ヒロシ　　元　日本長期信用銀行　営業第4部長

経広　孝　　元　マツダ株式会社　関連事業本部第一関係会社部部長

団塊の世代の仕事とキャリア

──日本の大企業における大卒エリートのオーラル・ヒストリー──

中央大学企業研究所研究叢書　40

2019 年 1 月 31 日　初版第 1 刷発行

編　者	清　水　克　洋		
	谷　口　明　丈		
	関　口　定　一		
発行者	中 央 大 学 出 版 部		
代表者	間　島　進　吾		

発行所　〒192-0393 東京都八王子市東中野742-1
電話 042(674)2351　FAX 042(674)2354
http://www.2.chuo-u.ac.jp/up/　　　中央大学出版部

© 2019　清水克洋　ISBN978-4-8057-3239-7　　　　　　㈱千秋社

本書の無断複写は，著作権法上での例外を除き，禁じられています．
複写される場合は，その都度，当発行所の許諾を得て下さい．